나폴레옹도 모르는 한 · 프랑스 이야기

프랑스 외교사료를 통해 본 한불관계비사(韓佛關係秘史)

(*Les histoires secrètes des relations franco-coréennes de 1886 à nos jours*)

정상천 지음

국학자료원

이 책을 2013년 2월 4일 별세하신 아버지(故 鄭日永)의 영전에
바칩니다.

목차

IV. 제5공화국 이후의 한불관계(1981~오늘날)

들어가는 말

1994년 5월 파리에 유학하기 위해 떠난 것이 어제 일만 같은데 벌써 19년이라는 세월이 흘렀다. 그간 한불관계에 관한 논문을 여러 편 발표한 적이 있고, 지금도 관심을 가지고 계속 연구하고 있다.

한불관계에 관심을 가지게 된 것은 학부 때 불어를 전공하였고, 나중에 파리 1대학에서 역사를 전공함에 따라 자연스럽게 그렇게 되었다. 무엇보다 프랑스에서 한불경제관련 역사를 주로 공부하였으며, 박사학위 논문 주제도 「한국적 관점에서 바라본 한불통상관계 : 1886년부터 오늘날까지(LES RELATIONS COMMERCIALES FRANCO-COREENNES, VUES DE COREE DE 1886 A NOS JOURS)」였다.

2000년도에 휴직하고 박사학위 마지막 마무리를 위해 파리에 1년간 공부하러 갔을 때는 프랑스 외무부 고문서실을 거의 1년간 매일 출근하다시피 하였다. 거기서 엄청나게 방대한 한불관계 자료를 접하게 되었고, 이렇게까지 꼼꼼하게 역사적인 자료를 정리해 놓은 프랑스가 참으로 위대하게 생각되었다. 문화대국, 경제대국인 프랑스의 면모를 다시 한 번 피부로 실감하였다.

그때 총 3,193페이지(약 200만 원 어치)의 자료를 복사해서 한국으로 가져왔다. 그 자료에는 통상관계자료뿐만 아니라 한불관계 중 필자가 관심을 가지고 있었던 한불 문화관계, 상해 프랑스 조계에서 활동한 우리나라 독립운동가들의 활동, 한국전쟁과 프랑스, 프랑스-북한 관계, 한불 간 주요인사 교류 등에 관한 자료들이 있었다.

한불 간의 여러 가지 이야기들을 책으로 한번 엮어 보려고 생각한 것이 제법 되었지만, 차일피일 그리고 이런저런 핑계로 한 해, 두 해 지나면서 실천을 못하고 있었다. 본업이 책 쓰는 일이 아닌 만큼, 바쁜 직장생활 가운데 띄엄띄엄 집필하다 보니 시간이 많이 소요되었다.

한 가지 분명한 것은 이 작업은 필자가 하지 않으면 다른 사람이 쓸 것 같지 않다는 생각이 문득 들었다. 우리나라의 대외관계는 미국, 중국, 일본, 러시아가 중심이 되어왔고, 그에 관한 많은 책들이 출간되었지만, 한불관계에 관한 책은 그리 많지 않은 실정이다.

비록 책으로 쓴다고 하여도 한불관계에 관심이 많은 사람이 그렇게 많지 않다는 것을 잘 알면서도 쓰게 된 것은 역사학도로서의 소임을 다한다는 거창한 명분 외에도, 한불관계에 대해 잘 모르는 사람들에게 조금이나마 그 세세한 역사의 뒷마당 이야기를 들려주는 것이 재미가 있을 것이라는 생각에서였다. 학술적인 딱딱한 내용을 벗어나 흥미로운 주제를 가지고 일반인들도 쉽게 읽을 수 있도록 노력하였다. 한불관계가 중심이지만 결국 그 속에는 우리 근현대사의 이야기가 기본이 되고 있다. 이 책을 통해서 우리 근현대사의 새로운 일면을 볼 수 있게 될 것이다.

2010년 3월에는 필자의 박사학위 지도교수였던 파리 1대학 자크 마르세이Jacques Marseille 교수께서 암으로 별세(향년 65세)하셨고, 2011년 10월에 필자의 진외종 고모부이신 여동찬 교수께서 돌아가셨다. 프랑스와의 인연이 하나, 둘 사라지는 느낌을 받았다. 프랑스와 관련된 내 기억의 편린들이 더 희미해지기 전에 뭔가 글로써 남겨야 하겠다는 결심이 더욱 굳어졌다.

이 책의 부제 '프랑스 외교사료를 통해 본 한불관계비사'가 나타내는 바와 같이 한불양국 간의 모든 비밀스러운 일들만 기록된 것이 아니다. 비밀스러운 일도 있지만 있는 그대로를 책에 싣지 못하는 제약도 있다. 대부분의 내용은 일반에 잘 알려져 있지 않은 내용이다. 일부는 필자가 학술적으로 연구한 것을 발표한 내용 중에 추린 것도 있고, 일부는 언론에 이미 공개된 내용을 사료와 대조하여 약간 다듬어 정리하였다.

필자는 프랑스 역사학자 필립 아리에스Philippe Ariès가 쓴 책 이름처럼 "일요일의 역사가(Un historien du dimanche)"이다. 주중에는 다른 직업이 있어 그 일에 매여 있다가, 일요일 날 책상에 앉아 역사책을 뒤적이는 사람이다. 문사철文史哲이 푸대접 받고 있는 요즘 같은 세상에 그나마 정규 직업이 있으면서 역사관련 연구를 하고 있으니 생계 걱정을 하지 않아도 되어 다행이다.

파리 유학시절 도서관에서 밤늦게까지 공부하다가 집에 돌아오는 길에 보았던 이웃집 그 할아버지는 아직도 살아계실까? 2층 서재에서 수많은 책에 둘러싸여 밤늦도록 책을 읽고 있던 그 모습이 아직도 기억에 생생하다. 파리 국제학생기숙사(Cité internationale universitaire de Paris) 도서관은 저녁 10시까지 개방이 되어 있었다. 저녁 10시에 도서관에서 공부 마치고 피곤한 몸을 이끌고 집에 돌아올 때면 꼭 그 할아버지는 사방이 책으로 둘러싸인 서재에서 뭔가를 열심히 읽고 계셨다. 나이 드신 분이 그렇게 열심히 공부하고 계시니 한편 존경스러웠고, 또 한편으로는 부러운 마음이 들었다.

늘그막에 경로당에 삼삼오오 모여 TV를 보는 것도 좋지만 나이 드신 분들이 책을 열심히 읽고 있는 모습을 보는 것이 더 아름다울 것 같다. 프랑스 외무부 고문서실에 자료 열람하러 갔을 때에 보았던 나이 지긋하신 할아버지도 기억에 남는다. 내일 모레 북망산천을 찾아가실 것 같은 분이 열심히 자료를 열람하시고 계셨다. 허리도 구부정하고 걸음걸이도 시원치 않은 할아버지가 논문을 쓸려고 하시는지 책을 쓸려고 하시는 지 열심히 사료를 뒤적이던 모습이 기억에 남는다.

한국과 프랑스는 1886년에 외교관계를 수립하였다. 거의 130년간의 역사에 알려지지 않은 무수한 내용들이 많을 것이나, 이 책에 나와 있는 내용은 매우 작은 부분임을 자인한다. 앞으로 한국과 프랑스 간에 더욱 재미있는 많은 이야기들이 계속해서 발굴되기를 기대해 본다.

I. 병인양요에서
한일합방까지(1866~1905)

1. 1849년 프랑스 포경선, 독도를 세상에 알리다[1]

1866년 프랑스 해군이 강화도를 침범한 병인양요가 일어나기 전에도 수많은 프랑스 탐험선, 군함, 포경선 등이 우리나라 주변해역을 들락날락하였다. 이보다 훨씬 전인 1653년(효종 4년)에는 네덜란드의 무역선이 난파하여 제주도 산방산山房山에 하멜 일행이 도착한 것은 잘 알려진 사실이다.

항해와 선박 건조기술이 발달하면서 먼 바다에 나가서 영토개척과 무역확대, 원양자원 탐사 및 어로활동 등을 하는 소위 서양의 이양선異樣船들이 한반도 연안에 자주 출몰하였다. 네덜란드가 해양개척의 선구자이고 그 뒤를 이어 스페인, 포르투갈이 나섰다. 그 후 영국, 프랑스, 러시아가 뒤를 따랐고, 나중에 미국이 합세하는 순서였다. 해외영토 개척은 국력의 신장과 비례하였는데 해양으로의 진출은 세계적인 대국으로 성장하는 기틀이 되었다.

우리의 영토인 독도가 서양에 알려지게 된 것은 다름 아닌 프랑스 포경선 리앙쿠르Liancourt호에 의해서였다. 1849년 1월 27일(철종 1년)에

---

[1] 이 내용은 프랑스 리용 3대학의 이진명 교수가 저술한 「서양 자료로 본 독도(Les îlots Tok-do(Take-shima, Liancourt) d'après les documents occidentaux), 1998, 파리」의 내용을 주로 참고하였음.

서양 선박으로서는 최초로 프랑스의 고래잡이 배인 리앙쿠르호가 독도를 발견하여 독도를 '리앙쿠르 바위섬(Rochers Liancourt)'으로 명명하였다.

리앙쿠르호는 1847년 10월 25일 프랑스 르 아브르Le Havre에서 건조된 361톤의 포경선이었다. 선주는 제리미아 윈슬로(Jeremiah WINSLOW, 1781~1858)로서 미국태생이었으나 프랑스 정부가 포경선을 건조하여 고래잡이 활동을 하면 장려금을 준다는 이야기를 듣고 프랑스로 귀화하여 19세기 전반기 르 아브르 최대의 포경선 선주가 되었다.

우리나라 동해안에 왜 외국 선박들이 많이 출몰하였을까? 여러 가지 이유가 있겠지만, 무엇보다 당시에는 동해에 고래가 많이 잡힌다는 소문이 유럽에까지 났던 모양이다. 역사적으로 동해안에 고래가 많이 잡혔다는 사실은 울주군 대곡리 반구대 암각화에도 수많은 고기 그림 중에 고래 그림이 많이 있는 것으로도 증명이 된다. 리앙쿠르호가 2년 6개월에 걸쳐 대서양, 태평양 등에서 25마리의 고래를 잡았는데, 그중의 2/3인 15마리를 동해에서 잡았다는 사실은 동해에 어업자원이 매우 풍부하였다는 것을 의미한다.

1848년에는 프랑스 포경선 8척이 동해에서 고래를 잡았고, 그 다음 해에는 리앙쿠르 호를 포함한 9척이 고래를 잡았다. 1850년 3월에는 프랑스 포경선 나르발Narval호가 조업 중에 좌초하여 실종된 사건이 발생하였다. 프랑스 정부는 어획고에 따라 장려금을 지급하였으며, 석유가 보편적으로 사용되기 전에는 고래 기름이 연료와 등유로 사용되었기 때문에 원양포경이 1810년부터 1860년대까지 매우 성행하였다고 한다. 소위 황금알을 낳는 거위에 해당되는 포경업에 너도나도 뛰어 들었고, 프랑스 포경선이 멀리 동해에까지 와서 고래를 잡는 지경에 이르렀다.

프랑스 원양어선은 본국으로 귀환시 어로활동 등에 대해 프랑스 해군성에 신고하도록 되어 있었다. 리앙쿠르 호가 작업을 마치고 1850년 5월 귀항하여 해군성에 신고한 내용 중 독도의 발견에 관한 사실이 다음과 같이 기록되었다 : "1849년(조선조 철종 1년) 1월 24일 나는 대한해협 한가운데 있는 츠시마(대마도) 북쪽을 통과한 후, 다줄레 섬(울릉도)으로 향했다. 1월 27일 나는 다줄레 섬이 북동1/2북 방향으로 바라보이는 위치에 있었다. 그때 동쪽에 큰 암석(roche) 하나가 있었다. 이 암석은 어떤 지도와 책자에도 나타나 있지 않았다. 이 암석의 위치는 북위 37도 2분, 동경 131도 46분이었다."

프랑스 해도국은 위의 내용을 수로지(Annales hydrographiques, 2ème semestre 1850) 제4권(1851년에 간행)에 그대로 수록하였다. 이후 서양에 알려져 있지 않았던 독도는 '리앙쿠르 바위섬'으로 1920년대까지 서양의 해도에 기록되어 사용되었다. 독도와 다케시마는 20세기에 들어와서 사용된 명칭이다. 이후 1854년에 러시아 함대가, 1855년에는 영국 함대가 독도를 발견하여 각각 '메넬라이Ménélai와 올리부차Olivoutza 바위섬', '호넷트Hornet'으로 명명하였으나, 국제적으로는 '리앙쿠르 바위섬(Liancourt Rocks)'로 사용되어 왔다.

이보다 앞서 1787년(정조 11년) 5월 27일 프랑스의 라페루즈 탐험대가 울릉도를 발견하여 다줄레Dagelet 섬으로 명명하였다. 탐험대원중 이 섬을 가장 먼저 발견한 천문학자 다줄레Dagelet의 이름을 딴 것이다. 당시 우리나라는 만천명월주인옹萬川明月主人翁을 자처하는 정조대왕이 영조의 뒤를 이어 조선의 문예부흥과 산업부흥을 위해 노력하던 시기였다. 이때 프랑스 탐험대는 우리나라 해안선과 수로를 매우 과학적으로 측정하여 섬들의 위치, 산의 높이, 수심 등을 매우 정확하게 기록하였다.

라페루즈(장-프랑스와 갈로 드, LAPEROUSE, Jean-François Galaup de) 백작은 프랑스 해군 제독 출신의 유명한 항해가이자 탐험가였다. 해양에 대한 열정이 가득했던 라페루즈 백작은 모함母艦인 부솔(La Boussole)호와 부속함이자 보급선인 아스트롤라브L'Astrolabe호를 이끌고 1785년 8월 1일 브레스트Brest항을 출발하여 탐험길에 올랐다.

1787년 1월 3일 마카오항에 입항하였으며, 한 달 후 필리핀으로 출항하여 북상하다가 제주도를 지나갔다. 동해를 따라 올라가다가 5월 27일 울릉도를 발견하여 다줄레 섬으로 명명하였다. 이때 독도는 발견하지 못하고 블라디보스톡까지 올라갔다.

독도영유권 문제와 관련 한 가지 중요한 사실은 서양 사람들도 울릉도와 독도를 늘 함께 묶어서 취급했다는 사실이다. 1904년 러일전쟁의 와중에 일본이 독도를 일본 영토를 편입했다고 하는 사실은 그것이 원래 일본 땅이 아님을 증명하는 것이다. 원래 자기 땅이라면 독도가 일본 소유라고 주장할 이유도 없었을 것이다. 일본이 하루빨리 이성을 되찾아 과거 침략주의적 사고방식에서 탈피하여 진정으로 동북아 평화구축을 위해 노력하기를 기대해 본다.

2. 병인양요 : 조선군이 서양군대와 치른 최초의 전쟁

병인양요는 1866년 프랑스 극동함대의 사령관이었던 로즈Rose 제독이 해군 1,700명이 탑승한 군함 7척을 동원해서 강화도를 침공한 사건을 말한다. 이는 1866년 1월~3월 사이에 조선정부가 천주교에 대한 탄압으로 베르뇌Berneux 주교 등 9명을 처형한 것에 대한 보복 차원에서 이루어졌다.

이보다 한참 앞서인 1839년에 조선 정부가 프랑스 신부 3명(모방, 샤스탕, 엥베르 신부)을 처형한 것에 대한 응징으로 프랑스 정부는 1846년 6월에 프랑스 동양함대 사령관이었던 세실Cécil 제독과 함대 3척을 보내어 무력시위를 한 적이 있다. 해양강국이었던 프랑스는 여러 차례 한반도에 함대를 보내어 탐사를 한 적이 있었다. 1787년 5월 서양 함대로는 최초로 라페루즈La Pérouse 함대를 보내어 동해와 제주도를 탐사하였다. 1787년 5월 27일 울릉도를 발견하고 '다줄레Dagelet' 섬으로 명명하였으며, 이 이름은 서양지도에 1950년대까지 사용되었다. 1849년에는 르 아브르Le Havre항에 선적을 둔 포경선 리앙쿠르Liancourt 호가 처음으로 독도를 목격하고 항해 일지에 동 내용을 기록하였다. 이후 독도는 서양에서 리앙쿠르 바위섬으로 알려지게 되었으며, 미국에서는 현재에도 이 명칭을 사용하고 있다.

위에서 살펴본 바와 같이 프랑스 함대가 한반도 연안을 안방 드나들듯이 탐색하곤 하였지만 직접적인 침공을 하기는 병인양요가 처음이었다. 이는 우리나라 군대가 서양군대와 치른 최초의 전쟁이기도 하였다. 우수한 신식 무기를 갖춘 프랑스 군대 앞에 조선의 구식 군대는 많은 희생자를 내었으나, 정족산성과 문수산성에서 프랑스군을 격퇴하는데 성공하였다. 이는 과거 국난 때마다 나타난 의병과 승병의 자발적인 참전, 왕명에 의해 각도에서 소집된 유능한 저격능력을 가진 포수들의 활약, 그리고 나름대로 위력을 발휘한 조선 대포의 강력한 화력 덕분이었다.

로즈 제독은 한강의 어귀를 봉쇄하고 일부 함대를 한강 상류로 보내어 무력시위를 할 경우 조선의 국왕이 쉽게 굴복하거나 화의를 요청할 것으로 예상하였다. 이와 같은 전략은 일찍이 영국이 중국과 아편전쟁을 벌였을 때와 영국과 프랑스군이 합동으로 북경을 함락한 애로우 arrow호 사건 때 효과를 톡톡히 본 선례가 있었다. 그러나 흥선대원군 집권하의 조선 정부는 외국에 대한 문호개방에 매우 단호한 입장이었기 때문에 프랑스군의 불법적인 강화도 침략에 대해 불사항전의 결의를 다졌다. 다행히도 1866년 11월 초 프랑스군의 문수산성과 정족산성 침공시에 한성근, 양헌수가 이끄는 부대가 프랑스군을 격퇴하는 전공을 세워 우리 측의 기세는 날로 올라갔던 반면, 프랑스군의 사기는 급격히 저하되었다.

시시각각으로 증강되는 조선병력과 '양이洋夷를 토벌평정하는데 조야사민朝野士民이 호응할 것'을 교시하는 고종의 칙서로 인해 전국민적 참전으로 전세가 확대됨에 따라 로즈제독은 조선국왕을 쉽사리 굴복시킬 수 없음을 깨닫게 되었다. 그리고 겨울이 닥쳐옴에 따라 작전을 계속 수행할 수 없게 될 가능성이 높아졌다. 왜냐하면, 요즘과 달리 당시 한강은 겨울이면 얼어붙었기 때문이었다. 프랑스 함대는 병인박해에 대한 보복차원에서 시작된 40일간의 조선에 대한 무력시위를 마치고 11월 18일 프랑스 극동함대 기지가 있었던 중국 청도로 떠났다.

로즈제독은 떠나기 전에 조선원정 실패에 대한 화풀이라도 하듯 강화도 외규장각에 소장되어 있던 도서와 의궤 등을 약탈, 방화하였다. 도서 중에 겉표지가 번지르르한 340권의 의궤는 가져갔으나, 나머지 일반도서 6,000여 권은 파괴하였다. 오늘날 문화종주국임을 자부하는 프랑스 국민들이 이와 같은 사실을 알게 된다면, 그들 조상들의 반문화적 행위에 대해 매우 부끄럽게 생각할 것이다. 우리나라 왕실 의궤 등을 보관하고 있던 외규장각 건물과 유서 깊은 다수의 소중한 도서를 방화할 이유는 어디에도 없었다. 외규장각 의궤관련 자세한 내용은 뒷장에 설명되어 있기 때문에 여기서는 자세히 설명하지 않았다.

우리 민족사상 최대 규모의 천주교 박해인 '병인박해'로 인해 촉발된 병인양요는 초기 한불관계에 어두운 그림자를 드리웠다. 프랑스군의 강화도 침공은 조선의 천주교 탄압만 가중시켰으며, 쇄국정책을 더욱 굳건히 하는 계기를 만들었다. 병인박해는 1866년에 일어났지만 1871년까지 천주교에 대한 박해가 지속되어 전국적으로 약 8,000명 내외의 생명을 희생시켰다. 또한, 조선이 문호를 개방하여 1882년부터 서양 열국과 통상우호조약을 체결할 때도 프랑스는 한참 후인 1886년에야 국교를 맺게 되는 결과를 초래하였다.

3. 나폴레옹 3세 : 조선을 프랑스의 식민지로?

산업혁명 이후 대량생산된 물품의 판로와 원료공급지를 찾기 위해 영국과 프랑스가 식민지 확보를 위해 세계 도처에서 각축을 벌인 것은 잘 알려진 사실이다. 아프리카 분할과정에서 영국과 프랑스가 수단의 파쇼다Fashoda에서 충돌한 것이 대표적인 사건이다. 아이러니하게도 중국을 침략할 때는 영국과 프랑스가 함께 손잡고 협력하여 중국을 종이 호랑이로 만들어 버렸다. 프랑스는 처음에 영국이 벌인 아편전쟁에는 중립을 지켰으나, 광동廣東, 천진天津, 북경北京을 공략할 때는 연합군을 형성하여 공동전선을 구축하였다. 그 이유는 프랑스인 선교사가 중국에서 살해되었기 때문이다.

프랑스 교육부 장관을 역임한 쥘르 페리(Jules Ferry, 1832~1893)는 "17세기에 영국에서 시작된 산업혁명이 처한 경제적인 어려움을 극복하기 위해서는 지구상의 다른 지역에 새로운 소비계층을 창출해야한다"고 일찍이 역설한 바가 있다.

조선의 종주국임을 자임하던 동양의 대국인 중국이 어이없게 영불 연합군에 의해 무너지자 조선의 조정과 백성들은 극도의 놀라움과 공포를 느꼈고, 민심의 동요는 이루 말할 수 없었다고 한다. 당시 프랑스 입장에서 볼 때 조선왕국은 프랑스의 상대가 되지 않는 만만한 약소국이었다. 북경주재 프랑스 공사관의 벨로네Bellonet 대리공사가 조선을 가리켜 "조그만 조선왕국(le petit Royaume de Corée)"으로 묘사한 것에서도 프랑스의 태도가 잘 나타나 있다.

로즈 제독이 군함을 이끌고 강화도를 침공했을 때에도 대포 몇 발 발사하면 조선 조정이 순순히 굴복하리라는 예측이 깔려 있었다. 그러나 의외로 조선 조정과 백성들의 항전태세는 완강하였으며, 호락호락하게 굴복하지 않았다. 병인양요의 발발은 수단과 방법을 가리지 않았던 프랑스 제국의 식민주의적 동아시아 정책에 기초하고 있으며, 무력시위를 통해 국가이익을 실현하려는 전근대적인 포함외교(砲艦外交, gunboat diplomacy)의 결과였다. 한반도에서의 프랑스의 관심은 프랑스 선교사 보호에 일차적으로 두어져 있었지만, 그 이면에는 한반도를 식민화하겠다는 프랑스의 의도도 깔려있었다.

1852년 나폴레옹 3세의 등장으로 프랑스의 제국주의적 식민지 정책이 강화되었다. 인도차이나 지역에서 종교적 문제를 군사작전으로 연결시켜 식민지화 전쟁을 벌였다. 1856년 인도차이나 프랑스 함대 사령관 게렝Guérin 소장은 본국으로부터 조선을 식민지화하기 위한 기회와 조건 등에 관한 정보를 제출하라는 지령을 받고 조선의 동해안, 남해안, 서해안을 탐색한 후 다음과 같은 보고서를 만들었다 : *"현재 조선은 아주 허약하고, 종주국인 청(淸)나라도 현재 조선을 보호할 수 없는 상태이므로 유럽의 강국들이 마음만 먹는다면 쉽게 점령할 것이다. 러시아는 이런 허점의 기회를 이용하여 조선을 점령하려 하고 있다. 그래서 러시아 선박들이 근래에 조선 해안을 답사하여 그 준비를 하고 있다. 러시아의 점령을 막는 길은 프랑스가 선수를 치는 데 있다."*

그러나, 프랑스가 한반도를 식민지로 삼기에는 여러 가지 점에서 어려움이 있었고, 식민지로서의 매력도 떨어졌다. 첫째, 한반도는 이미 청나라, 러시아, 일본이 세력확장을 위한 치열한 경쟁을 벌리고 있는 지역이었다. 그리고 열강들 간의 대략적인 식민지 판도가 형성되어 가고 있었는데, 영국은 인도, 싱가포르, 마카오, 홍콩 등을 식민지로 만들어갔고, 프랑스는 베트남, 캄보디아, 라오스 등의 인도차이나 반도를, 한반도는 청·일, 러·일 전쟁을 통해 일본의 식민지가 되었다. 열강들은 타방의 식민지를 인정하는 대가로 자국의 식민지 지배권도 인정받았으며, 이를 공고화하는 작업에 몰두하였다.

둘째, 1886년 한불조약 과정에서도 검토된 바와 같이 프랑스는 한국이 극동지역에서 무역의 중심축으로 중요한 역할을 할 것으로 기대하였으나, 조선의 경제적 후진성, 프랑스 수출품에 대한 수요부족, 프랑스와 한반도를 연결하는 선박 직항로 부재, 부존자원의 빈약 등으로 경제적인 매력을 느낄 수 없었다. 이에 반해, 인도차이나 지역에는 석탄, 목재 등 천연자원이 풍부하였고, 한반도에 비하여 쌀도 풍족하게 생산되고 있었다.

프랑스는 한반도에 대하여 비밀스런 정치적 이해관계도 없었고, 경제적 이해관계도 그다지 크지 않았기 때문에 언제나 한반도 문제에 대해서는 '조용한 관찰자'의 입장에 머물렀다. 프랑스는 한반도에서 벌어지고 있는 영향력 다툼에 가급적 말려들지 않으면서, 프랑스 문화를 한국에 알리고, 프랑스 산업의 우수성을 알리면서 경제적인 진출을 도모하고, 한불조약 규정에 따라 프랑스 선교사들을 보호하는 정도에서 만족하였다.

韓 · 佛修交 100年 秘史

지난 6월 4일로 한국과 프랑스가 수교를 한지 1백주년이 됐다. 천주교를 통해 첫 접촉을 가진 양국은 그로 인해 한때 전쟁을 벌이기도 했으나 1세기동안 정치적으로, 문화적으로 밀접한 관계를 지속해왔다. 모방 신부가 이땅에 첫발을 디딘 후 오늘의 협력관계에 이르기까지 양국의 수교에 얽힌 비화들을 소개한다.

나폴레옹 3세, 朝鮮정벌 密命

洪 淳 鎬 이화여대교수 · 정치학

□ 출처 : 『정경문화』 1986년 7월호, 경향신문사

□ 러시아 니콜라이 2세 황제 대관식에 참석한 프랑스대사
   (1896년 5월, 모스크바) (출처 : 프랑스 외무부)

4. 우여곡절 끝에 체결된 한불조약

1866년 병인양요를 통해 프랑스에 대해 적대적인 태도를 유지했던 우리나라는 1886년이 되어서야 프랑스와 수교조약을 체결하였다. 프랑스 선교사 처형과 가톨릭 신자들에 대한 박해로 양국은 팽팽한 긴장 상태를 유지하였다.

고종 3년인 1866년에 미국의 상선 제너럴 셔어먼General Sherman호가 대동강을 거슬러 올라와 교역을 요구하다가 평양 군민의 공격으로 불타 침몰하는 사건이 발생하였다. 이에 대한 보복으로 미국은 1871년 로저스Rodgers 아시아 함대 사령관에게 5척의 군함으로 조선을 침공하게 하였는데 이것이 신미양요이다. 일대 격전 끝에 조선군은 미군을 격퇴하였다.

대원군은 병인양요와 신미양요를 통해 외세를 격퇴하게 되자 의기양양하여 쇄국정책을 더욱 강화하였다. 그러나 이와 같은 쇄국정책도 1873년에 대원군이 권좌에서 물러나고 통상개화론이 힘을 얻게 됨에 따라 종결되었다. 일본은 1875년에 운양호 사건을 일으켜 거의 반강제적으로 1876년에 강화도조약(병자수호조약)을 체결하였다.

일본과 국교를 수교한 이상 우리 정부는 더 이상 다른 나라들에게 문호를 개방하지 않을 명분을 잃어버렸다. 또한 서양의 열강들은 우리나라가 일본과 수교하였다는 소식을 듣고 적극적으로 수교를 요청하였고, 우리나라 정부와 지식인 사이에서도 외국과의 국교수립이 필요하다는 여론이 형성되었다.

미국이 가장 먼저 적극적으로 일본을 통해 조선과 수교를 시도하였다. 그러나 일본은 조선에서의 독점적 지위를 잃을 것을 두려워하여 적극적으로 나서지 않았다. 이때 청나라가 우리나라에 대한 영향력을 회복하기 하기 위해 조선과 미국 간 교섭을 적극 중재하였다. 1882년에 서양 열강 가운데 최초로 미국과 수호통상조약이 체결되었다. 한번 봇물이 터지자 같은 해에 영국, 독일과 국교가 수립되었다. 1884년에는 러시아 및 이탈리아와 조약이 체결되었고, 1886년에는 프랑스와 한불 수호통상조약이 체결되었다.

1876년 조선과 일본 사이에 강화도 조약이 체결되자마자 중국에 피신 중이었던 리델 주교는 베롱Véron 프랑스 극동함대 사령관에게 조약 체결 추진을 건의하였다. 그로부터 2년 후인 1878년에 북경의 몽모랑 Montmorand 프랑스 공사는 리델 주교에게 본국 정부에 조약체결을 건의하였음을 알려주었다. 1882년에 한미 간에 수호통상조약이 체결되자 프랑스 정부는 미국, 영국, 독일이 했던 것과 마찬가지로 청나라 외교부에 해당하는 총리아문[2]으로부터 조선정부의 재정고문으로 있던 마젠창(馬健忠)에게 보내는 추천서를 받아야만 하였다. 참고로, 마젠창은 1875년 청나라 외교의 실권자였던 리홍장(李鴻章)에 의해 프랑스에 유학생으로 파견되어 변호사 자격을 얻어온 프랑스 통이었다.

청나라 총리아문은 선교사에 관해 조선 측과 이야기하지 않을 것임을 사전에 약속하지 않으면 추천서를 써줄 수 없다는 입장이었다. 프랑스가 조선에 대해 가지고 있는 가장 큰 관심은 가톨릭 선교의 자유 확보

---

2) 공식명칭은 총리각국사무아문(總理各國事務衙門). 청(淸)나라 말기에 외교업무를 담당한 관청으로 우리나라도 구한말 이를 모방하여 1882년에 통리아문(統理衙門)을 만들어 과거 예조에서 담당하던 외국과의 교섭업무를 담당케 하였다.

였기 때문에 그렇게 약속할 수는 없었다. 천진天津의 딜롱Dillon 프랑스 영사는 총리아문을 찾아가서 영국과 독일에는 추천서를 써주었으면서 프랑스에는 추천서를 써주지 않는 것은 형평성에 위배되는 문제임을 강력히 주장하여 결국에는 추천서를 받아냈다.

1882년 6월 5일 딜롱 영사는 이 추천서를 휴대하고 제물포에 도착하여 마젠창을 만나 조약협상을 벌였다. 그러나 선교의 자유문제를 조약에 삽입하고자 하는 프랑스 측과 1866년 병인양요 때 프랑스가 강화도를 점령하면서 끼친 피해를 보상받고자 하는 우리 측의 입장이 상충되어 협상은 결렬되었다.

국내에는 개화파와 수구파 간의 대립이 있었고, 이는 대원군과 민비 간의 대립에서 격화되었다. 1882년 임오군란과 1884년 갑신정변을 통해 청나라와 일본이 한반도에서 각축전을 벌임에 따라 우리 조정에서는 제3의 세력인 러시아에 의존하려는 경향을 보였다. 이에 따라 1884년 한러 수호통상조약이 체결되었다. 러시아의 남진에 위협을 느낀 영국은 1885년 거문도를 점령하였다. 이 시기에 러시아와 동맹관계를 맺고 있었던 프랑스와도 수교를 맺는 것이 좋겠다는 개화파들의 주장이 대두되었다.

이와 같은 분위기 속에서 1886년 5월 1일 프랑스 측 전권대사로 임명된 코고르당(Cogordan, 戈可當) 일행이 제물포에 도착하였고, 5월 7일 조선 측 대표 김윤식과 협상을 개시하였다. 이날 회담에서 선교사 보호 문제만을 가지고 반나절이나 논쟁하였으나 결말을 보지 못하였다. 김윤식은 '가톨릭 전교 문제는 우리나라에서 오랫동안 금지하고 있는 것으로 이것을 풀게 되면 민심의 파동을 제압할 길이 없고, 또한 국왕도 이를 윤허할 뜻이 없다'는 원칙론을 고수하였다.

5월 11일과 12일간 코고르당과 김윤식은 다시 회담하였으나 전교의 자유와 선교사 보호 문제로 논쟁하다가 또다시 아무런 합의도 없이 헤어졌다. 5월 13일에 다시 회담하기로 하였으나 우리 측 대표 김윤식이 돌연히 종적을 감추어 버렸다. 일주일 후 우리 정부는 김윤식의 4촌 형인 김만식을 한성판윤(지금의 서울시장)에 임명하고 동시에 전권대사로 임명하여 한불 간의 협상을 개시하도록 하였다. 이때 미국인으로 우리 정부의 외교고문으로 있던 오웬 데니Owen N. Denny도 함께 협상에 참여하도록 하였다. 우리 측 회담대표가 바뀌어도 조약체결을 위한 협상에는 뚜렷한 진전이 없었다. 이에 코코르당은 한때 회담을 종결짓지 않고 그냥 귀국할 생각까지 하였으나 블랑 주교의 간곡한 만류로 서울에 남아 회담을 계속하였다.

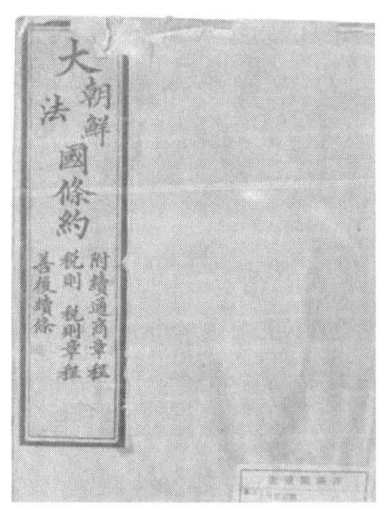

□ 한불조약 겉표지
(출처 : 『한불 과학 기술 산업 협력 자료집』, 아주대학교, 2006년)

전교의 자유문제를 놓고 근 1개월간 협상이 답보상태에 있게 되어 거의 협상이 결렬될 지경에 이르렀다. 이런 상황에 이르자 데니는 국왕에게 프랑스의 제의를 계속 무례하게 취급하게 되면 결코 국익에 도움이 될 수 없음을 알렸고, 이에 타협안으로 전교의 자유를 명시하는 대신 전교의 자유를 암시하는 방향으로 가닥을 잡게 되었다. 5월 26일 한불 양측은 완전한 합의에 도달하였고 6월 4일 김만식과 데니, 코고르당이 합동으로 조약에 서명함으로써 1개월에 걸친 지루하고도 험난했던 협상이 종결되었다.

프랑스가 조선과 조약을 체결하려했던 제1의 목적은 전교의 자유를 확보하는 것이었고, 두 번째는 열강 가운데 늦게 조약을 체결함에 따라 극동지역에 프랑스의 입지가 약화되는 것을 방지하는 것이었다. 나머지는 혹시 있게 될지 모르는 상업상의 이익을 확보하려는 것이었다.

이에 반하여 우리 측은 열강이 각축을 벌이는 상황에서 프랑스라는 강대국과 조약을 체결함으로써 열강들 간의 세력 균형을 도모하고자 하였으며, 수교국 중 한 편이 제3국과 분쟁이 일어났을 때 상대 수교국이 화해에 이르도록 조정·알선할 것을 규정하고 있는 조항에 근거하여 나중에 우리가 위기에 처해지게 될 경우 프랑스의 힘을 빌리고자 하였다.

한불조약은 한미조약, 한영조약, 한독조약과 마찬가지로 불평등조약이었다. 왜냐하면 치외법권, 영사재판제도, 관세의 편무적 규정, 최혜국 조관 등에 불평등적인 요소들이 많았기 때문이다. 그럼에도 불구하고 신앙의 자유를 묵인한 점에서 서구 열강의 어떤 조약도 이룩하지 못한 성과를 거두었다.

5. 강화도 외규장각 도서반환

1866년 병인양요 때 프랑스군이 강화도에서 약탈해간 것은 외규장각에 보관되어 있던 도서 총 340권, 지도 1점, 평면 천체도 1점, 여러 가지가 기록된 두루마리 7점, 한자로 기록된 회색대리석판 3점, 흰 대리석판이 들어있는 작은 상자 3개, 투구가 있는 전사의 갑옷 3점, 가면 1개였다. 이외에 은괴 19상자도 가져갔는데, 은의 총 무게는 887.55kg으로 당시 환산 가격으로 197,231프랑 36쌍팀이었다고 한다. 현재의 은 도매시세로 환산할 경우 약 9억 2천만 원에 해당하는 큰 금액이다.

국가 비상시에 사용하기 위해 강화도에 보관하였던 이 '봉고은封庫銀' 처리 문제와 관련하여 로즈Roze 제독은 해군성 장관에게 국가 소유로 할 것인지 아니면 전리품으로 간주하여 작전에 참여했던 병사들에게 배당해야할 지를 문의한 바 있다. 그러나 최종적으로 어떻게 처분되었는지에 대한 기록은 없다. 외규장각 도서 외에 다른 약탈품의 행방도 알려진 바가 없다. 그동안 한불 양국 간에 외교문제가 된 것은 외규장각 도서였다. 봉고은이나 여타 문화재는 행방이 묘연하여 협상의 대상으로 삼기도 어려운 형편이다.

외규장각 도서는 정확히 말하자면 국가나 왕실에서 거행한 주요 행사를 기록과 그림으로 남긴 의궤儀軌이다. 의궤에는 국왕의 명령서, 관청 공문서, 업무분장 상황, 행사동원 인원과 명단, 소요 물품, 경비 내역 등이 빠짐없이 기록되어 있다. 의궤는 중국 등 다른 나라에는 없는 우리만의 독특한 책이라는 점에서 그 중요성이 있다. 아울러, 강화도 외규장각 도서는 어람용, 즉 왕이 친히 열람하기 위한 책자였던 점에서 더욱 역사적 가치가 있다.

1993년 미테랑 대통령이 프랑스 대통령으로서는 최초로 한국을 방문하게 되었다. 방한에 앞서 미테랑 대통령은 일본의 신칸센과 독일의 이체(ICE)를 누르고 떼제베(TGV)가 한국의 고속철도 부설권을 따내는 과정에서 외규장각 도서반환에 긍정적인 입장을 표명한 바 있다. 언론에서는 이를 두고 프랑스가 TGV를 한국에 팔기 위해 외규장각 도서를 반환하기로 약속하였다고 보도하였으나, 정확히 말하자면 프랑스 측은 외규장각 도서 반환을 공식적으로 약속한 적이 한 번도 없었다. 따라서 일각에서 이야기하는 '떼제베 먹튀'라는 표현은 사실과 맞지 않는 표현이다. 1991년 10월 서울대 이태진 교수 등이 주축이 되어 외규장각 도서반환 문제를 외교부에 제기하였고, 외교부는 이를 한불양국 간의 외교 의제로 상정하여 프랑스 정부측에 지속적으로 문제를 제기하였다.

외규장각 도서는 1975년 프랑스 국립도서관 사서로 근무하고 있던 재불 사학자 박병선 박사가 국립도서관 베르사이유 별관 창고에서 발견하고, 이를 목록으로 만들어 '조선조의 의궤'라는 책으로 발간함에 따라 세상에 알려지게 되었다. 당시에 프랑스 정부측은 이 고문서들의 중요성을 알지도 못하였으며, 베르사이유 별관 창고에 먼지가 쌓인채 중국 문서로 분류하여 방치해 놓았다.

필자가 파리에서 프랑스 외교부 문서들을 열람하는 과정에서 조선총독부도 강화도 외규장각 도서 침탈사실을 인지하고 있었음을 알게 되었다. 1929년 2월 25일자로 된 프랑스 측 전문에 따르면, 프랑스 주재 아다찌 일본대사가 프랑스 외무부에 외교공한을 보내어, 국립도서관(BN)

에 보관되어 있을 것으로 추정되는 외규장각 도서의 소재를 문의하는 내용이 있다. 이에 대해 프랑스 외무부 당국자는 외규장각 도서가 실제로 존재하는지 여부, 동 도서의 중요성과 보존상태를 조사할 것을 관련 부서에 지시하였으나, 이에 대한 후속 문서가 없어서 구체적으로 어떻게 조사가 진행되었는지는 알 수 없다.

여하튼, 협상개시 20년 만에 지루하게 밀고 당기는 복잡한 과정을 거쳐 드디어 2011년 5월 우리나라에 실질적으로 반환 되었다. 외규장각 도서는 '5년 단위로 연장이 가능한 일반 대여' 형식으로 반환되는 것으로 되어 있으나 실질적으로는 반환된 것으로 볼 수 있다. 이에 대해 일각에서는 프랑스 정부가 1866년 불법적으로 약탈해간 도서는 소멸시효도 없고, 강탈해간 것이기 때문에 국제법의 보호도 받지 못한다는 점 등을 이유로 즉각적으로 원소유국인 우리나라로 돌려보내야지, 5년 단위로 '대여'한다는 것은 받아들일 수 없다는 입장을 나타낸 바 있다.

2011년 3월 16일 파리에서 우리 국립중앙박물관과 프랑스국립도서관(BNF) 간 외규장각도서 이관에 관한 기관 간 약정이 체결됨으로써 모든 공식적인 협의가 마무리 되었다. 우리 조상의 얼이 담긴 문화재가 드디어 145년 만에 고국으로 돌아오게 된 것은 재야 역사학자들의 불굴의 집념과 우리 정부차원의 부단한 노력 덕분이라고 평가된다.

6. 팔미도 등대—한반도를 밝힌 최초의 등대

우리나라에 최초로 건설된 등대는 1903년에 지어진 팔미도 등대이다. 1882년 우리나라는 미국과 국교를 수립한 이후 영국, 러시아 등과 외교관계를 수립하였다. 외국과 맺은 소위 '수호통상조약'에는 선박의 난파 또는 조난시에 우리 정부의 원조제공과 필수품 공급에 관한 내용이 꼭 들어있었다. 외국 선박의 조선연안 통과시 사고가 발생하지 않도록 등대설치가 꼭 필요한 상황이었다.

이와 같은 필요에 따라 1903년 6월 1일 팔미도 꼭대기(해발 71m)에 최초로 한반도 연안을 밝히는 등대가 세워졌다. 건설은 일본이 했지만 (덕수궁 석조전을 최초 설계한 영국인 J. R. Harding이 팔미도 등대의 부설과 관리운영에 관여하였다) 등대에 설치된 조명시설은 프랑스 제품이 공급되었다는 사실은 잘 알려져 있지 않다.

북경주재 타임즈Times지 특파원으로 활동하고 있었던 모리슨 박사 Dr. Morrisson가 한국을 방문하고 나서 1903년 3월 13일 작성한 기사에 따르면 이에 관한 자세한 내용이 기록되어 있다. 모리슨 박사는 "한국이 노르웨이보다 해안선의 굴곡이 심함에도 불구하고 지금까지 한반도를 밝히는 등대가 없었다"라고 기술하고 있다. 이를 통해 1903년 이전에는 한반도를 밝힌 등대가 전혀 없었음을 알 수 있다.

우리나라의 남해안에는 복잡한 해안선이 많았음에도 불구하고 조선의 조정이 쇄국정책인 '해금책海禁策'을 견지함에 따라 등대를 설치할 필요성도 없었다. 그러나 일본이 1876년 한반도 침탈을 목적으로 우리나라와 강화도조약(병자수호조약)을 체결하면서 선박의 용이한 접근을 위해 해안측량이 필요하였으며, 해안측량 이후 한반도에 들어오는 선박들의 안전한 항행을 위해 등대를 설치하도록 하였다. 1903년 말까지 총 8개의 등대가 설치되었으며, 추가적으로 25개의 등대가 연달아 건설되었다.

1903년 9월 클라베리Clavery 프랑스 영사가 델카세 외무장관에게 보고한 자료에 따르면 총 33개의 등대에 모두 프랑스 조명기계가 설치되거나 될 예정이었다. 아울러, 프랑스 조명산업의 성공적인 한반도 진출에 대해서 매우 만족스러운 평가를 내리고 있다. 한반도를 밝힌 최초의 등대가 프랑스가 제공한 조명기계였다는 점은 한불관계의 역사적 측면에서 의의가 크다. 프랑스 선교사들은 정신적 측면에서 한국인들을 문명개화의 세상으로 이끌어내겠다는 신념으로 우리나라에 목숨을 걸고 건너왔고, 태고太古이래 한반도의 해안선을 밝힌 것은 달빛과 별빛이었으나, 프랑스 기술로 인해 드디어 인공조명이 우리나라의 해안선을 밝히게 된 것이다.

공업화와 산업화로 인해 '은둔의 나라' 또는 '조용한 아침의 나라'라는 수식어가 요즈음 더 이상 유효한 표현이 아닌 오늘날, 가끔은 불 밝혀지기 전인 우리나라의 원시적인 해안선이 그립기도 하다. 하얀 달무리 아래 은빛 파도가 부서지는 해안선, 달빛 고요한 가운데 가끔 개 짖는 소리만 간간히 들리는 적막함과 고요함으로 가득한 우리의 시골마을, 거기에서 우리 조상님들은 큰 욕심 없이 옹기종기모여 오순도순 살았으리라. 그러한 나라에 산업혁명 이후 열강들의 해외진출에 따라 서세동점이 시작되었고, 전 세계적인 대변혁과 소용돌이 속에 우리의 근대사는 시작되었다.

그리고, 농경사회에서는 큰 욕심 없이 하늘의 뜻에 따라 농사만 잘
지으면 그만이었다. 겨울이 되면 따뜻한 아랫목에서 겨울잠을 자고 봄
이 오기를 기다렸다 꽃피고 새가 울면 다시 일하러 나가곤 하였다. 그러
던 우리의 조상님들은 하루아침에 근대화라는 바람이 불어와 계절에
관계없이 아침 일찍부터 문명·개화사회 건설을 위해 밖으로 일하러
나가야만 되는 신세가 되었다. 19세기 유럽인들이 본 한국 사람들의 모
습에는 '게으르다'는 이미지가 많이 각인되어 있었다. '근면·성실'이라
는 요즘의 이미지와 많이 대비가 되지만 한때는 그것이 삶의 방식인 때
가 있었다. 요즈음 '슬로우 시티Slow city' 운동3)이 일어나고 있는데, 우리
의 조상은 벌써 옛날부터 실천하고 있었다.

이육사의 시 '광야'의 한 구절에 태고적 우리나라의 모습이 잘 묘사
되어 있다 : "*까마득한 날에 하늘이 처음 열리고, 어디 닭 우는 소리 들렸*
으랴. 모든 산맥들이 바다를 연모해 휘달릴 때도 차마 이곳을 범하던 못
하였으리라." 이랬던 우리나라의 해안선을 프랑스에서 만든(fabriqué en
France, Made In France) 등대의 조명이 환하게 밝히기 시작하였다. 19
세기 프랑스 외교관들이 문명의 세례를 한국에 준 것에 대해 스스로 매
우 자랑스럽게 생각한 것은 오리엔탈리즘적 시각에서 조선을 바라본
결과일 것이다.

---

3) 공해 없는 자연 속에서 전통문화와 자연을 보호하면서 자유로운 옛 농경시대로 돌아
   가자는 느림의 삶을 추구하는 국제운동.

7. 조선왕실에 공급된 와인과 샴페인

1886년 6월 한국(엄밀히 말해 '조선')과 프랑스는 가톨릭 선교자유 허용문제로 인한 우여곡절 끝에 국교를 수립하였다. 이후부터 본격적으로 프랑스 제품들이 한국으로 수입되었다. 당시 주로 한반도로 수입된 프랑스 상품은 *시계, 포도주와 증류주, 파리산물(천체 망원경, 망원경, 안경, 작은 쌍안경, 판유리, 거울, 사진기 등)* 등이었다. 구한말에 수입된 포도주(와인)는 프랑스뿐만 아니라 이탈리아, 포르투갈 등 다른 나라 포도주도 수입되었지만 프랑스산 포도주가 가장 많이 애호되었다고 한다.

프랑스는 포도주 종류가 가장 다양하였으며, 한국 사람들은 샴페인과 부르고뉴산 포도주를 특히 좋아하였다고 프랑스 측 자료에 기록되어 있다. 주요 수요자층은 주한외교관들, 가톨릭 선교사들, 조선 왕실과 양반들이었고, 일반 서민들은 와인을 마신다는 것은 엄두도 못 내었다. 왜냐하면, 일반 백성들 수준에서 볼 때 가격이 너무 비쌌기 때문이었고, 식사와 함께 와인을 마시는 전통이 없었기 때문이었다. 프랑스산 와인이 조선의 전통술과 비교하여 그렇게 구미에 당기지 않았을지도 모른다.

요즘과 같은 웰빙시대에 건강을 위해서 프랑스나 칠레, 남아프리카공화국, 호주, 뉴질랜드산 등 외국의 포도주와 국산 포도주를 마시는 붐이 일어난 것과는 대조적이다. 서구문화의 유입과 함께 우리의 입맛도 서구화되었다. 거리에는 외국의 햄버거나 스파게티, 커피숍 등이 넘쳐나고, 요즘 어린이들은 된장찌개나 김치를 잘 못 먹는다고 하니 우리 조상들이 살아서 이 모습을 본다면 한마디로 '*강산지변(江山之變) 이로고*' 라고 탄성을 내뱉을 만하다.

　식생활은 일종의 우리 삶의 의식(儀式)과 살아가는 방식과 밀접한 관련이 있다. 예를 들자면, 우리가 살아가는 이 시대에서는 체육경기에서 우승하거나, 생일축하, 새로운 사업의 축하 등을 위해 샴페인을 터트리는 것을 자주 보게 된다. 그러나 조선시대에는 샴페인을 터트리는 것이 보편화되어 있지 않았다. 조선에 와 있던 일본인들이나 외국 선교사들, 외교관들이 그렇게 하는 것을 보고 차츰 우리도 그것을 서구화, 근대화의 이름으로, 또는 멋있게 보여서 따라하게 된 것이다.

　따라서, 한불 수교교섭 당시 한 프랑스 외교관이 전망했던 바와 같은 "*조선인들은 동양에서 소문난 대주가(大酒家) 이기 때문에, 세네갈 흑인들에게 팔아서 많은 이윤을 남긴 '정제되지 않은 알코올과 저급한 양주'의 아주 유망한 시장이 될 것*"이라는 예측은 빗나가게 되었다. 19세기 말 주한 프랑스 총영사관에서 작성한 상무보고서(商務報告書)에 따르면, 당시 한반도에 주로 수입된 프랑스산 포도주는 보르도와 브르고뉴Bourgogne 산 포도주였다.

　1886년 한불조약 체결을 통해 프랑스산 포도주에 대한 관세가 20%에서 7.5%로 대폭 낮아져서 프랑스산 포도주 수입이 늘어나게 되었다. 수입된 프랑스 포도주의 정확한 브랜드명은 기록이 없어서 알 수 없으나, 샴페인은 다행히 공식 기록에 가장 비싼 브랜드인 '뵈브 클리코 퐁사르뎅Veuve Cliquot Ponsardin'이 왕실과 부유한 고관대작들로부터 특별히 애호되었다고 기록되어 있다. 따라서 이러한 점을 유추해 볼 때, 고

종 황제는 샴페인 중 'Veuve Cliquot Ponsardin'을 마셨을 가능성이 매우
높다.

□ 미망인 *클리꼬* 부인과 증손녀 *안 드 모르트마르─로쉬슈*
아르 Anne de Mortemart-Rochechouart(화가 레옹 꼬니에 *Léon*
*Cogniet*가 1860년과 1862년 사이에 그린 그림)
(출처 : WIKIPEDIA)

뷔브 클리코 퐁사르뎅Veuve Cliquot Ponsardin 샴페인 제조사는 원래
1772년에 클리코 부인의 시아버지인 필립 클리코─무이롱Philippe Cliquot-
Muiron에 의해 다른 이름으로 설립되었다. 1798년 스물 한 살 처녀였던

바르브-니꼴 퐁사르뎅Barbe-Nicole Ponsardin은 클리코-무이롱의 아들 필립(Philippe Cliquot-Muiron)과 결혼하였으나, 필립이 결혼생활 6년 만인 1805년에 사망하게 됨에 따라 바르브-니꼴은 미망인으로서 시댁의 사업을 이어받게 되었다.

'Veuve Clicquot'는 불어로 '미망인 클리코'라는 뜻으로 27세의 젊은 나이에 남편을 여읜 바르브 니콜이 시댁의 사업을 물려 받은 뒤 자신의 처녀시절 성姓인 퐁사르뎅Ponsardin을 덧붙여 '뵈브 클리코 퐁사르뎅 Veuve Clicquot Ponsardin'이라는 이름으로 샴페인을 출시하였다. 클리코 부인이 미망인이 된 후 이 와인을 만들기 위해 일생을 바쳤다고 하며, '여자의 외로움을 간직한 신비의 샴페인'으로 알려져 있다.

클리코 부인은 새로운 샴페인 제조기법을 개발해서 샴페인의 대량 생산을 가능하게 하였으며, 전 유럽의 왕실에 공급될 정도로 명성을 얻어 막대한 부를 축적하였다. 현재에도 'Veuve Cliquot Ponsardin(뵈브 클리코 퐁사르뎅)' 샴페인은 프랑스의 프리미엄급 샴페인의 대명사로 남아있다. 클리코 부인은 1866년에 사망하였으니, 공교롭게도 한국과 프랑스가 병인양요를 치른 해에 사망한 셈이다. 양국이 1886년에 국교를 수립하지 않았더라면 클리코 부인의 샴페인도 수입되지 못하였을 것이다.

프랑스 와인과 샴페인이 머나먼 프랑스를 떠나 '은둔의 왕국' 조선으로 도착하기까지 많은 난관이 있었다. 프랑스에서 조선으로 직항하는 선박이 없었기 때문에 일본이나 중국을 거쳐 수입되었으며, 소위 다른 배로 싣는 '환적(transbordement)'과정에서 파손되는 일이 잦았다. 환적하다 보니 수출가격도 더 높아졌으며, 적당한 냉장시설이 없었기 때문에 장기간 보관도 용이하지 않았다. 또한, 조선에서의 수요자도 한정되어 있어서 대규모 수출이 불가능하였다. 그럼에도 불구하고, 우리나라의 프랑스 와인 수입은 구한말 전체 프랑스산 상품 수입의 17~26%를 차지할 정도로 중요한 비중을 차지하였다.

플랑시 공사의 후임으로 한국에 온 이폴리트 프랑뎅Hippolyte Frandin 공사가 1892년 7월 무렵 고종황제를 알현하기 위해 대기하고 있을 때 황실에서 내어온 다과로 "샴페인, 프랑스산 포도주, 영국산 비스켓, 영국산 빵, 그리고 마닐라산 담배 등"이 묘사[4]되어 있는 것을 보면, 구한말 황실에서는 제법 외국산 제품을 많이 활용한 것을 알 수 있다. 프랑스 공사가 왔기 때문에 프랑스 와인을 내어온 측면도 있지만, 당시 외국산 포도주의 대명사는 프랑스 포도주로서 통계상으로도 제일 많이 수입되었다.

□ 뵈브 클리코 샴페인(2009년 파리 출장시
　파리시내 마들렌느에 있는 와인 전문점
　LAVINIA 에서 촬영)

4)『프랑스 외교관이 본 개화기 조선』, 태학사, 2002, 76쪽.

8. 프랑스 포도 - 경기도 안성에 뿌리내리다

2009년 한 해는 우리나라 소비자들의 소비 패턴이 웰빙과 복고풍을 지향하면서 막걸리가 대 히트를 친 한해였다고 생각된다. 이러한 추세는 앞으로도 계속 지속될 것으로 전망된다. 2000년대 초반부터 프랑스 와인을 중심으로 칠레, 남아공, 미국, 호주산 와인이 국내에 본격적으로 수입되면서 웰빙의 대명사로 건강에 좋다는 포도주를 마시는 것이 소위 중산층의 트렌드였었다.

프랑스 포도주는 아니었지만 프랑스 포도는 이미 20세기 초부터 우리나라에 가톨릭 신부를 통해 전래되어 우리 조상님들과 소비자들이 알게 모르게 벌써 맛을 보고 있었다는 사실을 아는 사람들은 그리 많지 않은 것으로 생각된다. 1900년 프랑스 파리외방전교회(MEP) 소속 신부였던 안토니오 공베르 신부가 안성천주교 성당(현 구포동 교회) 초대 신부로 부임하면서 포도나무 30여 종을 들여와 성당 뜰에 심은 것이 그 시초이다.

구포 성당의 포도가 대량으로 재배되기 시작한 것은 1925년 당시 안성읍 숭인리(현 안성시 안성1동)에 살고 있던 안성천주교 성당 평신도 회장이었던 박숭병朴崇秉 씨가 삼덕포도원을 조성하면서 부터이다. 요즘 같으면 식물 묘목을 들여오는 것은 엄격한 식물검역절차 등의 이유로 반입하는 것이 용이하지 않았을 터이지만 당시만 해도 쉬웠던 모양이다. 이로써 우리나라 최초로 유럽종 포도가 재배되게 되었고, 포도전래 100주년 기념 국제축제가 안성에서 2000년 8월에 성대히 개최되었다.

공베르 신부가 프랑스 포도 묘목을 가져온 이유는 무엇보다 포도재배를 통해 장기적으로 미사용으로 사용될 포도주를 만들 요량이었으며, 두 번째는 프랑스에 대한 향수를 달래고, 세 번째는 논농사, 밭농사에만 매달려 있는 한국 사람들에게 프랑스 포도나무를 재배케 함으로써, 즉 영농다각화를 통해서 한국사람들의 생활을 윤택하게 만들고 싶어서 들여온 것이 아닌가 추측된다. 당시 한국의 가난했던 농민들을 따뜻한 시선으로 바라보았던 공베르 신부에게는 아마 세 번째 이유가 더 컸을 것으로 생각한다. 공베르 신부가 들여온 포도 묘목 종류는 독일종 머스캣과 함부르크, 블랙함부르크 등으로 당시 우리나라에 있던 포도들보다 신맛이 덜하고 껍질이 얇으며 씨도 적어서 재배지가 급속히 확산되었다고 한다.

앙트완 공베르(Antoine Dieudonné GOMBERT, 孔安世) 신부는 1875년 4월 25일 프랑스 남부 아베이롱Aveyron 지방의 캄불라제Camboulazet에서 출생하였다. 1897년에 파리 외방전교회(MEP)에 입회하였으며, 1900년 6월 24일 사제서품을 받았다. 서품직후인 8월 1일 한국으로 떠났으며, 한글을 배운 후 안성천주교 성당 초대신부로 1900년 10월 부임하였다. 1932년 용산 예수성심학교(현 가톨릭대학교)로 떠나기 전까지 안성천주교성당에서 주임신부로 재임한 공베르 신부는 교육사업과 황무지 개간사업, 빈민구제에도 노력하였다고 한다. 대표적인 교육사업으로는 1909년 1월 안성의 안법安法학교(현 안법고교)를 세운 일이다.

1930년부터는 피정避靜 묵상회에 자주 초대되어 강론하였다. 그 후 소신학교, 대신학교의 영신靈神지도자로 임명되었으며, 1949년에는 서울에 있는 '한국 카르멜Carmel 재속 3회'의 부속사제가 되었다. 공베르 신부는 소신학교 영신지도자로 있을 때 2009년 2월 선종한 고故 김수환 추기경의 선생님이셨다고 한다. 1950년 7월 19일 북한 인민군에게 체포되었으며 다수의 가톨릭 사제들과 함께 평양을 지나 압록강 쪽으로 '죽음의 행진'에 걸어서 끌려가는 도중 1950년 11월 12일 탈진하여 사망하였다고 파리 외방전교회 자료에 기록되어 있다.

두 살 아래 동생인 쥴리엥 공베르(1877~1950, 孔安國) 신부도 파리 외방전교회에 1898년 입회하였으며, 1900년 6월 24일 형과 함께 사제 서품을 받았다. 두 형제 신부는 같은 날짜에 한국으로 출발하였으며, 쥴리엥 공베르 신부는 논산지역을 담당하였다. 1914년 1차 세계대전에 징집되어 프랑스로 갔다가 1919년에 다시 한국으로 되돌아 온 후 금사리 지역을 담당하였다. 1949년 제물포에서 사목활동을 하다가 1950년 7월 19일 형과 함께 북한 공산군에 체포되어 북으로 이동중 형이 사망한 그 다음날인 1950년 11월 13일 탈진하여 사망하였다. 형제가 동시에 사제가 되기도 힘든 일인데 같은 날 사제가 되었으며, 또한 해외에 수많은 나라가 있는데 어떠한 운명의 이끌림인지 두 사람 모두 한국에 오게 되었으며, 6·25동란으로 인해 같은 날 두 사람 모두 체포되어 하루 차이로 사망하게 된 것은 무슨 운명인가? 하느님만이 아실 일인 것 같다. 아무쪼록 두 형제 신부께 자비를 베푸시고 영원한 생녕의 길로 인도하소서!

9. 초대 주한프랑스 공사와 궁중 무희(舞姬)

1887년 콜렝 드 플랑시(Collin de Plancy, 1853~1924) 정부위원겸 영사5)가 조선에 도착하였을 때 나이는 34세였다. 한 마디로 결혼하지 않은 노총각이었다. 조선에 오기 전에는 파리 동양어학교에서 중국어를 전공하고, 중국 상해, 북경 프랑스 공사관에서 통역 및 영사로 10년간 근무하였다. 플랑시 공사는 우리나라에 가장 오랫동안 근무했던 프랑스 외교관이었다. 1888년 6월 서울에 제1차 부임해서 1891년 6월까지 약 3년간 근무하였으며,6) 제2차로 부임(1896년 4월~1905년 12월)7)해서 약 11년간 근무하였기 때문에 총 14년간을 우리나라에서 근무한 셈이다.

1889년 1월 1일자로 플랑시 공사가 본국에 보고한 조선에 살고 있는 프랑스인 현황표에 따르면 총 23명의 프랑스인이 거주하고 있는 것으로 조사되어 있다. 이중 결혼한 사람은 2명밖에 되지 않고, 모두 독신(célibataire)인 것으로 표시되어 있다.8) 그도 그럴 것이 당시 대부분의 프랑스인들은 가톨릭 선교사 또는 수녀였기 때문이었다. 결혼한 두 사람 중 한명은 피리 테오필Piry Théophile로서 부산 세관에 세관원으로 근무하고 있었으며, 나머지 한명은 시스코 앙트완 앙드레Sisco Antoine André

---

5) 'consul et commissaire du Gouvernement'. 나중에 승진됨에 따라 공식 명칭도 '총영사 (consul générale) → 전권공사(ministre plénipotentiaire)'로 변경된다. 초기에 '정부위 원'이라는 명칭을 사용하여 구한말 주한외교단내의 서열 문제로 독일, 영국 영사들과 문제가 발생하게 된다.

6) 프랑스 외교문서상의 공식 재임시기는 1887년 11월 9일~1890년 7월 11일.

7) 프랑스 외교문서상의 공식 재임시기는 1895년 12월 23일~1906년 8월 2일.

8) 플랑시 공사 자신도 독신인 것으로 기록하였다.

라는 사람으로서 무역업을 하던 상인이었다. 당시 23명을 직업별로 살펴보면 '외교관 2명, 신부 15명, 수녀 2명, 세관원 3명, 상인 1명'이었다.

플랑시 공사는 구한말 주한 외교사절중에 가장 정력적으로 외교활동을 한 외교관으로 평가되고 있다. 대표적인 사례로는 △ 여러 가지 복잡한 가톨릭 전교와 관련한 문제를 해결하였고, △ 한−프랑스 간 무역관계를 증진시키기 위해 노력하였으며, △ 모리스 꾸랑Maurice Courant으로 하여금 「조선서지(Bibliographie Coréenne)」를 파리에서 발간케 하고, △ 1900년 파리 만국박람회에 한국이 참가토록 하여 우리나라를 유럽에 알리는데 크게 기여하였으며, △ 1901년 4월 한불우편조약을 체결하여 우리나라 체신업무 근대화에 기여하였고(이보다 앞서 1900년 1월에 우리나라를 '만국우편연맹'에 가입시킴), △ 대한제국의 법률고문으로 크레마지를 임명시키는 등 많은 프랑스인들을 조선 조정의 고문관으로 위촉하였다.[9]

플랑시 공사가 우리나라에 오랫동안 근무한 이유는 그의 아내(또는 동거인)가 고종황제가 소위 '하사下賜'한 궁중 무희, '이진(李心 또는 李眞)' 때문이있다. 이진과 플랑시 공사와의 사랑 이야기는 소설가 신경숙 씨의 '푸른 눈물'과 김탁환 씨의 '리심(파리의 조선궁녀)'을 통해서도 잘 알려져 있다. 또한 2007년 6월 23일 KBS에서 '조선의 무희, 파리의 연인이 되다. 리진'이 방영되면서 더욱 일반에 알려지게 되었다. 2010년 10월 주진오 상명대 역사콘텐츠학과 교수가 '"*파리의 조선무희" 리진은 허구… 신경숙 김탁환이 낚였다?*'[10]고 주장하면서 리진이 실존인물인

9) 1895~1906년 사이 총 19명의 프랑스인들이 조선 정부에 고용되었다.
10) 미디어 오늘(위의 10월 25일자 기사 외에 "리진이 실재했다는 증거는 없다", 2010년 11월 10일 참조).

지에 대해 논란이 증폭되었다.

신분과 국적이 다른 두 사람의 이야기는 제2대 주한 프랑스 공사로 근무했던 이폴리트 프랑뎅Hippolyte Frandin의 저술 '한국에서(En Corée)'를 통해서 알려지게 되었다. 소설에 나타난 사항들은 어디까지나 작가적 상상력을 발휘한 가상의 사실들이다. 오히려 공식적인 기록이 전무하기 때문에 소설의 좋은 주제가 되었는지도 모른다.

필자가 프랑스 외무부 고문서실과 모든 문서를 뒤져본 결과 두 사람이 결혼했다는 증거는 없지만 분명 '리진'이라는 사람은 존재했고 프랑뎅 공사가 묘사한 것처럼 플랑시 공사와 사랑해서 함께 살았던 실존인물이었을 가능성이 더 높다. 프랑뎅의 '한국에서(En Corée)' 자체가 소설이 아니고 프랑스 외교관이 한국에 부임해서 직접 보거나 전해들을 것을 기록해 놓은 책이기 때문에 없는 이야기를 꾸며서 적어 놓았으리라고는 생각되지 않는다.

필자가 파리에서 공부할 당시 프랑스 외무부 고문서실에서 플랑시 공사가 남긴 문서들을 모두 살펴보았지만 공식적인 보고서외에는 개인적인 일기 등과 같은 비공식적 기록물은 전혀 찾아 볼 수 없었다. 2007년에 청주 MBC가 '직지의 최초발견자 — Collin de Plancy'를 촬영할 당시 플랑시 공사의 고향인 트로와Troyes시市 도서관(플랑시의 모든 유품을 보관)을 방문하였을 때에도 일기 같은 개인적인 기록물은 발견하지 못하였다. 비슷한 무렵 당시 주철기 주프랑스대사가 플랑시의 일기를 입수해서 가지고 있다는 소문을 들었지만, 그것도 사실이 아니었다.

플랑시 공사와 이진이 부부로서 함께 생활하였고, 플랑시 공사가 끔찍이 이진을 사랑했다는 것은 프랑뎅 공사의 글에서 플랑시가 이진을 '여신女神' 또는 '천사天使'로 묘사한 것으로도 잘 알 수 있다. 또한, 1896년 4월 플랑시 공사의 제2차 한국 근무시기 초기에 이진이 자살한 이후, 본인이 1922년 10월 25일(수요일) 파리 자택(Croisic 10번지)에서 69세를 일기로 사망[11]할 때까지 다른 여자와 결혼하지 않고 평생 독신으로 지낸 사실도 플랑시가 이진을 무척 사랑했었다는 사실을 짐작케 한다. 그렇다면 함께 찍은 결혼식 사진이라도 있었을 텐데 그러한 사진도 전혀 남겨진 것이 없다. 어쩌면 파리 고서점 어딘가에 있을지도 모르는데 우리가 찾지 못하고 있는지도 모른다.

이진은 타고난 영민함과 미모로 파리 사교계의 관심을 끌었을 것으로 짐작된다. 그녀는 최초로 프랑스에 건너간 한국여인이었으며, 1895년 플랑시 공사가 모로코 탕헤르Tanger에 단기간 근무할 때도 함께 갔었던 것으로 추정되기 때문에 그 사실이 맞다면 모로코를 최초로 방문한 한국 사람으로도 기록될 것이다. 탕헤르는 2007년도 우리나라가 2012년 여수세계박람회 유치 때 경쟁도시였었다. 이진이 비록 서양문화에 빠르게 적응하였으나 너무나 현격하게 대조되는 우리나라 문화와의 이질감으로 향수병에 걸렸던 것으로 보이며, 이것이 플랑시 공사로 하여금 서울 근무를 다시 신청하게 된 계기가 되었을 것이다.

일반적으로 외교관이 근무지를 두 번씩이나 동일한 곳에 신청하는 것은 흔한 일이 아니다. 특히, 플랑시 공사가 조선에 임명된 것은 소위 '신규 개설된 공관'에 근무하게 된 셈으로 기존의 잘 확립된 근무관행이

---

11) 1922.10.28(토) 성 프랑스와 자비에(Saint François Xavier) 성당에서 장례식 거행.

나 시설이 없었기 때문에 모든 것을 새로 시작해야 하는 고충이 있었다. 그리고 근무 초기에는 가톨릭 선교사와 지방관리, 가톨릭 교인과 비교인 간의 충돌사건, 즉 '교안敎案' 해결로 많은 골치를 앓았으며, 나름대로 정력적으로 한·불 관계 발전을 위해 모든 노력을 기울이다 보니 정말 눈코 뜰 사이 없이 시간을 보낸 곳이 서울이었다. 그런 곳에 다시 부임한다는 것은 이진의 향수병을 치료하기 위한 목적 외에 다른 무엇이 있었을까?

프랑뎅 공사의 기록에 의하면 '이진이 서울로 되돌아 왔을 때 평소 앙심을 품고 있었던 어느 고관高官에 의해 다시 궁중의 교방敎坊[12]으로 되돌아가게 되었으며, 플랑시 공사가 한 번 저항해보지도 않고 비겁하게 그녀를 포기했다'[13]라고 기록되어 있는데, 앞서 살펴본 플랑시 공사의 이진에 대한 사랑을 생각한다면 이해가 가지 않는 대목이다. 왜냐하면, 플랑시 공사가 이진이 마음에 들어 고종의 윤허를 받아서 아내로 삼았고, 파리로 돌아가서 함께 살았는데 그녀가 단지 과거 '노비 신분'이었기 때문이라는 이유만으로 다시 교방으로 데려갔다는 것은, 특히 프랑스를 대표하는 외교관의 아내(또는 동거인)를 그냥 데려갔다는 것은 외교적으로도 문제가 될 수 있는 사실로서 다른 무슨 중대한 내막이 있었을 것이다.

당시 고종황제는 일본의 영향력이 한반도에 확대되는 것을 방지하기 위해 프랑스, 러시아 등 각국 정부의 도움을 받으려고 애쓰던 시기였기 때문에 강대국인 프랑스 정부가 파견한 고위외교관의 아내가 교방으로

---

12) 고려·조선 시대 기녀(妓女)들을 중심으로 하여 가무(歌舞)를 관장하던 기관.
13) 김상희·김성언 옮김, 『프랑스 외교관이 본 개화기 조선』, 태학사, 2002, 111쪽.

복귀되는 것을 허락하지도 않았을 것이다.

1963년 프랑스국립과학연구소(CNRS) 클로드 고동Claude Gaudon 연구원이 플랑시 공사의 공식 문서들을 묶어서 외교 문서집을 만들 때 플랑시 공사에 대한 인물평에서 '플랑시 공사는 북경, 상해, 도쿄, 서울, 탕헤르(모로코), 방콕에 근무를 했었는데, 근무한 나라중 한국을 가장 편애한 것 같다'라고 기술한 것으로 보아도, 만약 그의 아내가 강제로 노비신분으로 좌천되어 둘 사이가 갈라졌다면 그러한 표현은 나오지 않았을 것이다.

고동Gaudon 연구원이 설명한 플랑시의 인물평을 보면, 플랑시 공사는 '훌륭한 인품과 재치, 예절, 방정한 품행을 가졌으며, 아주 조그만 일이라도 끝가지 해결하려는 열정, 통념에 구애 받지 않는 사고방식을 가졌다. 또한, 편집자적인 능력을 타고나서, 그의 부친[14]을 통해 이미 증명된 바와 같이, 보고서를 작성할 때 아주 장황하게 기술하는 경향을 가졌다'라고 묘사하고 있다.[15]

이진이 '금조각을 삼키고 스스로 생명을 끊었다'라고 한 표현은 신빙성이 좀 떨어진다. 프랑뎅 공사가 본인의 한국 근무경험담을 책으로 쓸데 독자들의 관심을 끌기 위해 이진의 죽음을 문학적 아름다움으로 승화시키기 위해 그렇게 표현한 것이 아닌가 생각된다. 금가루가 독성도 없거니와 요즘 미용을 위해 금가루가 든 화장품을 사용하고, 금가루가 든 음료를 일상사로 마시는 세태를 볼 때 별로 설득력이 없다. 이는 당

---

14) 플랑시 공사의 부친(Jacques Collin de Plancy, 1793~1887)은 출판사를 운영했음. 출판사를 운영했다는 것은 당시 최고의 지식산업 종사자라는 것을 의미함.
15) 프랑스 외무부, 외교관 문서/개인 문서(Papier d'agents/Archives privées).

시 오리엔탈리즘적 시각에서 서구인들이 동양을 바라본 시각, '동양에는 금이 넘쳐난다'라는 엘도라도적 환상을 그의 작품에 주입한 것일 지도 모른다.

프랑뎅의 표현이 정확했던 부분은 이진이 '*한국 민족의 문명된 미래에나 살아야 할 운명이었지만 불행하게도 너무 일찍 한국에 태어났던 것*'이라고 표현한 부분이다. 언젠가 플랑시 공사와 이진이 함께 찍은 사진을 파리의 어느 허름한 고서적상이나 헌책방 또는 옛날 엽서를 전문으로 파는 가판대에서 입수할 수 있기를 바란다.

Victor Collin de Plancy (1853-1922)
Source : Médiathèque de Troyes.

□ 플랑시(Plancy) 초대주한 프랑스 공사 모습(출처 : 트로와 박물관)

□ 프랑뎅 공사의 『한국에서(En Corée)』
   (출처 : 서울의 추억, 한불수교 120주년
   기념 전시회)

10. 프랑뎅(Frandin) 공사가 본 한국

이폴리트 프랑뎅Hippolyte Frandin 공사는 초대 플랑시Plancy 공사의 후임으로 한국에 1892년부터 1895년까지 근무를 했던 제2대 주한프랑스 공사였다.16) 플랑시 공사가 격무로, 또는 개인적인 취향이 달라서 본인이나 한국에 관한 글을 남기지 않았던 반면에 프랑뎅 공사는 1902년경 파리에서 『한국에서(En Corée)』라는 저서를 남겼고, 공사관 마당에 설치된 테니스 코트에서 테니스도 즐기는 등 '미개한 나라' 한국에서 서양식 문화의 우월감을 만끽하면서 생활한 것으로 알려져 있다.

그의 책은 2002년 태학사에서 『프랑스 외교관이 본 개화기 조선』(김

---

16) 프랑스 외무부 사료(Correspondance Politique 1888~1896, Corée 1891~1892)에 따르면 프랑뎅 공사는 1892년 4월 8일 서울에 도착하여 4월 9일부터 직무를 시작한 것으로 기록되어 있다.

상희·김성언 옮김)이라는 제목으로 한국어로 번역, 발간이 되었다. 이 책을 보면 프랑뎅 공사가 문명국의 외교관으로서 오리엔탈리즘적 시각에서 한국을 바라보았다는 것을 잘 알 수 있다.

프랑뎅 공사는 19세기 말 모든 서양인들이 한국에 오기 위한 관문이었던 제물포를 통해서 입국하였다. 아마 프랑스 파리에서 항구 도시인 마르세이Marseille까지 가서 동양으로 떠나는 배를 탄 후 인도양을 거쳐 싱가포르 → 마카오 → 나가사키 → 인천으로 들어왔을 것이다. 당시 대부분의 서양인들은 인천에 도착하면 일본인 호리 리키타로오(堀力太郎)가 1884년경에 세운 대불(大佛, 다이부츠)호텔에 머물렀다. 왜냐하면 요즘처럼 인천에서 서울까지 하루만에 갈 수 없었기 때문이다. 대불호텔은 1899년 경인선이 개통되기 전까지는 매우 장사가 잘 되었으나 경인선 개통으로 손님이 뚝 끊어져 수지가 맞지 않아 1918년경 중국 상인에게 매각되었다.

프랑뎅 공사는 '대불호텔의 침대는 훌륭했으나 요리는 형편 없었다'고 기록하였다. 반면에 1885년 4월 5일 제물포항에 도착했던 감리교 선교사였던 아펜젤러는 '호텔 방은 편안하고 넓었으나 약간 싸늘했다. 음식은 요리가 잘 되어 입에 맞는 외국 음식을 먹을 수 있었다'라고 상반된 평가를 하였다. 외국인들은 한국에서 여행을 할 때 대부분의 경우 가마를 탔다. 짐은 황소 등에 태우거나 수레에 실려 운반되었다. 도로사정은 매우 열악하여 길이 제대로 닦여져 있지 않았고 곳곳에 웅덩이가 패여 거의 통행이 불가능한 상황이었다고 한다.

도로에는 프랑스처럼 매 킬로마다 이정표가 세워져 있지 않았는데,

대신 장승들이 규칙적으로 세워져 이정표 역할을 하였다. 도로 주변의 산들은 나무 한 그루 없는 민둥산인 것으로 묘사되고 있는데, 당시 연료원이었던 나무를 땔감으로 모두 잘랐기 때문이다. 우리나라가 연탄을 사용하면서부터 산에 나무들이 자라기 시작했고, 지금은 전국 곳곳에 푸른 녹음을 자랑하는 울창한 숲들이 많이 있다. 현재의 시각에서 과거를 바라볼 때 우리들은 많은 오류를 범할 수 있다. 과거를 매우 낭만적으로 바라보는 경향이 있지만 과거 우리 조상들의 삶은 그렇게 낭만적이지 않았다.

짚으로 이은 이엉으로 된 초가집은 프랑뎅 공사에게는 거북이 등처럼 보였다. 갑각류의 등 모양을 한 오두막 지붕은 서양인들에게 매우 인상적인 이었던 것 같다. 중국과 마찬가지로 한국인의 의식주는 매우 불결하게 평가되고 있다. 한국의 여자들은 결혼한 경우 축 처진 젖가슴을 자랑스럽게 드러내 놓고 다녔는데, 이는 아이를 많이 낳았다는 매우 영광스러운 증표였기 때문이었다. 아이들의 배는 불룩 튀어 나왔고 피부는 검게 그을려 야위어서 뼈가 불거져 나와 보였다. 큼지막한 머리통에 불룩 튀어 나온 배는 영어 알파벳 'i'에 비유되었다. 마치 외계인 'ET'의 모습 또는 아프리카의 헐벗고 굶주린 아이들의 모습과 비슷하게 보였던 것 같다.

한국인들의 인사예절이 매우 재미있었던 것 같다. 한국 사람들이 만나면 묻게 되는 두 가지 질문은 한결같았다. 첫째, '밥 드셨소?'라고 물었다. 이 경우 안 먹었다고 하는 경우는 거의 없고 거의 먹었다고 답을 하는데, 안 먹었다고 하면 동정심을 자아내서 질문한 사람이 가진 식량을 나눠주지 않을 수 없는 난처하고 무안한 상황이 벌어진다는 것이다.

필자도 시골에서 자랄 때 어른들이 인사말을 할 경우 때에 맞춰 '아침 드셨는지요?, 점심 드셨는지요?, 저녁은 드셨는지요?'로 물어 보는 것을 본적이 있다. 먹을 것이 별로 없어서 밥 먹었는지를 물어보는 것이 매우 중요한 관심사이었던 것 같다.

두 번째 질문은 '어디 가십니까?'이다. 서양에서는 물어보지 않는 매우 개인적인 질문이다. 어디 가는지 알아서 무엇 할까 만은 물을 때 '동쪽으로 가시오, 서쪽으로 가시오?'라고 물어본다고 한다. 한국 사람들은 방향을 말할 때 오른쪽, 왼쪽이라는 단어를 쓸 줄 모르고 동서남북 방향만을 표시하는 것이 상례였다고 한다. 오세아니아 사람들의 인사법은 만나면 서로의 손에 침을 뱉는 것인데 그것 보다는 한국의 인사예절이 훨씬 마음에 들었다고 프랑뎅 공사는 기록하고 있다.

서울의 거리는 예전에 매우 불결하였던 것 같다. 프랑뎅의 묘사에 따르면 초가집 또는 기와집이 빽빽하게 들어서 있었으며 미로와 같은 길로 연결되어 있었는데 거리에는 악취가 많이 났던 모양이다. 거무칙칙하고 진흙투성이의 괴어있는 개울(아마 청계천)에는 모든 오물들이 그곳으로 흘러들었으며 주변에 악취를 심하게 풍겼고 당장 전염병이라도 발생할 것 같았다. 주변의 불결한 환경에도 불구하고 사람들은 전혀 관심을 두지 않고 우글거리며 살고 있었다.

조선시대에 상수도 시설이 없으니 모든 사람들은 물을 길러 마셨고, 하수도 시설이 제대로 되어 있지 않으니 집집마다 나오는 생활 오수들은 대충 마당에 버리거나 텃밭이 있는 경우는 거름으로 사용하였다. 땔감도 나무나 짚 밖에 없으니 집집마다 나무나 짚으로 불을 때었는데, 겨울에 불을 땔 수 있는 사람들은 사대부 양반들이거나 재력이 있는 일부 사람들에 한정되었다. 대부분의 사람들은 차가운 겨울에 온기도 없는 방에서 대충 버텼던 것 같다. 화장실도 재래식이었으니 똥장군을 진 사람들이 퍼다가 서울근교 밭에다 거름으로 뿌려서 들판에 나가면 고약한 냄새가 진동하였을 것이다.

필자가 카투사KATUSA로 평택 캠프 험프리에서 군복무 하던 시절인 1980년대 초에 작전차 캠프 밖으로 가끔 나갈 때가 있었는데 벌판에 거름으로 뿌려 놓은 인분 냄새 때문에 미군들이 얼굴을 찡그리며 '갓 댐 God damn!'이라고 하던 기억이 생생하다. 아직도 인분을 거름으로 쓰고 있던 우리나라의 현실이 내심 부끄럽기도 하였지만, 시골에서 자랄 때부터 익숙하게 맡아오던 냄새라 우리나라 사람들은 대수롭지 않게 생각하였다. 옛날 화학비료가 없던 시절에 최고의 비료는 사람의 인분이었다.

서울 시내에 우마차가 다니니 소똥, 말똥은 포장되지 않은 진흙도로에 반죽이 되었을 터이고, 일반 사람들은 공중목욕탕이 없으니 대충 일년 내내 씻지 않고 살았던 것 같다. 이런 사정은 유럽도 마찬가지여서 프랑스에서 향수가 발달했던 이유는 목욕을 하지 않아 생기는 냄새를 향수로 없애기 위해서였다는 것은 잘 알려진 사실이다. 이러다보니 여름에는 콜레라, 장티푸스, 이질 등의 질병이 자주 발생하여 많은 사람들의 목숨을 앗아갔다.

2012년 10월 10일 서울대 의대와 단국대 의대 연구팀이 경복궁 담장과 광화문 광장의 세종대왕 동상 자리, 시청사 아래, 종묘 광장 아래

14~19세기 지층에서 회충과 편충, 간디스토마 등 각종 기생충 알을 발견한 바 있다. 경복궁 담장 아래에선 흙 1그램당 최고 165개의 알이 나왔고, 다른 곳에서도 평균 35개의 알이 나왔다. 사대문 안에서 기생충 알이 무더기로 나온 것은, 거리에 인분이 널려 있었고 대다수 사람이 기생충에 감염됐다는 사실을 알려주는 증거이다. 실학자 박제가는 "성城에서 나오는 분뇨를 다 수거하지 못해 더러운 냄새가 길에 가득하며, 냇가 다리 옆 석축에는 인분이 달라붙어 큰 장마가 아니면 씻기지 않는다"고 '북학의'에 썼다고 한다.[17]

플랑시 공사는 한국인의 식생활에 대해서도 매우 낮게 평가하였다. 한국 사람들은 젓가락을 사용하여 마술하는 것처럼 매우 능숙하게 음식을 집은 다음 목구멍 속에 던져 넣고 게걸스럽게 삼켰으며, 음식에 대한 미각이 전혀 무지하거나 무관심한 것으로 묘사하였다. 한국의 젓갈 음식에 대해서도 '완전히 썩어버린 생선으로 만든 것으로 베트남의 통킹에서도 본 적이 있는데, 이런 추잡한 음식을 평민들만 아니라 상류사회에서도 즐겨 먹는다'고 기록하였다.

아무튼 플랑시 공사는 서구적 시각과 서양의 우월한 문화적 관점에서 한국의 거의 모든 것들을 부정적으로 묘사하였다. 기본적으로 외교관이라면 아무리 후진국이라도 그 나라 사람이나 문화를 보편적 시각에서 이해하려고 노력하는 것이 기본적인 태도일 것이다. 요즘 우리들이 바라보는 한국과 프랑스에 대한 이미지와 19세기 프랑스 외교관이 바라본 한국의 이미지에는 상당한 비대칭적 관계가 존재하고 있었던 것 같다.

---

17) 『조선일보』 2012년 10월 10일자 기사("조선시대 한양은 기생충 천국이었다").

□ 프랑뎅 공사의 모습(출처 : 경기도박물관)

11. 『직지(直指)』[18] : 세계 최고(最古)의 금속활자 인쇄본

현존 세계 최고의 금속활자 인쇄책자인 '불조직지심체요절' 또는 약
칭으로 『직지直指』가 프랑스로 건너가게 된 것도 플랑시 공사에 의한 것
이다. 『직지』는 플랑시 공사가 정당하게 구입해서 소장한 것이기 때문
에 강제로 약탈된 '외규장각도서'와 같은 반환청구대상은 아니다. 그럼

---

18) 원제 : 백운화상 초록 불조직지심체요절(白雲和尙 抄錄 佛祖直指心體要節).

에도 불구하고 일부에서는 반환해야 한다는 주장을 제기하는 사람들이 있어서 사실을 정확히 알 필요가 있다고 생각한다. 『직지』는 우리나라가 가난하고 암울했던 시절에 탁월한 프랑스 외교관이었던 플랑시 공사가 우리나라 고서古書에 대한 높은 안목으로 수집한 책이었다.

『직지』는 서기 1377년 청주의 흥덕사興德寺에서 금속활자로 인쇄된 것으로 상, 하 2권으로 구성되어 있으나 플랑시 공사가 구입한 것은 하권 1권이었다. 『직지』는 불교에서 최고의 덕목으로 꼽는 선禪과 관련된 내용을 수록하고 있는 것으로, 『직지』 하권 1권이 2001년 9월 4일 유네스코 "세계기록유산(Memory of the World Register)"으로 등재되어 현존하는 금속활자본 중 최고最古임을 공인받게 되었다. 『직지』는 불교경전이 아니기 때문에 '직지심경'이라고 한 표현은 잘못된 것이다. '불조직지심체요절佛祖直指心體要節'은 영어로 'Anthology of Great Buddhist Priest's Zen Teachings'이라고 표현되어 있으니 우리말로 쉽게 표현하자면 '위대한 고승들의 선禪 가르침 모음집' 정도가 될 것이다.

'직지直指'라는 말은 '참선을 하여 도를 깨치면 마음 밖에 부처가 있는 것이 아니라, 자기의 마음이 곧 부처님의 마음'임을 '똑바로 가르킨다(直指)'라는 뜻으로 풀이될 수 있을 것이다. 사람의 본성은 원래가 맑고 깨끗한 것이니, 욕심냄과 화냄, 그리고 어리석음(貪ㆍ嗔ㆍ癡)의 세 가지 독(三毒)을 걷어내면 우리의 진면목을 깨닫고 모두가 부처가 될 수 있다는 것이다.

플랑시 공사가 『직지』 하권을 구하게 된 시점은 그가 우리나라에 두 번째 부임해 왔던 1896년 4월에서 1900년 1월 18일 특별휴가를 내어 파리만국박람회 참가를 위해 프랑스로 떠난 시기 사이일 것으로 추정된다. 플랑시 공사는 1900년 4월 15일부터 11월 12일까지 7개월간 파리에서 개최된 '파리만국박람회'에 조선 정부의 도움으로 우리나라 궁궐 양식의 2층으로 된 '대한제국관'을 건립하고, 거기에 농산물, 화폐, 전통악기, 한국고유의상, 무기류 등과 다양한 인쇄도구와 책 등을 전시하였다.

그때 『직지』도 공개적으로 전시되었으나 세계 최고의 금속인쇄 책자임은 알려지지 않았다. 그리고 1901년에 모리스 꾸랑Maurice Courant이 발간한 서지학상 3대 금자탑의 하나인 '한국서지(Bibliographie Coréenne)' 제4권에 3,738번째의 한국 책으로 서방세계에 최초로 소개되었다.[19] 그 이후 한 동안 그 존재가 잊혀졌다가 1972년 파리에서 개최된 '세계도서의 해(International Book Year)' 전시회에 프랑스 정부에 의해 『직지』가 출품되었으며, 지구상에서 가장 오래된 현존하는 금속활자본임이 확인되었다. 이는 구텐베르크의 '42행 성서'보다는 78년, 중국의 '춘추번로春秋繁露'보다는 145년이나 앞선 것이다. 『직지』는 그 이듬해인 1973년 '동양의 보물' 전시회에 또 다시 전시된 바 있다(품목번호 491번).

플랑시 공사는 출판업을 경영했던 아버지의 영향으로 책에 대한 관심이 유달리 돈독하였으며, 조선의 고서들을 틈이 나는 대로 사들였다. 한국서지 서문에 나타난 바와 같이 서울의 장터에 나가면 어김없이 책장수가 있었고, 고급상점에서는 주로 한문책, 하급상점에서는 주로 한글본 책을 판매하였다. 책값은 매우 저렴하여 10푼 이상 넘는 것은 거의 없었다고 한다. 푼은 1냥의 10분의 1이고, 예전에 거지들이 동냥할

---

19) 한국서지에 소개된 한국서적의 총수는 3,821권.

때 '한 푼' 달라고 하거나, '무일푼' 또는 '푼돈'이라는 말이 있는 것처럼 매우 적은 액수의 돈이다. 플랑시 공사가 파리 동양어학교에 기증한 책자만 해도 약 1,400여 권에 이른다. 그렇게 방대한 책을 산다고 하더라도 큰 돈 들이지 않고 샀을 것으로 추정된다. 왜냐하면, 당시 콩가격 기준으로 환산해 본 결과 10푼은 오늘날 1,000원~1,500원 정도로 계산되기 때문이다.

1896년 4월과 1900년 1월 사이에 『직지』를 입수한 플랑시 공사는 1905년 11월 제2차 한일협약(을사늑약) 이후 우리나라가 독립적인 지위를 상실하면서 각국이 자국대표를 철수시킴에 따라 새로운 부임지인 태국으로 떠났다. 1907년 주태국 특명공사를 마지막으로 공직에서 퇴임한 이후 1922년 파리에서 사망할 때까지 약 15년 동안의 플랑시 공사에 대한 행적은 잘 알려져 있지 않다. 한 가지 확실한 것은 1911년 3월 27일과 3월 30일 이틀에 걸쳐 파리 드루오Drouot 경매장에서 플랑시 공사의 소장품에 대한 경매가 실시되었다는 점이다. 그때 경매기록부에 따르면 파리의 유명한 보석상이자 예술품 수집가인 앙리 베베르(Henri Vever, 1854~1942)가 180프랑에 구매한 것으로 되어 있다.[20] 요즘 가격으로 환산하면 대략 240만 원 정도의 가격이었다. 수억 원대를 호가할, 또는 값어치를 매길 수 없는 『직지』를 상대적으로 싼 값에 경매한 것 같다는 느낌이 든다. 1911년이면 플랑시 공사가 은퇴한 지 4년밖에 되지 않은 시점인데 그의 소장품을 대량으로 판매한 까닭은 알 수 없다. 고위 외교관으로 근무하면서 재산도 어느 정도 모았을 것이며, 부양할 가족도 없었기 때문에 돈이 크게 필요하지도 않은 상황이었다.[21] 아무

20) 청주 mbc 방송, '직지의 최초발견자, Collin de Plancy', 2006년 7월 31일 방영.
21) 플랑시 공사의 부친인 쟈크 콜랭 드 플랑시(Jacques Collin de Plancy)는 플랑시 공사가 태어날 때 나이가 59세였고, 어머니 구스타 클라리스 브라디에(Gusta Clarisse

튼 소장품을 모두 팔아야만 하는 무슨 특별한 사유가 발생했었음이 분명한 것 같다.

앙리 베베르는 예술품 수집 중 이슬람 예술관련 수집가로 더욱 유명하다. 1900년 이후부터 중동과 인도로부터 수집한 오래된 코란 책, 회화, 서예, 골동품 등을 소장하고 있었다. 1911년과 1931년 두 차례 본인이 소장하고 있었던 이슬람 책들을 전시한 적이 있었는데, 관련 전문가들로부터 '이슬람 예술 책자 중 현존하는 가장 값진 소장품'이라는 평가를 받았었다. 『직지』를 1911년에 드루오 경매장에서 구입한 것도 이슬람 책자 등 중동과 동양의 서적 구입에 대한 그의 관심을 반영한 것이다.

1939년 제2차 세계대전이 발발하고 1940년 파리는 독일군들의 점령하에 들어갔다. 독일군들은 프랑스 국민들의 재산과 자동차, 귀중품을 모두 압수하였으며, 파리에서 76킬로미터 떨어진 곳에 있었던 앙리 베베르의 샤토 누와예Chateau Noyers도 독일군 장교 숙소로 징발되었다. 독일군 장교들은 베베르의 샤토 지하에 엄청난 규모의 예술품과 골동품이 소장되어 있는 줄도 모르고 먹고, 마시고 흥겹게 놀았다고 한다. 만약 그들이 그 사실을 알았다면 모두 몰수하여 독일로 압송하였을 것이다. 『직지』 또한 베베르의 샤토 지하창고에 다른 이슬람 서적과 함께 보관되어 있었을 가능성이 크다. 베베르는 1942년 사망하였고, 그의 모든 유산은 그의 외손자 프랑스와 모텡François Mautin에게 상속되었다. 소위 '베베르 컬렉션'은 파리가 해방된 1945년에 앙리 모텡에 의해 비밀

Bradier)는 27세의 젊은 나이였다고 한다. 플랑시 공사 외에 다른 형제는 없었던 것 같다.

리에 뉴욕으로 모두 옮겨졌다. 모텡은 미국으로 귀화하여 미국 시민권자가 되었다.

프랑스와 모텡이『직지』를 1952년에 프랑스 국립도서관에 기증한 것으로 기록되어 있는데,『직지』를 베베르 컬렉션과 함께 뉴욕으로 가져갔다가 다시 가져온 것인지, 아니면 파리에 놔두고 다른 미술품과 서적만 모두 뉴욕으로 옮겼는지는 확실하지 않다. 대략적으로 프랑스 국립도서관장이『직지』의 가치를 알고 베베르에게 기증 요청을 했었으며, 베베르가 죽기 전에 기증의사를 밝힘에 따라 외손자인 프랑스와 모텡이 나중에 유언을 이행한 것이 아닌가 짐작할 정도이다. 한국서지를 만든 모리스 꾸랑이 프랑스 국립도서관 소장 중국고서 정리작업을 담당했던 적이 있었기 때문에,『직지』의 역사적 가치를 도서관장에게 알려주었을 가능성이 크다. 플랑시와 꾸랑은 한국서지를 만들 때 긴밀히 협력하였기 때문에『직지』의 중요성에 대한 두 사람만의 정보 공유가 있었을 것이다.

청주시에서는 1997년부터 국내에서 목판본이 아닌 금속활자본 '직지찾기운동'을 시작해 오고 있으며,『직지』를 발견하면 1천만 원의 현상금까지 내걸고 있으나 아직까지『직지』가 발견되지 않고 있다. 청주 흥덕사에서 금속활자로 인쇄할 당시 약 100여 권 정도는 발행하였을 것으로 추정되며, 대부분 청주를 비롯한 주요 사찰에 배포되었을 것으로 짐작된다. 프랑스 국립도서관에 소장하고 있는 것도 앞에서 밝힌 바와 같이 하권 1권이며 그마저도 일부 멸실되어 38페이지만 남아있다. 책자에 송진이 스며든 흔적이 있는 것으로 보아 복장유물로 들어있던 것이 시중에 나온 것으로 추정된다. 우리나라에서 상, 하권『직지』가 모두 발견된다면 인쇄기술측면에서는 당시 중국보다 앞서서 선진국이었던 우리나라의 명성을 다시 살릴 수 있을 것으로 생각된다.

12. 모리스 쿠랑(Maurice Courant)의 '한국서지(韓國書誌)'

'모리스 쿠랑(Maurice COURANT, 1865~1935)'이라는 프랑스 사람은 우리나라에서는 관련 전문가들 외에는 아는 사람이 거의 없다. 한불관계를 연구하는 사람들이나 서지학자들 사이에서 그 이름이 거론될 뿐이다. 하지만 잊혀진 그의 이름에 비하여 그가 한국 서지학에 남긴 족적은 너무나 크다.

모리스 쿠랑의 '한국서지(La Bibliographie Coréenne)'는 앙리 코르디에Henri Cordier의 '중국서지', 오스카 나호스트의 '일본서지'와 함께 서양인이 쓴 동양서지학의 금자탑으로 평가되고 있다.

'한국서지'가 무엇인가 하면 우리나라에서 발간된 3,821권에 달하는 고서들의 제목과 그 내용을 소개해 놓은 책이다. 책 제목만 적어 놓은 것이 아니라 모리스 쿠랑은 그 책 제목이 의미하는 바와 책의 내용, 책과 관련한 주요 사항들과 책에 대한 서평 등을 기록해 놓았다. 단순히 도서목록만 소개하였다면 큰 의미가 없었을 수도 있지만 문화사적 논평까지 곁들여 책에 대한 해제와 서지학적 연구를 하였다는 점에서 '한국서지'는 중요성을 가지고 있다.

모리스 쿠랑과 유사하게 한국 사람으로서 서지학 연구를 한 사람은 17세기 초에 '해동문헌총록海東文獻總錄'을 만든 김휴(1597~1640)이다. 김휴는 1616년(광해군 8년)경 스승이었던 장현광張顯光을 찾아갔을 때 그의 집에서 중국의 '문헌통고文獻通考'라는 서지학 책을 처음 보았는데, 이를 계기로 '해동문헌총록'을 편찬하게 되었다고 한다. 김휴는 먼저 영남 지방에서도 임진왜란의 피해를 덜 입은 봉화, 영주, 문경, 예천, 예안, 영양, 안동, 군위 등지에 전해 내려오는 문헌을 조사하여 작자의 행적과 출처를 확인한 뒤 약 670여 개의 작품을 집대성하여 해제를 하였다.

모리스 쿠랑이 김휴의 해동문헌총록을 참고하지는 못하였다. 한국 서지학상 선배에 해당하는 김휴의 책을 참고하였더라면 쿠랑의 한국서지 작성이 훨씬 쉬워졌을 것이다. 쿠랑의 한국서지는 모두 3권으로 구성되어 있으며, 증보판 1권까지 포함하면 4권이라고 할 수 있다. 모두 동시에 출간된 것은 아니고 1894년부터 1896년 동안 3권이 파리에서 출판이 되었고, 나머지 증보판은 1901년에 출판이 되었다.

모리스 쿠랑은 주한프랑스 공사관에 1890년 5월부터 1892년 3월까지 근무한 외교관이었다. 21개월간 한국에 체류하면서 방대한 자료를 수집하였고 북경, 파리, 동경에 근무하면서도 '한국서지'를 계속 집필할 수 있었던 것은 처음에 이 작업을 권유한 플랑시Plancy 총영사와 뮈텔 Mutel 주교의 꾸준한 지원이 있었기 때문에 가능하였다.

다니엘 부셰Daniel BOUCHEZ 박사[22]가 1983년에 작성한 모리스 꾸랑

---

22) 프랑스국립과학연구센터(CNRS)의 명예수석연구원(전 프랑스 국립극동연구원 한

의 전기에 따르면 꾸랑은 1865년 10월 파리의 프랭클린Franklin가 6번지에서 아버지 샤를르 이지도르 꾸랑Chalres Isidore Courant과 어머니 마리 꼬스나르Marie Cosnard 사이에 장남으로 태어났다. 1886년에 파리대학에서 법학과를 졸업하였고, 1885년에 동양어학교(Ecole des Langues orientales vivantes)[23])에 중국어과와 일본어과에 등록하여 1888년에 고등고육 학위를 수여받았다.

1888년 동양어학교를 졸업하자마자 그해 9월 꾸랑은 북경에 있는 프랑스 공사관에 통역 실습생자격으로 파견되어 근무하였다. 1890년 5월 주한프랑스 총영사관의 프랑스와 게렝François Guerin의 후임으로 통역서기관으로 서울에 부임하였다. 모리스 꾸랑은 언어를 전공했던 중국과 일본에 대해 관심이 있었고, 한국에 대해서는 전혀 관심이 없었다. 한국어를 배운 적도 없었고 초기에는 한국에 대해 별로 흥미도 느끼지 않았다. 외교관이 의무적으로 겪어야 하는 '오지' 근무의 일환으로 생각하였다.

위와 같은 생각을 하고 서울에 부임한 꾸랑은 무료하고 침울한 나날을 보내고 있었다. 이때 플랑시 공사는 이러한 그에게 한국에서 그동안 수집했던 한국의 책들을 보여주었다. 아울러 꾸랑과 함께 시장과 서점으로 돌아다니면서 구경을 시켜주었고, 플랑시 공사 자신이 하려던 한국서지 작업을 꾸랑이 계속할 것을 권유하였다. 처음에는 회의적이었던 꾸랑은 플랑시 공사의 요청을 받아들였다.

당시 서울에 거주하던 외국인이 많이 있었지만 한국 책에 관심을 보

국대표).
23) 약칭해서 보통 '랑그 조(Langues O.)'라고 불렀다.

였던 사람은 아무도 없었다. 더구나 서양인들은 '한국에는 책이 없다'라는 잘못된 인식을 가지고 있었다. 플랑시 공사 후임으로 한국에 왔던 프랑뎅 공사가 쓴 『한국에서(En Corée)』라는 책에도 '한글로 기록된 책은 한 권도 없었다. 이 문자언어는 일부 집단이 사용하는 데 지나지 않았고 거의 모든 국민은 한자의 위세에 복종하고 있었다'라고 잘못된 내용을 기술하고 있었다.

그러나 1866년 병인양요때 강화도 침공을 위해 프랑스 군함에 승선했던 앙리 주앙Henri Jouan 해군 대위가 남긴 기록[24]에 따르면 '*교육, 적어도 초등교육은 (한국에) 매우 광범위하게 보급된 것 같았다. 왜냐하면 가장 비참하게 보이는 초가집에도 책을 발견할 수 있었기 때문이다 (L'instruction, l'instruction primaire au moins, paraît être très répandue; car, dans les huttes les plus misérables, on trouvait des livres)*'라는 표현을 보면 구한말에 책이 일반 백성들에게 많이 보급되었음을 알 수 있다.

무관심하게 대했던 한국에 의외로 한국 고유의 책이 많음을 알게 되자 꾸랑은 한국서지 작성에 열의를 가지고 미친 듯이 책을 수집하러 다니고, 목록을 작성해 나가기 시작했다. 우선 구할 수 있는 문헌목록으로 16세기에 제작된 『대동운부군옥』, 『동국문헌비고』, 1554년에 제작된 『고사촬요攷事撮要』와 같은 고서들의 문헌목록이 나타나 있는 서적들을 뒤졌다.

꾸랑은 플랑시 공사의 도움으로 눈에 보이는 모든 한국책은 수집하였다. 규장각의 도서목록뿐만 아니라 길거리의 좌판 책상점에서부터

24) les Mémoires de la société impériale des sciences naturelles de Cherbourg, 1867년.

책대여점(貰册店), 심지어 사찰의 서고까지 파고들었다. 이렇게 하여 꾸 랑은 수많은 책을 열람하거나 구입할 수 있었다. 앞장에서 언급한『직 지(직지심체요절)』는 플랑시 공사가 소장하고 있었는데, 1901년『한국 서지』증보판에 3738번으로 해제가 되었다.

2006년 10월 18일 고려대학교에서 개최된 한불수교 120주년 기념 심포지엄에 필자도 참석하였는데, 그때 파리에서 초대받아 왔던 다니 엘 부셰 박사는 위와 같은 이유를 들어 '박병선 박사'라고는 직접 호칭 하지는 않았지만 "혹자가 부당하게 금속 활자의 '발견'에 대한 공을 가 로채는 것은 이해할 수 없다"라고 열변을 토하던 것이 인상 깊게 남아 있다. 결론적으로『직지』를 세상에 최초로 알린 사람은 모리스 꾸랑 임을 부인할 수 없다. 그에게 후손이라도 있으면 공로훈장이라도 수여 하여야 하겠지만 불행히도 그에게는 남겨진 후손이 없었다. 1895년 중 국 천진天津에 부임하였을 때 1894년, 1895년에 연이어 태어난 샤를르 Charles와 루이Louis를 콜레라로 잃게 되는 불행을 당하였다. 1896년 프 랑스로 귀국 후 첫째 아들 샤를르의 이름을 그대로 딴 아들을 낳았으나, 1930년 그 마저도 죽었기 때문에 1935년 꾸랑이 사망하였을 때에는 남 겨진 후손이 없었다.

1970년 우리 정부는 유럽에서 한국학을 개척하고 유럽에 한국을 알 린 그에게 문화훈장을 추서하였으나 후손이 없어서 전달하지 못하다가 1977년에 그의 조카 손자에게 전달하였다. 꾸랑은 평생 한국에 대한 연 구와 강의를 멈추지 않았다. 70세로 생을 마감할 때까지 103편의 저술 을 남겼는데 그중 21편이 한국관련 저술이었다. 1905년 을사보호조약 으로 우리나라가 독립을 잃게 되자 유럽사람들의 한국에 대한 관심이

끊어졌음에도 불구하고 꾸랑은 유럽에 한국의 역사와 문화를 알리는
일을 멈추지 않았다.

　무관심 했던 한국에 중국이나 일본과 다른 유구한 역사와 문학, 저술
들이 많음을 꾸랑은 나중에 알게 되었고, 한국을 제대로 알게 된 꾸랑은
한국을 사랑하지 않을 수 없게 되었을 것이다.[25]

Maurice COURANT,
Portrait de Maurice Courant (1865-1935)
(© Médiathèque de l'Agglomération Troyenne Album Collin 672)

Victor COLLIN de PLANCY,
Portrait de Victor Collin de Plancy (1853-1922), 1887
(© Médiathèque de l'Agglomération Troyenne album CP Collin 670)

□ 모리스 꾸랑과 콜렝 드 플랑시(출처 : 서울의 추억 우편엽서)

25) 프랑스 리용 3대학 이진명 교수가 2004년도 『한국사 시민강좌』, '한국을 사랑한 서
　　양인'에 기고한 '쿠랑 : 유럽 한국학의 선구자'에 그에 대한 자세한 소개가 되어 있다.

66　나폴레옹도 모르는 한 · 프랑스 이야기

13. 구한말 한국에 살았던 프랑스인들

1886년 한불조약 체결 이후 한국에 살았던 프랑스인들의 대부분은 선교사들이었다. 그러나 양국관계가 미약하나마 발전하면서 선교사들 못지않게 외교관, 사업가, 왕실고문 등으로 한국에 살게 된 프랑스인들이 많아지게 되었다. 왕실 고문관들만 하여도 1900년대 초에 조선왕실 법률고문관 로랑 크레마지(Laurent Crémazy, 한국명 '김아시 金雅始') 박사를 비롯하여 총 15명의 프랑스인들이 조선왕실을 위해서 일하고 있었다.

조선이 문호를 개방한 이후 한반도에 가장 많이 살게 된 외국인은 일본인과 중국인이었다. 서양인들로는 미국인들이 많았는데, 그 이유는 일본 다음으로 우리나라가 가장 먼저 수호통상조약을 체결한 나라는 미국이었기 때문이다. 프랑스 외교사료에 따르면 1888년에 한국에 살고 있었던 프랑스인들은 총 21명이었다. 대부분이 선교사들이었고 한국 세관에 근무하던 프랑스인들이 조금 있었다(외교관 2명, 세관원 2명, 수녀 2명, 선교사 15명).

1887년에 한때 프랑스 군대의 장교였던 테오필 피리Théophile Piry 씨가 부산 세관에 근무하고 있었다. 당시 부산에 살고 있었던 외국인은 일본인 약 2,200명, 4명의 프랑스인(테오필 피리 부부와 두 아이), 1명의 영국인, 2명의 독일인, 1명의 이탈리아인이 있었다. 또 다른 프랑스인 1명은 라포르트(Ernest Laporte) 씨로서 1888년 중국 세관에서 한국에 파견되어 제물포(지금의 인천) 세관에서 근무하고 있었다. 1888년 이전에 프랑스인 무역인 시스코 앙드레Sisco Antoine André 씨가 잠시 한국에 사업

타당성 조사 차원에서 체류하다가 중국으로 가 버렸다.

1888년 한국에 살고 있었던 외국인 수는 5,433명이었으나, 1902년
경에는 21,783명으로 대폭 증가되었다. 그 원인은 일본인과 중국인 숫
자가 늘어난데 기인하며, 유럽인들 숫자도 함께 늘어났다(일본인 16,
142명, 중국인 약 5,000명, 미국인 269명, 러시아인 97명, 영국인 104
명, 독일인 42명, 프랑스인 79명, 벨기에인 약 20명, 기타 유럽인 30명).

1882년과 1890년 사이에는 조선왕실에 프랑스인 고문관이 1명도 없
었다. 1888년 콜랭 드 플랑시(Collin de Plancy, 한국명 '갈림덕 葛林德')
정부위원(공사)이 한국에 부임하면서 프랑스인 고문관을 앉히기 위한
노력이 전개되었다. 그의 적극적인 노력으로 1901년 크레마지 박사가
법률고문관으로 임명되었다. 1902년에서 1904년까지 총 14명의 프랑
스인들이 조선왕실에서 중요한 직책을 담당하였다. 반면에 다른 나라
국적 외국 고문관들은 겨우 7명밖에 되지 않았다(1904년 기준 미국인 1
명, 벨기에인 1명, 영국인 2명, 독일인 3명). 구한말에 한국에 근무하였
던 프랑스인들 중 중요한 몇몇 사람들을 아래에 간략히 소개한다.

<1888년에 한국에 살았던 외국인 현황>

(단위 : 명)

도시명 국적	제물포	서울	부산	원산	총계
독일	17(1)	12	2	2	33
미국	4(2)	32	–	–	36
영국	4	8	4	3	19
오스트리아	6	–	–	–	6

중국	242(44)	264	31	26(5)	563
덴마크	–	2	–	–	2
스페인	–	1	–	–	1
프랑스	1	20	–	–	21
이탈리아	1	1	1		3
일본	1,359(141)	238	2,711(87)	433(35)	4,741
러시아	–	8	–	–	8
총계	1,634	586	2,749	464	5,433

(자료원 : 프랑스 외무부 고문서 통계) * ( )는 무역회사 수

첫째, 한국형법의 근대화를 도모한 크레마지 박사이다. 크레마지 박사의 불후의 업적은 『대한형법(Le Code Pénal de la Corée)』을 번역, 출판하였다는 것이다. 구한말의 형법을 최초로 불어로 번역하여 유럽에 소개한 것이 그의 공로이다. 그는 한국에 있었던 프랑스인 중 가장 높은 직책의 관직에 있었기 때문에 그를 통해 많은 다른 프랑스인들이 조선 왕실 고문으로 임용될 수 있었다.

두 번째로 소개할 사람은 클레망세(Jean Victor E. Clémencet, 한국명 '길맹세 吉孟世')이다. 그는 1898년 12월 7일 우체고분으로 초빙되어 근대 한국 체신업무 발전에 이바지 하였다. 1900년 그의 노력으로 우리나라가 역사상 최초로 만국우편연합에 가입하였다. 또한, 1901년 4월 17일 한국과 프랑스 간 우편협정이 체결되는 데에도 기여하였다. 이 협정은 콜랭 드 플랑시 정부위원과 외무대신 박제순 간에 서명되었다.

□ 우정총국(종로구 견지동 조계사 옆 소재) : 근대 우편업무의 발상지

세 번째 사람은 구한말 프랑스어 학교 교사로 오랫동안 재직하면서 프랑스어 교육의 개척자가 된 에밀 마르텔(Emile Martel, 한국명 '마태을 馬太乙')이다. 그는 1895년 10월 5일부터 한국에서 생활한 이후 죽어서도 한국에 묻혔다. 1895년 5월 관립 외국어학교 관제가 공포되어 한국에서의 본격적인 외국어 교육이 시작되게 되었다. 서울에 있었던 법어학교法語學校는 5개 외국어 학교 중의 하나였으며, 조선정부가 10만 프랑의 예산을 지원하였다고 한다. 1911년까지 문을 연 법어학교에 연간 약 90명의 학생들이 다녔다.

네 번째 프랑스인은 우리나라 광업 발전에 기여한 알퐁스 트레믈레 Alphonse Trémoulet이다. 그는 원래 1900년 파리 만국박람회 한국관 건립을 위해 후원했던 글레옹 백작(Delort de Gléon)을 위해 일하고 있었다. 1899년 6월 한국에 와서 파리 만국박람회 한국관에 전시할 물품들을 고르고, 한국관에서 한국 민속을 시연하거나 일할 수 있는 한국 사람들을 채용하는 업무를 담당한 적도 있었다. 원래 광산기술자였던 그는 1900년 12월 29일 광무학교 설립준비를 위해 내한하였다. 1901년 광무학교가 농상공부 광무국 소속으로 출범하였으며 트레뮬레는 광무학교 감독으로, 뀌빌리에Cuvillier는 교관으로 임명되었다. 트레뮬레는 광무학교 업무감독을 통해 적지 않은 광산 기술자를 배출하여 우리나라 산업진흥의 터전인 광업의 근대화에 이바지하였다.

다섯 번째 소개할 사람은 앞장에서 이미 언급한 서지학의 금자탑인 '조선서지(La Bibliographie Coréenne)'를 저술하여 한국의 서지문화를 최초로 유럽에 소개한 모리스 꾸랑Maurice Courant이다. 그는 1890년부터 1892년까지 주한 프랑스 총영사관 서기보로 재직하면서 3,821권에 달하는 한국의 저술들을 소개하는 조선서지를 편찬하였다. 꾸랑은 당시까지 한국에서 출판된 모든 책들을 파악해보고자 노력하였다. 꾸랑은 한국, 중국, 일본에 관한 글과 논문을 약 100여 편 저술하였으며, 그 가운데 한국에 관한 것이 25편이나 되었다. 1896년 프랑스로 귀국해 박사 학위를 받고 리용대학의 동양학 교수가 된 꾸랑은 유럽에서 처음으로 한국사 강의를 개설하는 등 한국관련 연구를 계속함으로써 유럽에서의 한국학의 선구자가 되었다.

위에 열거한 대표적인 사람들 외에도 궁내부 도자기 기사로 프랑스에서 초빙한 레미옹Rémion, 서북철도국 기사로 초빙한 드 라뻬이리에르de Lapeyrière와 부다레Boudaret, 한국과 중국에 겸임주재하면서 한국의 정세를 상세히 관찰했던 비달Vidal 소령, 1901년 6월 평안북도 창성광산의 채굴권을 획득한 살타렐(E. Saltarel), 한·프랑스 간 무역업무를 담당했던 용동상사(龍東商社, L. Rondon & Cie.)의 쁠레장 형제(Paul Antoine PLAISANT, Louis Antoine PLAISANT) 등 많은 프랑스인들이 있었다.

1900년에 대한제국의 서양식 공예학교 설립과 프랑스 왕실에서 사용하던 세브르Sèvres 도자기 기술을 한국에 도입하기 위해 초빙된 레미옹은 서울에서의 당초 약속이 무산된 가운데 약 5년간 한국에 무료하게 머무르면서 숙소와 서울 근교에서 수채화를 즐겼다. 그를 통해 최초로 서양풍 수채화 기법이 우리나라에 알려지게 된 것은 재미있는 일화이다.

한국에서의 프랑스인 숫자가 증가하자 플랑시 공사는 1901년 8월 본국정부에 프랑스인들을 돌볼 의사 파견을 요청하였으나, 예산상의 문제로 실현되지는 못하였다. 대신에 고종황제의 주치의였던 독일인 의사 리하르트 분쉬 박사(Dr. Richard Wunsch)가 프랑스인들의 의료검진을 담당하였다고 한다.

서울주재 프랑스 공관, La Légation de France à Séoul
09 Mediathèque de l'Agglomeration Trayenne CF Collin 2463)

□ 서울주재 프랑스 공사관 전경(출처 : 서울의 추억 연하카드)

14. 한국에 설립된 최초의 프랑스 레스토랑
—진남포 '파리식당'

2011년 말 주한프랑스상공회의소(FKCCI)가 최초로 한국에 있는 프랑스 레스토랑 가이드북을 출간한 바 있다. 이 가이드북에는 한국에 있는 프랑스 레스토랑 72개가 소개되어 있으나, 우리나라에 있는 여러 가지 형태의 프랑스 레스토랑 숫자는 이것보다 많을 것으로 추정된다.

그러면 1886년 한불수교 이후 한국에 최초로 설립된 프랑스 식당은 어디에 있었을까? 자료에 따르면 1904~1905년에 평안남도 진남포(현 남포시)에 개업한 '파리식당'이 한국에 최초로 설립된 프랑스 식당인 것으로 파악된다. 진남포는 1894년의 청일전쟁으로 일본군의 병참기지가 되었고 1897년 개항함에 따라 급속히 발전하기 시작하여 외국인들의 왕래가 잦아졌다. 이에 따라 프랑스 식당이 들어설만한 조건이 충족된 것 같다. 아래 그림에 보이는 바와 같이 식당 앞에 프랑스 국기인 삼색기를 게양하여 누가 보더라도 프랑스 식당임을 쉽게 알 수 있었다.

프랑스 레스토랑이 외국인들의 출입이 가장 많았던 제물포가 아닌 진남포에 설립된 이유가 궁금하다. 아마 제물포에는 일본인이 세운 대불(大佛, 다이부츠)호텔이 있었기 때문이 아닌가 생각된다. 뮈텔 주교의 일기를 살펴보면 항구 중에서 제일 많이 언급되는 항구는 제물포이지만 진남포도 상당히 많이 언급되고 있다. 그것은 그만큼 그곳에 외국인 유동인구가 많았다는 증거일 것이다.

1897년 진남포항이 개항될 때 그곳에 거주하던 주민들은 150호의 가옥과 약 1,000여 명의 주민이 살고 있었다. 진남포에는 1899년도에 302명의 일본인이 살고 있었으며, 99채의 가옥을 소유하고 있었다. 무역중심지로서 진남포의 장점은 낮과 밤, 밀물과 썰물에 관계없이 배가 들어올 수 있고 정박하기 좋다는 점이었다. 또한 평안도와 황해도 사이에 위치하여 양도에서 생산되는 물품들의 집산지 역할을 하였고, 부자들이 많이 살고 있었다. 항구가 개항된 이후 이곳으로 사람들이 떼 지어 몰려들어서 더욱 번성하였다.

프랑스 레스토랑이 최초로 설립되었다는 것은 외국인들의 내왕이 많았기 때문인데, 아마도 평안도의 금광채굴과 관련한 것이 아닐까 추측된다. 평안도에서는 석탄이 많이 채굴되었으며 중요한 수출품목으로 자리 잡았다. 석탄이외에도 금, 은, 납 등의 다른 광물도 많이 매장되어 있었다. 1901년 평안북도 창성의 대유동 금광개발권이 프랑스인 살타렐Saltarel에게 부여되었다. 평안북도 창성금광은 운산금광과 함께 금이 많이 생산된 지역으로 유명하였다. 탄광과 금광 개발로 외국인 광산기술자들이 많이 내왕하였으며, 1896년 프랑스인 그릴Grille이 서울─신의주 철도부설권을 획득하면서 철도건설 기술자들이 많이 몰려 왔을 것으로 짐작된다. 이에 따라 우리나라 서해안 북부권의 중심 항구도시인 진남포에는 이들 광산, 철도건설 관계자들뿐만 아니라 가톨릭 선교사들도 빈번히 방문하였을 것이며, 자연스럽게 수요가 발생하면서 프랑스 식당이 우리나라에 최초로 설립되었을 것이다.

'파리식당'의 주인이 누구인지, 언제까지 영업을 지속하였는지에 대한 기록이 없어 정확한 내용은 알 수 없으나, 공교롭게도 1973년 파리에 강귀희 씨에 의해 설립된 한국 식당 이름이 '르 세울(서울)'이라는 점에서 양국 국가의 수도이름이 식당 이름으로 개업초기에 붙여진 우연의 일치가 있다.26)

파리식당으로 불리던 진남포의
프랑스 식당

□ 자료원 : 한불수교 120주년 기념 전시회(고려대학교, 2006년)

15. 한국에 판매된 프랑스 포도주와 주류(酒類)

프랑스산 포도주와 여타 주류들이 언제 한국에 도입되었는지는 정확히 알 수 없으나 1876년 한·일간 강화도조약이 체결된 이후 일본 상인들에 의해 조금씩 도입되었을 가능성이 높다. 그러나 공식적으로 도입

---

26) 파리에 설립된 최초의 한국식당은 박광근 사장이 1973년 10월 6일 파리 17구(36, rue dulong, 75017 Paris)에 개점한 15평 규모의 '오아시스(Oasis)'이다(『한－불 수교 120 주년 기념 학술 발표회 논문집』, 한－불 관계사 연표, 1614~2006, 전정해/이진명).

된 시기는 1886년 한불수호조약이 체결된 이후일 것이다. 1887년 5월 31일 한불수호조약이 비준되면서 프랑스산 포도주와 주류 수입이 급격히 늘어났다. 우리나라에 들여온 프랑스산 주류는 다음과 같았다 : 보르도산 포도주, 샴페인, 베르무트(식전 애피타이저 와인), 꼬냑, 풍부한 향으로 인해 술(Liqueur)의 여왕이라 불린 샤르트뢰즈 등.

19세기경 한국의 경제상황으로 볼 때 고급 프랑스 와인을 많이 수입해 올 수 있는 상황이 아니었다. 한국 사람들이 비록 '동양에서 가장 술 잘 마시는 민족' 또는 '대주가(grands buveurs)'라는 별명을 얻었고, 그 명성이 유럽에까지 알려질 정도였지만 비싼 수입 포도주를 마실 정도의 경제적 수준이 되지 못하였다. 일반적인 포도주 수요자들은 개항장에 거주하는 외국인들이었고, '거품이 나는 달작 지근한 포도주(vins mousseux et sucrés)', 즉 샴페인은 주로 조선 왕실이나 고관들이 수요자들이었다. 당시 한국에는 무슨 기념식이나 행사 때 샴페인을 터뜨리는 전통이 전혀 없었기 때문에 수요가 많지 않았다.

개항초기 포도주의 주요 소비처는 서울, 인천지역이었다. 대부분 보르도에서 수입되었던 화이트 와인과 레드 와인이 인기가 있었고, 분홍빛 포도주(vins rosés)는 판매되지 않았다. 프랑스 와인은 직항로가 없었기 때문에 프랑스에서 직수입되지는 않았고 상해나 나가사키를 경유해서 수입되었다. 프랑스 와인 외에 달작 지근한 포도주(vins sucrés)가 스페인, 독일(라인강 근처에서 생산된 포도주), 이탈리아(보롤로 Borolo, 카프리 Capri, 치안티 Chianti)에서 수입되었으나 수요가 많지는 않았다. 상대적으로 당시에는 프랑스산 와인이 인기가 있었다.

프랑스 외무부 고문서에 따르면 당시 한국 사람들이 좋아했던 프랑스산 와인은 부르고뉴와 샹파뉴 지방의 와인이었다. 플랑시 공사는 당시에 프랑스산 와인을 직접 취급하는 무역상이 없다는 것을 한탄하였다. 적절한 가격에 프랑스산 와인을 공급한다면 시장을 석권할 수 있으리라 장담하였다. 한국에서 소비되는 대부분의 프랑스 와인은 서울에 설립된 프랑스 무역회사인 용동상사(L. Rondon & Cie.)가 주로 수입하였다. 그리고 나머지 3개의 일본회사, 즉 카메야Kameya, 메디야Mediya, 쯔지야Tsujiya사가 프랑스산 포도주를 일부 수입하였다.

프랑스 와인의 주요 수요자는 앞서 잠시 언급하였지만, 한국에 주재하는 외교단, 정부관료들, 세관·철도·광산 등에 종사하는 사람들이었다. 가난했던 일반적인 한국 사람들이 마셨던 음료는 차나 막걸리 정도였다. 조금 나아가서 일본 사케나 중국 삼슈samshou 정도였다. 한국보다 일찍 개화했던 일본사람들도 프랑스 와인을 그리 즐기지는 않았다. 다만, 서양사람 흉내 내려고 연회나 행사에 가끔 마시곤 하였다고 한다.

포도주 가격과 관련, 1900년도 프랑스 포도주 가격은 대략 아래와 같으며 한국에 판매되면서 프랑스 보다 약 30%의 가격이 인상된다. 가격이 인상되는 이유는 세관비용(7.5%의 종가세 포함), 운송비, 수입자 이익 등이 포함되기 때문이다.

- 보르도산 포도주 : 12병 한 상자에 8~60프랑
- 부르고뉴산 포도주 : 12병 한 상자에 20~60프랑
- 샹파뉴산 포도주 : 12병 한 상자에 45~106프랑
- 발포성 포도주(mousseux) : 12병 한 상자에 18~630프랑

프랑스산 포도주 수입액은 1902년 우리나라 전체 외국상품 수입액 중 0.7%를 차지하였다. 이때부터 프랑스에 대한 한국인들의 이미지는 '포도주의 나라'로 인식되기 시작하였다. 와인보다 독한 술인 꼬냑과 관련하여 한불 간의 관세율 분쟁이 있었다. 1886년 한불조약에 따르면 주류 수입과 관련된 3가지 관세율 부과가 정해져 있었다.

- 첫 번째 카테고리 (7.5% 종가세) : 항아리에 들어있는 알코올
- 두 번째 카테고리 (10% 종가세) : 나무통이나 병에 들어있는 술이나 알코올성 음료
- 세 번째 카테고리 (20% 종가세) : 나무통이나 병에 들어있는 알코올 음료(주정) 예) 위스키류

1907년 9월 제물포 세관에서 프랑스 무역회사인 Rondon, Plaissant & Cie. 회사에 관세분류 관련 소책자를 보내었는데 프랑스산 꼬냑이 관세율 20%에 해당하는 세 번째 카테고리에 분류되어 있었다. 이를 알게 된 프랑스 영사관의 벨렝Belin 영사는 샤랑뜨Charente에서 생산되는 꼬냑은 포도 증류주 또는 독주(spiritueux)로서 알코올 음료(주정, esprit)와는 확연히 다른 것이라고 항의하였다. 따라서 20%의 종가세가 아닌 10%의 종가세가 부과됨이 마땅하다고 설명하였다. 당시 영국산 위스키는 20%의 종가세를 물고 수입되고 있었다.

문제는 제물포 세관에 근무하고 있던 관리들이 영어밖에 몰랐고, 일부 몇몇 사람은 영국인이었다는 사실이었다. 영국 사람들이 보기에 20% 관세를 물고 들어오는 영국산 위스키에 비해 프랑스산 꼬냑이 10% 관세를 물고 들어온다는 것은 그리 달갑지 않은 '불편한 진실'이었다. 소

위 '국익' 앞에 영국 출신 세관원들은 단호한 입장을 보였다.

　그러나, 벨렝 영사가 보기에 당시 업계의 관행은 도수 높은 증류주는 '트로와−시스(trois-six, 36)'로 분류되고 있었으며, '나무통이나 병에 들어있는 알코올 음료(주정), esprits en fûts et en bouteille'가 이에 해당하였다. 다시 말해 포도주를 증류해서 만든 꼬냑은 이에 해당하지 않고, 순수한 알코올(alcools purs)만이 이 분류에 해당한다고 판단하였다. 제물포 세관 담당자는 영어의 'spirits'는 불어로 번역하면 'esprits'로 번역됨으로 20%의 종가세가 맞다는 입장이었다. 이에 대해 벨렝 영사는 '영어의 *spirits*는 불어로 번역할 경우 *spiritueux*로 밖에 번역이 안 되며, 불어에 있어서 *esprits*와 *spiritueux*의 차이는 천양지차가 있다'고 설명하였다.

　결국 벨렝 영사는 프랑스 외무부 장관이었던 피숑Stéphen Pichon 장관에게 의견을 문의하고 어떻게 처리할지 지침을 내려줄 것을 요청하였다. 여기에 대해 피숑 장관이 어떤 지침을 내린지에 대한 자료를 찾지 못하여 이 문제가 어떻게 해결되었는지는 알 수 없다. 필자의 개인적인 의견으로는 독한 증류주의 기준은 36도 기준, 소위 '트로와 시스trois-six' 기준이 있기 때문에 36도 이상은 세 번째 카테고리에 속하지 않는 가 생각된다. 꼬냑의 도수를 알아보니 40도였다. 프랑스산 꼬냑을 낮은 관세로 들여오려 했던 프랑스 외교관의 노력이 성공을 거두었는지 궁금하다.

16. 고종황제 – 우리나라 최초의 레지옹 도뇌르 훈장 수상자

우리나라 사람 중 최초로 프랑스의 최고 훈장인 '레지옹 도뇌르La Légion d'honneur' 훈장을 수여받은 사람은 누구일까? 기록에 따르면 고종황제인 것으로 확인된다. 1903년 4월 고종황제 즉위 40주년을 맞이하여 프랑스 정부가 한불관계 증진에 기여한 공로로 고종에게 레지옹 도뇌르 1등급 훈장인 레지옹 도뇌르 그랑크루아Légion d'Honneur Grand-Croix를 수여키로 하였고, 1903년 12월 1일에 고종황제는 이를 전달받았다.

레지옹 도뇌르 훈장은 프랑스의 최고 훈장으로 보나파르트 나폴레옹이 1802년 루이 14세가 만든 생루이 훈장(Ordre royal et militaire de Saint-Louis)을 수정하여 만든 훈장으로서 아래와 같이 5계급으로 되어있다.

1등급 – 레지옹 도뇌르 그랑크루아(Légion d'Honneur Grand-Croix)
2등급 – 레지옹 도뇌르 그랑도피시에(Légion d'Honneur Grand Officier)
3등급 – 레지옹 도뇌르 코망되르(Légion d'Honneur Commandeur)
4등급 – 레지옹 도뇌르 오피시에(Légion d'Honneur Officier)
5등급 – 레지옹 도뇌르 슈발리에(Légion d'Honneur Chevalier)

처음에는 무공을 세운 군인들에게 주로 수여됐으나 지금은 프랑스 대통령이 군인, 정치인은 물론 문화, 종교, 학술, 체육 등 각 사회분야에서 공적을 세운 사람에게 원칙적으로 직접 수여한다. 외국인에게 수여할 경우에는 일반적으로 주재국 대사가 대통령을 대신하여 수여한다.

프랑스인들뿐만 아니라 프랑스와의 관계증진에 공헌한 외국인에게도 수여되며, 200여 년 동안 약 100만여 명에게 수여됐으며 현재 생존자 중 이 훈장을 받은 인물은 약 11만 명 정도인 것으로 알려지고 있다. 다른 훈장과 같이 공적에 대한 표창이라기보다 영예로운 신분을 수여한다는 성격이 짙으며, 외국인에게 수여되는 것은 주로 '레지옹 도뇌르 슈발리에'이다. 프랑스인들에게 주는 레지옹 도뇌르는 등급별 쿼터가 있으나 외국인에게는 쿼타가 없다.

우리나라에서 프랑스 최고훈장인 레지옹 도뇌르 훈장을 받은 사람은 총 몇 명일까? 현재까지 약 25명 정도인 것으로 파악된다. 레지옹 도뇌르 훈장중에서도 1등급 훈장인 그랑크루아(Grand-Croix, 대십자상)는 위에서 살펴본 바와 같이 고종황제 혼자 밖에 없다. 2등급 훈장인 그랑 도피시에Grand Officier 훈장은 1996년에 조중훈 전 한진그룹 회장이 받은 것이 유일하다. 3등급인 코망되르Commandeur는 1990년에 박태준 전 포스코 명예회장, 1996년에 김우중 전 대우그룹 회장, 2004년 이건희 삼성회장 및 조양호 한진그룹 회장 등 4명에게만 수여되었다.

4등급인 오피시에Officier는 2004년 이창동 전 문화부 장관, 2007년 정해주 전 통상산업부(현 산업통상자원부) 장관 등 5명이 받았으며, 외국인이 주로 받는 5등급인 슈발리에Chevalier는 1992년 정명훈 지휘자, 2003년 박용성 대한체육회 회장, 최정화 한국외대 교수, 2007년 임권택 영화감독, 2009년 송영길 의원(현 인천광역시장) 등 약 14명 정도가 받았다. 이 숫자는 대략적인 숫자일 뿐 이보다 더 많을 수 있다.

위에서 소개한 레지옹 도뇌르 훈장의 5개 등급은 등급에 의미를 부여하기 보다는 한불 간 관계증진에 기여한 공로로 수상하는 것이기 때문에 큰 차이가 있다고 보기는 어렵다. 레지옹 도뇌르 훈장 수상 자체가 가문의 큰 영광이 될 것이다. 우리나라가 국제화, 세계화되면서 점점 더 외국의 훈장을 받게 되는 훌륭한 인사들이 많아지고 있는 추세이다.

고종황제가 프랑스 정부로부터 받았던 레지옹 도뇌르 그랑크루아 Légion d'Honneur Grand-Croix 훈장이 지금 어디에 보관되어 있는지 궁금하다. 한일합방의 와중에 아무도 모르게 소실되어 버렸는지, 아니면 어떤 박물관에 소중히 보관되어 있을지도 모르겠다.

COURANT, Maurice (1900). 서울의 추억.
Souvenir de Séoul Corée. Paris : Imprimerie la Photo-moderne
(© Médiathèque de l'Agglomération Troyenne CP 13)

□ 고종황제 모습
　(출처 : 서울의 추억 기념엽서, 2006년)

17. 파리 외방전교회와 한국 가톨릭[27]

우리나라에 가톨릭이 전교된 것은 선교사들이 들어와서 시작된 것이 아니었고 18세기에 시작된 우리나라의 실학實學 운동과 관계가 있다. 19세기에 들어서면서 실학은 18세기의 현실적인 개혁론보다는 그것을 이론적으로 뒷받침하기 위한 학문적 연구에 치중하는 경향을 보였다. 실학자들은 서구의 과학기술을 도입하고자 노력하였고, 당시 전래된 천주교도 종교로서가 아니라 서학西學으로 인식하여 초기에는 주로 학문적으로 연구하였다.

동지사행冬至使行을 따라 북경에 갔던 이승훈이 천주교에 입교할 의사를 가지고, 또한 수학에 대한 지식도 얻어 보려는 동기에서 프랑스 예수회원들이 거처하던 북당北堂에 찾아갔다. 1784년 이승훈은 그라몽(de Grammont) 신부로부터 교리를 배우고 세례를 받았다. 그라몽 신부는 이승훈에게 한국교회의 초석이 되라는 의미에서 베드로(불어로 삐에르 pierre), 즉 '반석盤石'이라는 세례명을 받았다. 이승훈이 영세를 받은 1784년이 한국 가톨릭의 시작이 되는 해이다. 한국의 가톨릭은 신자 될 사람이 스스로 신부를 찾아가 신앙을 고백하고 영세를 받은 매우 독특한 사례를 보여주고 있다.

이후 한국교회가 자생적으로 성장을 해가면서 1827년 로마 교황청이 파리외방전교회에 조선교회를 맡아주도록 요청함에 따라 한국 가톨릭과 파리외방전교회 간의 관계가 시작되었다.

---

27) 이 부분의 내용은 필자가 2009년에 발간한 『불교신자가 쓴 어느 프랑스 신부의 삶 – 서리 밟는 매화』(내포교회사연구소, 14~16쪽)의 내용을 재인용한 것임.

파리외방전교회(Société des Missions Etrangères de Paris : MEP)는 1653년 아시아 지역에서 선교 활동을 하던 예수회 소속 알렉산드르 드 로드Alexandre de Rhodes 신부의 건의에 의하여 태동되었다. 1658년 프랑수아 팔뤼François Pallu와 피에르 랑베르 드 라 모트Pierre Lambert de la Motte 주교가 아시아 지역으로 선교활동을 떠났는데 1659년 교황청 포교성성布敎聖省은 이들에게 선교지에서 활동할 방침들을 훈령으로 내렸다. 이 훈령을 근거로 하여 파리 외방전교회가 공식적으로 창립되었다.[28] 이 선교회는 기본적으로 한국과 일본, 중국, 인도차이나, 인도 등 아시아지역 선교를 위해 설립되었다.

파리외방전교회가 조선으로 진출하게 된 것은 1831년 로마교황청이 조선교구를 설정하고, 전교업무를 파리외방전교회에 위임함에 따라 시작되었다. 초대 조선교구장으로 브뤼기에르(Brugière, 1792~1835) 주교가 임명되었으나 조선 입국을 목전에 두고 만주에서 병사하였다. 1836년 1월 모방(Maubant, 1803~1839) 신부, 1937년 말 제2대 조선대목구장인 앵베르(Imbert, 1797~1839)[29] 주교와 샤스탕(Chastan, 1803~1839)[30] 신부가 입국하여 활발한 활동을 전개하였다.

이에 힘입어 모방 신부가 조선에 입국할 때 6천 명이던 신자 수가 1839년 초에 9천 명으로 증가하였다. 이들 3명의 프랑스 신부들은 1939년 기해박해己亥迫害 때 모두 순교하였으며, 1866년 병인박해丙寅迫害 때

---

28) 조현범, 「19세기 프랑스 선교사의 조선 이미지와 종교적 오리엔탈리즘 − 프트니콜라(1828~1866)의 경우」, 2004년도 프랑스 학회 춘계학술대회 발표논문, 2004년 5월 22일, 2쪽.
29) 한국명 범세형(范世亨).
30) 한국명 정아각백(鄭牙各伯)·사사당(沙斯當).

는 제4대 조선교구장 베르뇌Berneux 주교를 포함한 9명의 선교사가 순교함에 따라 파리외방전교회에서 조선에 파견된 초기 프랑스 신부들의 삶은 고난과 박해로 점철되었다.

파리외방전교회는 설립 이후 지금까지 약 4,000명의 선교사들을 아시아 지역에 파견하였으며, 그중 약 170여 명이 한국으로 파견되었다.[31] 1942년에 조선인 성직자 노기남盧基南 신부가 서울대목구장에 임명될 때까지 약 110년 동안 조선 천주교는 프랑스 선교사들의 영향력 아래에 있었다. 비록 현재 파리외방전교회에서 한국에 파견되어 활동 중인 프랑스 신부님들의 숫자가 과거에 비해 많이 줄어들었으나, 오늘날까지도 열심히 본연의 사목활동에 전념하면서 교육과 사회사업에 많은 공헌을 하고 있다.

이들이 심은 씨앗이 열매가 되어 1975년부터 우리나라가 해외에 가톨릭 선교사를 파견하는 한국외방선교회가 설립되었다. 많은 숫자는 아니지만 1981년부터 꾸준히 해외에 한국인 선교사들을 파견하고 있다. 1986년부터는 한국외방선교수녀회도 창립되어 동남아, 남미 등에 수녀들을 파견하고 있다.

---

31) 2002년 12월 기준 총 174명(출처 : 평화신문 제704호, 2002년 12월 15일).

□ 파리외방전교회 마당에 있는 성모 경당. 파리외방전교회에서 공부를 마친 신부들은 임명 받은 국가로 가기 전 이 경당 앞에서 마지막 기도를 드리고 자신들을 마르세이 항구(아시아 지역 파견의 경우)로 인도할 기차역으로 곧바로 떠났다.

□ 2012년 7월 14일 주한 프랑스대사관 국경일 리셉션에서 파리 외방전교회 나성도(羅聖道, 프랑스명 아르멜 듀랑[Armel DURAND]) 신부님과 함께. 나(羅) 신부님은 필자의 고모부 여동찬 교수보다 2년 후인 1958년 한국에 도착하여 안동 등지에서 사목활동을 하였다. 한국말을 여동찬 당시 안동교구 신부에게서 배웠다고 한다. 지금까지 55년간 한국에서 살고 있으며 현재 서울 강북구 갈멜(Carmel) 수도원에 주소를 두고 있다.

18. 이재수의 난과 프랑스 함대의 출동

'이재수李在守의 난'으로 불려지는 제주도 신축교난은 1901년 1월경에 제주도 세금징수 담당관인 강봉헌이 세금징수로 민중들을 착취하는 과정에서 천주교 신자였던 최형순 등을 세금징수 실무자로 임명하면서 민란의 싹이 트기 시작하였다. 1901년 5월 14일 발생한 민란은 제주도 경제권을 쥐고 있던 토착세력과 중앙에서 파견한 세금 징수관과의 갈등, 제주도 토착신앙을 신봉하고 있던 제주도 민중들의 외래종교인 천주교에 대한 반감 등이 복합적으로 작용하여 발생하였다.

그러나 프랑스 측 외교사료에 따르면 제주민란의 발생은 위의 원인 외에도 좀 더 크게 보면 러시아와 타협한 일본이 일본의 정치적, 재정적 난관에 대한 관심을 다른 곳으로 돌려보려는 일본정부의 의도가 개입되어 있다고 분석하고 있다. 주일 및 주한 프랑스 공사들은 러시아와 일본이 한반도를 양분하려는 의도와 관련된 것인지 여부도 분석할 필요가 있다고 언급한 적이 있다.

과연 이와 같은 거시적인 분석이 맞는지는 모르겠으나, 적어도 미시적인 관점에서 위에 언급된 내용은 민란 발발의 직접적인 원인이 된 것은 확실하다. 1901년 5월 14일 제주도 관덕정 앞에서 일부 민중들이 중앙정부에서 파견한 세금징수관이 천주교인들을 앞세워 과도한 세금착취를 하는 것에 대해 평화적인 시위를 통해 항의를 하고 있었다. 이들에게 천주교도들이 총포를 발사하는 사건이 발생하였다. 이에 성난 민중들이 민병대를 조직하여 5월 21일 제주성을 함락하기 위해 모여들었다.

공방 끝에 민병대가 제주성을 함락시켰고 천주교인들을 잡아들여서 처형하였다. 이때 처형된 사람들은 317명이었고 그중 천주교인이 309명이었다고 한다. 일본이 제주민란을 부추겼다는 사실은 제주도에 있던 일본군들이 제주 민병대에 무기를 팔고 그들을 지지하였다는 프랑스 측 관찰에 근거를 두고 있다. 제주도 민란 수습을 위해 우리 정부에서는 1901년 6월 500명의 관군을 파견하였다. 피해자의 대부분이 천주교인이었던 관계로 프랑스 정부도 군함 2척(알루에트 Alouette 호와 쉬르프리즈 Surprise호)을 파견하였고, 일본도 군함 1척(현익호)을 파견하였다.

당시 제주도에는 2명의 프랑스 신부가 있었다. 제주본당은 라크루 Lacrouts 신부가 맡고 있었고, 서홍리 본당은 무세Mousset 신부가 맡고 있었는데 제주도 천주교인이 거의 모두 처형되어 많은 어려움을 겪었다. 제8대 조선교구장이었던 뮈텔Mutel 주교의 1901년 5월 28일자 일기에 이때의 긴박함이 잘 나타나 있다 : *<11시에, 목포의 드예 신부로부터 다음과 같은 전보를 받았다. "오늘, 라크루 신부와 무세 신부의 편지. 신부와 교우들 읍내에 포위되었음. 교우들 학살됨. 식량 부족, 전체적인 학살 임박. 신속한 구조, 배와 군사, 회답 요망."*>[32]

'이재수의 난' 또는 "제주교안, 신축교난, 제주민란" 등으로 불리는 이 사건은 관군의 파견과 프랑스 군함의 무력시위 등으로 평정이 되었으나, 제주도 천주교인이 거의 몰살되는 상황이 발생하여 한국 천주교회에는 큰 타격이었다. 1901년도 한국의 천주교 신자 수는 총 46,860명으로 조사되었는데 도별 분포는 다음과 같다 : *황해도 5,433 명, 제주도 242 명(학살 전), 평안도 1,799 명, 전라도 9,251 명, 함경도 1,497 명, 충청*

---

32) 『뮈텔 주교 일기 III(1901-1905)』, 한국교회사연구소(1993), 56쪽.

도 7,599 명, 강원도 4,905 명, 경기도 10,463 명, 경상도 5,671 명, 예비자 8,946 명.[33] 이 통계에 따르면 제주도에 있는 교인들은 모두 처형된 것으로 추정된다.

그러면, 왜 제주민란은 '이재수의 난'으로 불리게 되었을까? 관노官奴였던 이재수는 1901년 남제주군 대정읍에서 주민과 천주교도 사이에 충돌이 일어나자 주민 대표로 참가하여 세금 징수관의 착취와 천주교도의 행패를 성토하고 고발하였다. 같은 해 5월 제주도민과 천주교도들 간의 충돌로 민란이 일어나자 반란군의 우두머리가 되어 민란을 지휘하였다. 오대현, 강우백 등과 같은 반란군의 지도자가 더 있었지만 이재수가 가장 중심적인 역할을 하였기 때문에 그의 이름을 따서 '이재수의 난'으로 부르게 되었다. 이재수는 민란이 평정되자 정부군에 의해 서울로 압송되어 교수형을 당하였다.

'이재수의 난'은 1999년 6월 박광수 감독이 연출한 영화 제목으로도 알려지게 되었다. 이정재, 심은하, 명계남 등이 주연한 영화로서 최초의 한—프랑스 합작영화였지만 흥행에는 실패하였다.

19. 흥선대원군 이하응과 프랑스

흥선대원군 이하응(이하 '대원군')은 처음부터 천주교에 대해 적대적인 태도를 취하지는 않았다. 초기에 대원군은 천주교에 대해 관용적인

---

33) 위의 책, 87~88쪽.

태도를 취하였다. 그는 선교사들이 국내에 숨어서 활동하고 있음을 잘 알았고, 그의 부인이 천주교리를 배우는 것과 고종의 유모가 천주교를 신봉하고 있는 것을 묵인하였다. 그랬던 대원군이 왜 돌변하여 천주교를 탄압하고, 서양세력의 한반도 진출에 대해 적대적인 태도를 취하고 쇄국정책을 고수하였을까?

이렇게 된 데에는 전통질서와 윤리의식을 고수하려고 하였던 유생들의 척화론이 대원군의 대외정책을 뒷받침하고 있었기 때문이었다. 어떠한 국가적인 정책은 절대로 권력자 한사람의 힘이나 의지로 지속될 수는 없다. 그 정책을 지지하는 정치적 환경이 조성되어 있을 때만이 정책의 영속성과 성공적인 정책수행이 보장되기 때문이다.

대원군은 1860년 이후 두만강을 넘나들며 위협적인 대상이 된 러시아를 견제하기 위해 프랑스 세력을 끌어들이려고 하였으며, 이 과정에서 프랑스 선교사를 이용하려고까지 하였다. 그러나 이러한 시도가 수포로 돌아가고 유생과 양반들의 요구로 천주교를 포함한 서양세력에 대한 배척요구가 있자 천주교를 탄압하게 되었다. 고종 3년인 1866년에 병인사옥으로 일컬어지는 대규모 탄압에서 9명의 프랑스 선교사와 남종삼 등 수천 명의 신자들이 처형되었다. 이에 대한 응징을 위해 중국 천진에 있던 프랑스 극동함대가 강화도를 침공하여 병인양요가 일어난 것은 잘 알려진 바와 같다.

철종이 재위 14년 만에 후사가 없이 죽자 대원군의 둘째 아들 명복命福이 12세의 어린나이에 왕위에 오르면서 대원군은 정치의 전면에 나서게 되었다. 안동 김씨 세도정치 기간 동안 불우한 생활을 했던 대원군은 집권하자마자 왕권강화와 세도정치 타파를 정책의 제일목표로 삼았다. 이를 위해 당파와 신분의 구별없이 개인의 능력에 따라 인재를 등용하였다. 대원군은 1863년부터 1873년까지 10년간 섭정을 하면서 정치기구 재정비, 서원철폐, 경복궁 중건, 당백전 발행 등 여러 가지 혁신적인 조치들을 취하여 논란이 많았다.

대원군에 대한 평가는 두 가지 상반된 입장이 존재한다. 첫째는, 전통사회의 각종 폐단을 과감히 개혁하여 근대사회로의 발전의 계기를 마련하였으며, 서양세력의 침투에 대항하여 국가의 자주권을 수호하였다는 긍정적인 평가이다. 둘째는, 쇄국정책의 강화와 전통사회질서 복구를 통해 근대사회로의 발전에 역행하였다는 부정적 평가이다. 어떠한 평가이든 그가 19세기 말 우리나라가 서세동점의 격랑에 휩싸여 있었을 때 국권수호와 사회개혁을 위해 여러 가지 큼직한 족적을 남겼음을 부인할 수는 없을 것이다.

고종 10년인 1873년 그의 독단적인 정치에 대한 민비와 유생들의 공격으로 실각한 이후 은둔의 생활을 하고 있던 대원군은 1882년 임오군란으로 재집권하였으나 1개월 만에 끝나고 청나라 군대의 개입으로 톈진으로 압송되었다. 3년간 청나라 보정부保定府에 유폐되어 있다가 리홍장李鴻章에게 청나라를 지지한다는 약속을 한 후 1885년 한국으로 돌아올 수 있었다.

서울로 돌아온 대원군은 칩거생활에 들어갔으며, 궁궐에 출입할 수도 없었다. 반역자로 취급되지는 않았지만 고종에게는 언제든지 자신의 입지를 약화시킬 수 있는 두려운 존재였다. 1887년 대원군이 원세계

袁世凱와 결탁하여 고종을 폐위시키고 그의 맏아들 재황載晃을 왕으로 옹립하려다 실패한 적이 있다. 이러다 보니 고종과 대원군의 관계는 제한적일 수밖에 없었고 양측간에 연락할 일이 있으면 이를 담당하는 고위관리를 통해 간접적으로 이루어졌다.

주한외교사절들의 고민은 한국에 부임하였을 때 대원군에게 인사를 가야하는지 여부였다. 비록 칩거생활을 하고 있지만 과거 한때 조선의 정치를 좌지우지하던 실력자인데 인사를 안가자니 그렇고, 인사를 가자니 궁궐의 눈치가 보이는 그런 곤궁한 입장이었다. 대원군의 나이가 60이 넘었고 권력이 없었음에도 불구하고, 그의 이름만으로도 공포를 발휘하는 것이 지속되고 있었다. 그의 집 주변에는 경비병이 없음에도 인적이 없었고, 그의 집에 잘못 들어갔다가 살아서 나온 사람이 한사람도 없다는 괴소문도 나돌았다.

1888년 6월 서울에 도착한 플랑시 주한프랑스 공사에게도 똑같은 고민이 발생하였다. 1866년 병인박해와 병인양요로 발생한 양국 간의 적대감이 완전히 해소된 것도 아니었다. 비록 1886년 한불 간 국교를 수립하였으나 병인박해 때 프랑스 선교사들을 부당하게 살해한 대원군을 프랑스가 용서하지는 않았다. 그럼에도 플랑시 공사는 조선 조정에 대원군 방문의 적절성 여부를 문의하였고 긍정적 답변을 받은 후 1889년 1월 새해인사를 핑계로 대원군을 방문하였다. 플랑시 공사가 이와 같은 모험을 하게 된 데에는 공포의 이미지로 남아있는 대원군이라는 사람이 도대체 어떤 사람인지 호기심도 발동하였을 것이다.

1889년 2월 6일 플랑시 공사는 외딴 방안에서 허리를 꼿꼿이 세우고

앉아 있는 대원군을 예방하였다. 대원군의 눈빛은 아직도 강렬하였고 예민한 지혜를 여전히 간직하고 있었지만 버림받은 느낌을 숨길 수는 없었다. 플랑시 공사의 방문을 사전에 알고 있었지만 막상 만나러 오니 놀랐고, 1866년 천주교인 학살 문제를 꺼내지나 않을까 내심 염려하였지만 플랑시 공사는 그 문제를 끝내 언급하지 않았다.

대원군은 프랑스 선교사라는 말은 하지 않고 '외국인'들이 쇄국정책을 펴고 있던 조선에 몰래 들어와서 가혹한 처벌을 받았지만, 만약 오래전에 조선이 개항하였더라면 그런 가혹한 행동은 없었을 것이라고 설명하였다. 대원군은 과거의 죄에 대해 유감스러워 하는 태도를 보였고, 쇄국정책을 편 것에 대해서도 후회하였다. 그러면서, 요즘은 외국인들과도 친구가 되었으며 본인이 차고 있던 손목시계와 방안에 있던 양탄자와 벽시계 등 서양에서 들여온 물건들을 가리키며 자랑스럽게 설명하였다.

플랑시 공사가 대원군과의 대화를 통해서 당시 한국 사람들중 대원군이 유럽과 미국에 대해 가장 명확한 견해를 가지고 있는 사람으로 평가한 것으로 보아 대원군은 비록 칩거를 하고 있었지만 세상 돌아가는 것을 관심 있게 살피고 있었음을 알 수 있다. 대원군은 플랑시 공사에게 매우 정중하고 친절하게 대하여서 두 사람의 만남은 별다른 사고 없이 끝났다. 그 다음날 대원군은 사람을 시켜 명함을 플랑시 공사에게 전달하였으며, 나이가 들고 건강이 안 좋아서 답방을 할 수 없음을 양해해 달라는 말을 남겼다.

당시 한국 사람들은 대원군의 서양인들에 대한 이런 우호적인 태도가 모두 계산된 것이라고 생각하였다. 만약 언제라도 그가 다시 집권하게 되면 서양과 맺은 모든 조약은 파기되고, 서양인들은 모두 추방되고 기독교인들은 학살당할 것이라고 굳게 믿고 있었다.

　그러나 대원군은 이미 마음을 비웠고 종교적인 문제에 대해서도 매우 너그러운 입장으로 바뀌었다. 좋은 예로, 그가 부리는 하인들 중에 기독교인들이 있다는 것을 알았지만 그들에게 "종교를 믿으려면 눈에 띄지 않게 조심스럽게 하라"고 충고하면서 계속 그의 집에 있게 하였다. 왕의 유모가 기독교인이라는 이유로 궁궐에서 쫓겨나자 대원군은 고종에게 유모의 종교가 어떠하든 그녀로부터 보살핌을 받았는데 버려서는 안 된다는 이야기를 하였다고 한다. 이와 같은 여러 가지 정황으로 보았을 때 말년의 대원군은 쇄국정책과 종교탄압에 대해 진심으로 후회하고 있음을 알 수 있다.[34]

□ 흥선대원군이 살았던 운현궁 현판(종로구 운니동 소재). 대원군은 이곳을 무대로 10여 년간 집정하면서 어린 고종을 대신하여 정치를 하였다.

---

34) 1889년 2월 8일 플랑시 공사가 본국 정부에 보낸 보고문서 「대원군의 현 처지와 그와의 접견에 대한 보고(L'ancien régent)」.

□ 흥선대원군 이하응의 서체 "석능(石能)"(출처 : 경남대학교 박물관)

20. 조대비의 승하와 프랑스 군인들의 조문

1890년 6월 4일 신정왕후 조대비가 승하하였다. 조대비는 1890년 이전부터 노환으로 병약해져서 여러 번 죽을 고비를 넘기다가 결국 81세를 일기로 타계하였다. 조대비의 건강상태와 사망 소식은 플랑시Plancy 주한프랑스 공사에 의해 여러 번 프랑스 외무성에 사세히 보고되었다. 그만큼 조대비의 죽음이 가지고 오는 정치적인 의미가 많았기 때문이었을 것이다. 1890년 2월부터 조대비는 여러 차례 혼절하여 왕실에서 사망 사실이 발표되었다가 취소되곤 하였는데, 플랑시 공사는 왕실 조제원에서 다량의 인삼을 처방하여 목숨이 연장된 것으로 보고서에 기록하였다.

조대비는 고종의 양모이다. 풍양 조씨 세도가勢道家 집안에서 1809년 1월 21일 출생하여 1819년 순조의 아들 효명세자의 빈이 되었다. 그러나 동갑내기였던 효명세자가 1830년 21세의 젊은 나이에 요절하자 혼자가 되었으며 슬하에 자녀는 없었다. 헌종 1년인 1834년에 효명세자가 '익종'으로 추존되자 '왕대비'로, 철종 대에는 '대왕대비'로 높여 불리게 되었지만 왕실 내에서의 존재감은 거의 없었다. 당시 안동 김씨의 세도 정치 속에서 풍양 조씨는 큰 힘을 발휘하지 못하고 있었다. 이러한 때에 철종이 후계자를 정하지 않은 상태에서 병으로 앓아눕게 되자 흥선대원군 이하응이 조대비를 접촉하여 그의 둘째 아들 이명복李命福을 익종의 양아들로 삼게 하여 왕위를 계승할 수 있는 좋은 입지를 확보하였다.

1863년 12월 철종이 후계 없이 승하하자 이명복이 나이 12세에 제26대 조선의 왕 '고종高宗'이 되었으며, 조대비는 수렴청정을 하는 왕실의 최고 어른이 되었다. 3년 후에 고종이 15세가 되자 조대비는 대리청정에서 물러났으며 그 후 정치에는 개입을 하지 않았다. 그러나 국왕의 양모로서 그의 위치는 과거와는 천양지차였다.

우리나라가 1876년 일본과 강화도 조약을 체결할 때 제1조에 "조선국은 자주의 나라이며, 일본과 평등한 권리를 가진다"라고 되어 있는 것은 청나라의 조선에 대한 종주권을 부인하기 위한 것이었다. 청나라가 비록 기울고 있었지만 조선에 대해 여전히 종주국 행세를 하였고, 우리나라가 1882년에 조미수호통상조약을 체결하는 것을 필두로 여러 구미선진국과 조약을 체결할 때와 우리가 외교사절을 외국에 파견할 때 사사건건 간섭을 하였다.

주한외교사절들은 1885년 11월 원세개(위안스카이)가 조선 주재 총리교섭통상대신으로 부임한 이후 조선의 내정과 외교를 조정 · 간섭하는 것을 보고 종주국과 속국 간의 틈바구니 사이에서 어떻게 처신해야 할지 난감하였다. 분명히 주권국가인 '조선'과 국교를 수립하고 외교사절로 서울에 부임하였는데 아직도 종주국과 속국 간의 구태가 남아있는 현실을 목도하였다. 예를 들면, 1636년 병자호란 이후 우리나라는 매년 청나라에 조공을 바쳐야 하였다.[35] 조공품목은 초기에 비해 많이 간소화 되었지만 1889년까지 이어졌던 것 같다.[36] 1884년 김옥균 등이 갑신정변을 일으켰을 때 '청국에 조공하는 허례를 폐지할 것'이라고 주장하였음에도 갑신정변의 실패로 관철되지 못하였다.

　속국으로서 지켜야 할 또 다른 의무는 청나라 황제의 생일에는 성절사, 황태자 생일에는 천추사, 동지에는 동지사 등 경조慶弔의 일이 있으면 예를 올리는 사절을 보내어야 하였다. 또한, 조선의 국왕이 즉위할 때는 청나라 조정에 즉위 인정을 요청하고 형식적으로나마 승인을 받아야 하였으며, 조선 국왕의 이름으로 작성하는 문서 및 서신에 날짜를

---

35) 세폐(歲幣)는 황금(黃金) 1백 냥(兩), 백은(白銀) 1천 냥, 수우각궁면(水牛角弓面) 2백 부(副), 표피(豹皮) 1백 장(張), 다(茶) 1천 포(句), 수달피(水獺皮) 4백 장, 청서피(靑黍皮) 3백 장, 호초(胡椒) 10두(斗), 호요도(好腰刀) 26파(把), 소목(蘇木) 2백 근(斤), 호대지(好大紙) 1천 권(卷), 순도(順刀) 10파, 호소지(好小紙) 1천 5백 권, 오조룡석(五爪龍席) 4령(領), 각종 화석(花席) 40령, 백저포(白苧布) 2백 필(匹), 각색 면주(綿紬) 2천 필, 각색 세마포(細麻布) 4백 필, 각색 세포(細布) 1만 필, 포(布) 1천 4백 필, 쌀 1만 포(包)를 정식(定式)으로 삼는다(출처 : 조선왕조실록)."
36) 1888년 북경에 보낸 조공 품목 : 흰 모시 200필, 붉은 비단 100필, 녹색 비단 100필, 회 비단 200필, 흰 무명 1,000필, 생 무명 2,000필, 5개의 발톱을 가진 용이 있는 돗자리 2장, 다양한 그림의 돗자리 20장, 사슴가죽 100장, 수달피 가죽 300장, 좋은 칼 10개, 질 좋은 큰 종이 20장들이 2,000권, 질 좋은 작은 종이 20장들이 3,000권, 쌀 20말들이 40가마(출처 : 프랑스 외무부 문서 2, 조선 I · 1888, 국사편찬위원회, 2003년, 167쪽).

기입할 때에는 청국 황제 연호를 명기하여야 하며, 매년 청국 황제의 이름으로 하사하는 달력을 받으러 관상감 관리가 북경에 출장을 갔다. 이러한 어정쩡한 관계는 1894년 청일전쟁에서 청나라가 패퇴함으로써 종결되었다.

그동안 고종이 청국의 종주권을 더 이상 인정하지 않으려는 태도를 보이고 있던 시기에 조대비의 승하는 청나라가 종주권을 발휘할 수 있는 절호의 기회를 제공하였다. 왜냐하면 조선 왕실의 친족이 사망하면 청나라 황제는 영구 앞에서 태울 조문을 작성하여 하사하고 장례 선물(향, 비단, 부의금 등)을 보내는 것이 일반적인 관례였다. 조선정부는 1890년 6월 6일 일단 의례적으로 청나라 황제에게 조대비의 죽음을 알리는 공문을 발송하였다.

고종의 주위에 있던 외국 고문관들은 조선이 독립주권 국가이므로 더 이상 과거와 같은 구습을 따르지 말 것을 조언하였다. 그러나 사대사상을 가졌던 조선의 옛 관리들이 외국 고문관들의 고종에 대한 접근을 차단하고 청나라에서 조문사절이 오는 것을 환영할 준비를 하였다. 청나라의 조문사절이 서울에 올 경우 조선정부에서 지출할 영접비용도 만만치 않았고, 그들이 묵을 숙소도 새로 단장해야 하고, 중국 사신들이 오는 길목도 새로 정비해야 하는 등 복잡한 일이 많았다. 이러한 이유와 더불어 독립국으로서의 체면도 세우기 위해 갑론을박 끝에 서울에 특사를 파견하려는 청나라 정부의 계획을 포기시키기 위해 북경에 특사를 뒤늦게 보내었다.

그럼에도 불구하고 청나라는 육로가 가게 될 경우 발생하는 민폐를 방지하고 시간도 단축하기 위해 조문사절을 해로로 보낼 것임을 통보해 왔다. 고종이 가장 하기 싫어했던 일은 주한외교사절들이 지켜보는 가운데 청국 사신들 앞에 무릎을 꿇고 엎드려 청나라 황제의 조칙을 경청하는 일이었다. 주권 국가의 군주로서 체면이 말이 아니었지만, 결국은 그렇게 되었다. 황제의 칙서는 궁궐 정문으로 출입하였지만 고종 자신은 궁궐 옆문으로 출입하였으며, 사신들이 머무는 영빈관(남별궁)을 예방하기 위해 가마에서 내려 걸어가야 하였으며, 사신들이 머무는 동안 성문의 개폐와[37] 조선에서의 형刑 집행의 실행을 중단시킬 수 있는 권한을 청나라 사신들에게 넘겨야 하였다.[38]

청국 사신들은 1890년 11월 3일 제물포항에 중국 북양함대 소속 군함 두 척에 나뉘어 타고 도착하였다. 이후 조대비 문상 관련 모든 일정을 끝내고 11월 14일 북경으로 떠나갔다. 그들이 머무는 동안 어떠한 주한외교사절단과도 접촉을 하지 않았다. 청국의 사신들을 맞이하느라 그동안 거의 폐허가 되었던 남별궁을 신속하게 수리하느라 부산을 떨었고, 지금의 남대문인 숭례문에서 궁궐로 이어지는 대로도 깨끗이 청소하고, 평상시에 대로변에 난무하던 초가집들은 아예 철거해버렸다. 이렇게 청국 사신을 깍듯이 모시는 조선을 보고 구한말 주한외교사절들은 어떤 감정을 느꼈을까? 참으로 한심한 나라라고 생각하지는 않았는지 궁금하다.

---

37) 서울 도성문들의 열쇠를 궁궐에 보관한 것이 아니라 청국 사신들의 허가를 받아야만 열 수 있도록 저녁에 남별궁에 맡기고 아침에 찾아갔다. 속국이 종주국에 대해 표시하는 전형적인 머리 숙임 행위였다.

38) 『프랑스 외무부 문서 2, 조선 I · 1888』(조선방문 청국특사 대접 만찬의 여파), 국사편찬위원회, 2003, 239~243쪽.

조대비는 1890년 6월 4일 승하하였지만 실제로 무덤에 안장된 것은 10월 12일이었다. 사망한 지 무려 4개월이 지나서야 장례가 완료되었다. 예전에는 왜 이렇게 늦게 장례가 치러졌는지 모르겠다. 필자가 어렸을 때 고향에서 노인들이 돌아가시면 한 여름 푹푹 찌는 더위에도 유해를 오랫동안 집에 모시고 있어서 동네 골목길을 걷다 보면 시신 썩는 냄새가 진동했던 기억이 아직도 생생하다. 아마 부모가 돌아가시고 나서 바로 땅에 묻는 것은 도의가 아니라고 생각해서 그랬을지 모르겠다. 조금이라도 더 오랫동안 곡을 하고, 조금이라도 더 이 세상에 머물다 가시기를 바랐을 것이다. 요즘음 대부분 3일장을 하는 것을 보면 격세지감을 느낀다.

어쨌든, 고종 임금이 이와 같이 스타일을 구기고 있을 때 프랑스의 포함砲艦인 비페르Vipère호가 1890년 6월 15일 제물포항에 도착하여 6월 22일까지 정박하였다. 항구에 머무는 동안 함장인 구도Goudot 해군 대위와 장교들이 서울까지 올라와서 대왕대비의 승하에 대한 조문을 하였다. 구도Goudot 함장은 당시 외무아문 독판, 즉 외교부장관을 예방하여 프랑스 극동함대 사령관의 이름으로 조의를 표하였다. 이보다 조금 늦게 프랑스 육군의 다마드d'Amade 대위가 당시 병조 판서, 즉 국방부장관에게 조의를 표하였다. 프랑스 육군과 해군 장교들의 '예의 바른 행동'을 직접 전해들은 고종 임금은 매우 감동하여 이들에게 즉각 감사 편지를 전달토록 명하였다.

요즘도 조문외교가 행해지고 있지만 프랑스의 '예의 바른' 장교들이 조대비의 문상을 잘 하여 고종 임금의 환심을 샀던 내용은 플랑시 공사가 그의 보고서에 잘 기록해 두었다. 조선이 기울어갈 때 고종은 프랑스군의 무력지원을 요청하였지만 프랑스는 청국에 대해 아직도 속국의 태도를 취하고 있는 조선에 대해 정치적인 모험을 하기를 꺼려하였다. 예의는 바른 사람들이었지만 조선을 화끈하게 밀어주는 '인정人情'은 좀 적었던 것 같다.

21. 홍종우, 한국인 프랑스 유학생 제1호

프랑스 유학 여학생 제1호는 1955년 파리로 건너가 소르본느 대학에서 종교학으로 박사학위를 받은 박병선 박사이다. 2011년 11월 지병으로 타계한 박병선 박사는『직지』가 세계에서 가장 오래된 금속활자본으로 공인받는데 결정적으로 기여한 분이다.

그렇다면 프랑스 유학 남학생 제1호는 누구일까? 다름 아닌 상해에서 김옥균을 암살한 홍종우이다. 1890년 12월 24일 파리에 도착한 홍종우는 당초에 법학을 공부할 계획이었다. 홍종우는 프랑스에 도착하기 전 2년 동안 일본 아사히 신문사 식자공으로 일하면서 프랑스로 갈 여비를 마련하였다.

유럽의 여러 나라 중에 왜 하필이면 프랑스를 유학 대상지로 삼았을까? 홍종우는 배움에 목말라했으며, 유럽문명을 이해하기를 희망하였다. 일본이 근대화 모델로 삼은 영국보다는 프랑스를 선택한 이유는 홍종우가 싫어하는 일본이 영국과 가까운 관계를 유지하였기 때문일 것이다. 영국이 홍콩을 식민지로 삼았기 때문에 영국을 싫어하였다는 설명은 설득력이 떨어진다. 왜냐하면 프랑스도 이미 1885년에 베트남, 캄보디아, 라오스를 식민지로 만들어 인도차이나를 세운 제국주의 국가 중의 하나였기 때문이다.

보다 현실적인 이유는 홍종우가 일본에 살면서 친분관계를 맺었던 일본 정치인중 급진주의자였던 이타나께Itanake 전 장관이 프랑스의 언론인이자 정치인이었던 클레망소Clémenceau를 잘 알았기 때문일 것이다. 이타나께 장관이 홍종우에게 프랑스로 가면 클레망소에게 추천서를 써줄 수 있다고 권유했을 가능성이 높다.

두 번째 이유는 생활비도 없이 달랑 여비만 가지고 파리에 도착한 홍종우가 제일 먼저 찾아간 곳은 파리외방전교회(MEP)인 점을 볼 때 한국에 있었던 프랑스 신부가 프랑스로의 유학을 권유했을 수도 있다. 파리외방전교회의 사제관에는 빈방이 없었기 때문에 신부들은 홍종우를 성 니콜라스 학교의 기숙사 다락방에 임시로 거처하게 하였다.

홍종우는 불어를 전혀 할 줄 몰랐다. 파리외방전교회에 중국인 출신의 신부들이 있었으나 한국어를 전혀 몰랐고, 일본 북부의 선교사인 뮈가뷰르Mugabure 신부만이 홍종우와 일본어로 대화가 가능하였다. 초기에는 몇몇 프랑스 독지가들이 홍종우의 생활비를 대주었고, 나중에는 '여행자들 모임(la Réunion des Voyageurs)'에 나가서 한국의 역사, 정세 등에 대해 설명39)해주고 사례비를 받아 생활하였다.

총 3년 정도를 파리에서 생활한 홍종우는 기메 박물관(Musée Guimet)

---

39) 한국어로 설명하고 다른 사람이 불어로 통역함.

에서 한국어와 중국어, 일본어 문장을 번역하는 일로 취직하면서 안정적인 수입을 얻을 수 있었다. 우리나라 소설 춘향전을 J. H. Rosny가 불어로 번역할 수 있게끔 도와서 '향기로운 봄(Printemps parfumé)'이라는 책으로 출간하게 하였다. 그리고 심청전('다시 꽃이 핀 마른 나무') 등도 번역하여 출간하는 데 기여하여 우리나라 소설을 프랑스에 알렸다.

처음에 법학을 공부하려던 계획은 달성하지 못하였다. 불어와 프랑스 법체계에 대한 지식이 전혀 없었던 그가 어려운 법학을 배우기가 쉽지 않았을 것이다. 1886년 3월에 한불조약 체결을 위해 한국을 방문한 바 있는 코고르당Cogordan 프랑스 전권위원도 프랑스 외무부에 근무하고 있었기 때문에 홍종우가 찾아 갔으나 한번 만난 것 이외에 별로 도움을 받지 못하였다. 그가 파리에 있는 대학에 등록하여 법률을 공부하였다는 기록은 없다.

홍종우가 파리에 살 때 많은 사람들의 주목을 받았다. 늘 상투를 틀고 한복차림으로 있었기 때문에 단연 눈에 띄었다. 그래서 '르 몽드 일뤼스트레Le Monde Illustré'는 그의 초상화를 잡지에 싣기도 하였다.

1893년 7월까지 프랑스에 약 3년간 살았던 홍종우는 더 이상 기메 박물관에 촉탁일로 소일하고 있을 수 없었다. 왜냐하면 그의 나이 벌써 40세가 다되어 가고 있었고, 그의 아내와 딸이 한국에 있었기 때문이었다. 귀국하기 위해 일본에 들렀던 홍종우는 뜻밖에도 갑신정변을 일으켜 일본에 도피해 있던 김옥균과 박영효를 암살하기 위해 일본에 와있던 이일직을 만나게 된다. 이일직은 홍종우에게 김옥균을 암살하는 일에 가담할 것을 권유하였고, 수구파 정객이었던 홍종우는 이에 동조하여 1894년 3월 상해로 가는 김옥균을 따라가서 3월 28일 호텔에서 권총으로 김옥균을 암살하였다.

민비정권이 그토록 숙원했던 김옥균이 암살되어 그 사체가 서울로 돌아오자마자 능지처참되었으며, 거사에 성공한 홍종우는 고종의 극진한 총애를 받았다. 홍종우가 서울에 와서 고종을 알현하기 위해 궁궐에 들어가자 고종이 버선발로 뛰쳐나와 그를 맞이하였으며, 김옥균 암살을 축하하는 연회를 성대히 열었다고 한다.

홍종우는 그 이후 출세의 가도를 달려 1894년 식년문과에 병과로 급제하여 홍문관 교리가 되었고, 프랑스에서 못다 한 법률공부였지만 평리원 판사에 임명되어 법관 생활도 하였다. 이후 의정부 총무국장, 제주목사의 직책을 맡았다. 김옥균은 개화파이고 홍종우는 수구파라는 곳이 일반적인 평가이지만, 사실은 홍종우도 개화파였다. 김옥균이 일본 세력을 등에 없고 급진적인 개화를 시도하였던 반면, 홍종우는 왕정체제를 유지하면서 열강의 개입 없이 자주적으로 근대화를 해야 한다는 입장이었다.

한일합방이 되면서 김옥균과 홍종우에 대한 평가가 엇갈리게 되었다. 역사란 승자의 평가이기 때문에 시대에 따라 평가가 달라지는 것 같다. 만약 우리나라가 일본에 합방되지 않고 고종의 근대화 노력이 성공을 거두어 점진적 개혁이 이루어졌더라면, 김옥균은 '대역부도옥균大逆不道玉均'으로 남았을 것이고, 홍종우는 외세를 끌어들여 나라를 위태롭게 만들려던 김옥균을 암살한 영웅으로 기록되었을 것이다.

2006.10.18 18:59

□ 홍종우와 그가 남긴 작품들(출처 : 2006년 한불수교 120주년 기념 전시회)

II. 일제 강점기(1905~1945)

1. 한일합방에 대한 프랑스 정부의 태도

1886년 한불수교조약 제1조 1항에 따르면 "일방의 체약당사국과 제
3국 간에 분쟁이 발생할 경우, 다른 일방은 요청에 의하여 우호적인 조
정을 알선하는 데 최선을 다하여야 한다"라고 되어 있다. 그러나 일본
이 1905년 러 · 일 전쟁에서 승리하게 됨에 따라 한반도에 대한 일본의
독점적 지위가 굳혀지게 되었으며, 구미 열강들은 대세가 일본으로 기
울었음을 간파하고 서서히 한반도를 떠날 준비를 하였다. 같은 해 11월
일제가 대한제국을 보호령으로 삼기위해 을사보호조약을 체결하자 프
랑스 정부는 서울 주재 자국 공사관을 일본 동경주재 프랑스 공사관의
관할에 속하는 영사관으로 격하시켰으며, 외교관도 철수시켰다. 이에
따라 한국과 프랑스 간의 실질적인 외교관계도 단절되었다.

1882년 5월에 체결된 조 · 미수호동상조약朝 · 美修好通商條約 1조에
따르면 "만약 다른 열강이 어느 일방에 대해 부당하게 취급하거나 압박
을 가하는 일이 있게 되면 즉시 우호적인 조정을 하여 그렇게 함으로써
우호의 감정을 표시한다"라고 되어 있으나 미국 역시 한반도가 일제日
帝에 강점되는 것을 용인하였다. 이러한 점에 비추어 볼 때 국가 간의
관계는 미사여구로 장식된 우호친선 조약이 아니라, 외세의 침략으로
부터 스스로를 지킬 수 있는 충분한 국력을 가지고 있느냐의 여부에 따
라 협력적인 관계가 될 수도 있고, 일방적으로 관계를 폐기당하는 신세

가 될 수도 있음을 알 수 있다.

을사보호조약 체결사실은 공식적으로 발표되기 전에 일본정부가 프랑스 측에 '프랑스와 일본 간에 존재하는 특별히 우호적인 관계'를 고려하여 미리 알려주었기 때문에 프랑스로서는 전혀 놀라운 일이 아니었다. 당시 프랑스의 동아시아에서의 직접적인 이해관계는 영토가 광활하고 인구와 자원이 풍부한 인도차이나에 있었으며, 부차적으로는 일본과 우호관계를 유지하는 가운데 중국에서의 경제적 이익을 확보하는 데 있었다. 아시아 지역에서의 열강들의 식민지 분할경쟁은 필리핀에 대한 미국의 권리, 인도 · 홍콩 · 마카오에 대한 영국의 권리, 인도차이나에 대한 프랑스의 권리, 한반도에 대한 일본의 권리가 인정되는 구도로 확정되어 가고 있었으며, 중국 대륙은 공동의 공략대상이었다.

일본은 러 · 일 전쟁에서 승리한 후 포츠머스 강화회의에서 공식적으로 한반도에 대한 우월권을 제국주의 열강들로부터 인정받았다. 이는 열강들이 독립국가의 주권을 무시하고 자국의 이해관계에 따라 일본의 한반도 침략을 공식적으로 승인한 것으로서 1910년 한 · 일 합방에 이르기까지 그들의 입장은 변함이 없었다. 프랑스의 입장도 마찬가지였으며, 프랑스와 일본 간의 제국주의적 이해관계가 일치하였으므로, 1910년 일제의 한반도 강제병탄에 대해서도 프랑스 정부는 아래와 같이 예견된 결과인 것처럼 담담하게 받아들였다.

"프랑스 정부는 한국의 합방이라는 원칙자체에 대해서 이의를 제기하지 않는 바입니다. (중략) 프랑스 정부는 동 합병 소식이 공식적으로 발표되기 전에 우리 정부에 통보해주신 것에 대해서 이미 주불 일본대사에게 감사를 표한 바 있습니다. 가장 우호적인 정신으로, 그리고 일본 정부에 어떠한 이의도 제기하지 않겠다는 열망으로 (합방에 관한) 서류 내용들을 면밀하게 검토하였습니다."[1]

한 · 일 합방에 대한 계획은 이토오 히로부미 사후인 1909년 말부터 활발히 논의되기 시작하였으며, 프랑스 당국자는 일본이 프랑스 측 모델에 따라 프랑스가 튀니지와 마다가스카르에 실시했던 것과 같은 식민지화 과정, 즉 '보호국에서 합방으로'의 과정을 밟을 것으로 전망하였다. 한 · 일 합방에 대한 영국정부의 입장도 대동소이하였다. 과거에 러시아의 극동지역에서의 팽창을 저지하기 위해 대규모 함대를 극동에 배치하면서, 러시아가 한반도 연안에 기항지를 조차하지 않을까 하는 영국의 우려도 러 · 일 전쟁에서 러시아가 패배함에 따라 불식된 바 있다. 그리고 1902년에 체결되고 1905년에 개정된 영 · 일 동맹에 의하여 암묵적으로 일본의 한반도 병합이 인정되고 있었기 때문에 영국 정부로부터 어떠한 반대도 없었다.

2. 상해(上海) 프랑스 조계 : 일제 강점기 독립운동의 본산

1919년 3 · 1운동 이후 우리의 독립지사들은 일제의 탄압을 피해 만주와 노령, 상해 등지로 뿔뿔이 흩어졌으며 국내외에 총 8개의 임시정부를 구성하였다. 이중에서도 중국 상해의 임시정부가 유일하게 문서

---

1) 프랑스 외무부 문서, *정치 및 상업보고서, 한국(대외정책 : 1905−1916).* (한국의 병합에 관한 전문, 1910년 9월 12일).

상이 아닌 실제적인 정부를 조직하여 활동하였으며, 이와 같은 이유로 현행 헌법은 전문前文에서 '3·1운동으로 건립된 대한민국임시정부의 법통을 계승한다'고 명문으로 규정하고 있다.

대한민국 임시정부가 중국 만주가 아닌 지리적으로 멀리 떨어진 상해 프랑스 조계租界에 수립된 이유는 그곳이 가장 안전하였다고 판단되었기 때문이며, 상해는 당시 동서 교통의 요지임과 아울러 지리적으로 보아 독립운동가들이 분포되어 있는 미국, 일본, 중국, 만주, 노령 및 국내와의 통신연락에 가장 무난한 위치에 있었기 때문이었다. 무엇보다 프랑스는 한국 독립운동가들에게 '정치적 망명가들에게 망명처를 제공하는 나라'로 인식되고 있었다.

상해 조계중 영국과 미국의 공동조계는 선택되지 않았는데, 이는 영국과 미국이 일본과 밀접한 동맹관계 내지 협력관계에 있었기 때문이었다. 상해 프랑스 조계는 19세기 말부터 많은 아시아의 약소민족 혁명가들이 혁명활동을 전개하였으며 영·미 공동조계와 달리 자유스러운 분위기를 유지하였다고 한다. 프랑스 당국은 아시아의 독립운동가들의 활동에 대해 불간섭 정책을 취하였으며, 한인독립운동에 대해서도 마찬가지 입장을 취하였다.

상해 프랑스 조계에서 활동하고 있었던 우리 독립운동가들을 일본 경찰은 '불령不逞 선인鮮人'이라고 불렀다. 즉, '현재의 체제에 불만을 품고 제멋대로 행동하는 조선인'이라는 뜻이다. 이 소위 '불령 선인'들로 불린 우리 독립운동가들을 상해 프랑스 조계당국이 특별히 보호할 이유는 없었다. 굳이 말한다면 '소극적 보호'가 가장 적당할 표현이 될 것이다. 왜냐하면, 프랑스도 당시 제국주의의 일원으로서 베트남을 식민지로 가지고 있었으며, 베트남 독립운동가들은 일본에서 대프랑스 독립운동을 전개하고 있었기 때문이었다. 프랑스 정부는 프랑스 조계에 있는 한국인 혁명가들의 독립운동을 감시하는 조건으로, 일본 정부가 일본에서 활동 중인 베트남 독립운동가들의 독립운동을 감시 · 억압할 것을, 소위 '유익한 상호 서비스'를 제공할 것을 먼저 제의하였으나 일본 측의 미온적인 태도로 성사되지 못하였다.

프랑스 정부는 한때 상해 프랑스 조계에 있는 한국인 독립운동가들 약 200명을 모두 프랑스로 소개疏開시키는 방안을 생각하기도 하였다. 그러나 이러한 계획은 일본 정부의 반대로 실행되지 않았다. 왜냐하면 한국의 독립운동가들이 상해에 함께 모여 있는 것이 감시하기도 좋다는 것이 그 이유였다.

프랑스 외교부 문서에는 우리 독립운동가들이 '선동가(agitateur)'로 표현되고 있다. 상해주재 총영사 윌덴Wilden은 수차례에 걸쳐 우리 임시정부 지도자들에게 프랑스 조계를 반일적인 음모를 꾸미기 위한 본부로 삼는 것은 상해 거주 한국인들에게 주어진 프랑스 정부의 환대를 남용하는 것이라고 설명하면서, 모든 정치적인 활동을 삼가 해 줄 것을 요청하곤 하였다. 상해 프랑스 조계는 대한민국 임시정부 문제로 때로는 일본 영사관과 마찰을 빚기도 하고, 때로는 협조하기도 하였다. 이는 프랑스의 아름다운 전통인 '정치적 망명객 보호'라는 이상理想과 일본과의 '동맹관계에서 파생하는 협조의무'라는 현실 사이의 갈등이라고 풀이될 수 있다.

프랑스 정부의 상해 임시정부에 대한 '관용(toléance)과 감시' 태도는 1932년 4월 29일 윤봉길 의사가 상해 홍구공원虹口公園[2])에서 일본 군부를 상대로 일으킨 폭탄투척사건으로 막을 내리게 되었다. 프랑스 당국은 도산 안창호를 포함한 12명의 한국 독립운동가들을 체포하여 일본 경찰에 넘겼다. 이러한 강경조치는 해외에서 독립운동 중이던 많은 한국인들이 프랑스 정부를 비난하는 결과를 초래하였다.

3. 자유한국(La Corée libre)과
   한국친우회(Les Amis de la Corée)

우리나라 해외 독립운동의 주요 근거지는 중국과 미국이었다. 그 다음으로 중요한 곳을 들라면 단연코 프랑스가 될 것이다. 제1차 세계대전이 종결되고 1919년부터 파리평화회의가 개최됨에 따라 파리는 우리의 유럽지역 독립운동 활동의 중심지가 되었다. 1919년 4월 13일 대한민국 임시정부가 상해에서 수립된 직후 프랑스 파리에 대한민국 임시정부 파리위원부(Les Bureaux de la Mission Coréenne)가 설립되었다. 파리위원부는 국제사회에 한국의 독립 문제를 널리 알리기 위해 설치된 외교 기구였다.

상해 임시정부는 임시정부 외무총장에 임명된 김규식을 파리평화회의 대한민국 위원 겸 주파리위원으로 임명하였다. 김규식 외무총장은 1919년 3월 13일에 신한청년당 대표로 이미 파리에 도착해 있는 상태

---

2) 현재 이름 '노신공원(魯迅公園).'

였다. 파리평화회의는 미국의 월슨 대통령이 민족자결주의를 표방함에 따라 우리나라를 포함한 전 세계 약소민족들의 기대와 관심을 끌었다.

대한민국 임시정부의 주불대사관에 해당하는 파리위원부는 파리 시내 9구역에 위치한 샤토뎅Chateaudun가 38번지에 설립되었다. 김규식은 홍보활동을 전개하기 위해 같은 건물에 통신국(Bureau d'Information)을 병설하였다. 이 건물에서 파리위원부는 파리강화회의를 비롯한 대유럽 외교활동과, 주 1, 2회의 '통신전(Circulaire)' 및 월간잡지 '자유한국(La Corée libre)'을 불어로 펴내며 한국의 독립을 위한 홍보활동을 전개하였다.

파리위원부는 1919년 8월 스위스 루체른에서 개최된 국제사회당대회(제2인터내셔널)에 조소앙과 이관용을 대표로 참석시켜 한국독립 승인결의안을 통과시키는 성과를 거두었다. 아울러, 1919년 10월 프랑스 인권옹호회에 황기환을 파견하여 한국 독립문제를 보고하였으며, 1920년 1월 국제평화회의가 주최한 재불중국 각사회단체 연합대회에 윤해와 고창일을 파견하여 한국독립회복결의안을 통과시키는 등 각종 국제회의에 우리 대표를 파견하여 한국의 독립 문제를 제기하는 활동을 벌였다.

'통신전(Circulaire)'은 1919년 4월 말부터 영어 또는 불어로 유럽 각 언론기관과 정부 및 저명인사들에게 배포되어 한국에 대한 각종 정보를 제공하고 한국의 독립 문제를 환기시키는 데 기여하였다. 1919년 12월 15일까지 각호 2,000부씩 총 23호가 발행되었다. 파리위원부가 가장 중요시 했던 것은 정치, 경제, 문학 월간 잡지를 표방한 '자유한국(La Corée libre)'이었다. 자유한국 제1호는 1920년 5월에 발간되었는데 공지사항에 파리위원부가 '파리 8구 비엔나가 13번지'로 이전되었음을 알리고 있음을 보아 비엔나 거리로 이전된 후 제1호를 발간한 것으로 추정된다. 1920년 5월부터 1921년 5월호까지 결호없이 발간되어 적은 재정으로 효과적인 선전활동을 전개하였다.

이외에 통신국은 평화회의에 '공고서'를 불어로 3,000부, 영어로 2,000부 발행하였으며, '한국의 독립과 평화'라는 책자를 6,500부, '일인(日人)이 조약의 가치를 여하히 모시侮視하는가'를 1,000부 발행하였다. 기타 파리위원부의 상세한 활동은 1920년 12월에 주파리위원부 통신국에서 편찬한 국한문 혼용의 유인물 형태의 『구주의 우리 사업』이라는 총 62쪽으로 된 팸플릿에 잘 나타나 있다.

파리위원부는 1920년 5월경 파리 8구에 위치한 비엔나가 13번지로 옮겨질 때까지 유럽지역 우리 외교의 중심센터 역할을 하였다. 2006년 3월 1일 오전 11시 한불수교 120주년을 기념하여 우리 정부는 이 건물 벽에 파리위원부의 유적임을 알리는 표지석을 부착하였다. 현판식에는 주철기 주 프랑스대사, 김자동 대한민국임시정부기념사업회 회장, 로랑 빌리 프랑스 대통령궁 외교비서관, 에르베 라드수 프랑스 외교부 아주국장, 자크 브라보 파리 9구청장 등 50여 명이 참석하였다. 파리위원부가 들어섰던 건물은 파리 국립오페라극장 북쪽에 있으며, 샹젤리제와 개선문과도 그리 멀지 않은 곳에 위치해 있다.

2000년에 프랑스 외교부 고문서를 열람하다가 발견한 또 하나의 흥미로운 사실은 프랑스내에서 한국의 독립을 지지하는 모임이 있었다는 사실이었다. '한국친우회(Les Amis de la Corée)'라는 단체가 1921년 6월

23일 사회 박물관 회의실(5, rue Las Cases 라 까즈 가 5번지)에서 결성되었다. 이 모임의 결성 동향은 프랑스 내무부 치안총국에서 상세히 관찰하여 프랑스 외무부로 보고되었다.

이 모임에는 9명의 중국인 또는 한국인과 6명의 여성을 포함하여 총 23명이 참석하였다. 루이 마랭Louis Marin 하원의원의 주재로 개최되었으며 쥐스탱 고다르Justin Godart 하원의원, 앙드레 베르통André Berthon 파리지역 하원의원, 문인 끌로드 파레르Claude Farrère, 한국독립운동에 우호적이었던 펠리시앙 샬레Félicien Chalaye 콩도르세 고등학교 교사, 중국계 프랑스인 사동발謝東發 씨 등이 참여하였다.

한국친우회의 설립목적은 '모든 법적인 수단을 강구해서 한민족을 옹호하고, 프랑스와 한국의 관계 발전에 협력'하는데 있었다. 1921년 7월 10일 공식단체로 프랑스 내무부에 등록되었다. 회장은 루이 마랭 하원의원, 부회장은 알퐁스 올라르Alphonse Aulard 소르본느대학 교수, 베르통 의원, 고다르 의원 등 총 5명, 사무국장은 2명으로 파레르Farrère 씨와 사동발 씨가 임명되었다.

사동발(Scié-Ton-Fa) 씨는 1880년 12월 중국인 아버지와 프랑스인 어머니 사이에서 태어났으며, 1912년 10월 프랑스 국적을 포기하였다. 파리대학에서 법학박사와 의학박사 학위를 취득하였지만 개업하지는 않았다. 부자였던 아버지 덕분에 중국에 상당한 재산을 소유하고 있었으며, 파리에서 매우 화려한 사교생활을 영위하고 있었다. 고급주택이 있는 오스만 가(bd Haussman) 93번지에 연간 4천 프랑의 세를 내는 아파트에 거주하고 있었으며 1916년부터 자택에서 중국 정보 및 언론 사무소를 운영하였다. '라 뻴Rappel', '라디칼Radical' 등의 프랑스 국내 언론 및 외국 언론사들과 협력관계를 가지고 있었다.

'자유한국(La Corée libre)'이 발행되던 파리 8구의 비엔나가 13번지는 그의 저택이었고, 자유한국의 발행에 필요한 자금의 일부를 지원하였다. '한국친우회의' 사무국 본부도 그의 집(오스만가 93번지)에 위치하는 등 파리위원부의 활동에 재정적 지원을 많이 하였다.

나중에 '한국친우회'의 사무총장이 된 샬레Chalaye 교사는 1875년 리옹에서 출생하였으며, 1897년 문학교수 자격시험(철학전공)에서 1등으로 합격하였다. 1901년 라발고등학교 교사로 사회활동을 시작하였으며, 베르사이유의 오슈고등학교, 파리의 샤를마뉴 고등학교를 거쳐 1921년 7월부터 콩도르세 고등학교에서 철학을 가르쳤다. 샬레 교사는 극동과 아프리카에 학술여행을 다녀온 적이 있는데, 1919년에 일본과 한국에 다녀온 경험이 있었다. 1920년 1월 8일 인권연맹(les Ligue des Droits de l'Homme)이 파리에서 개최한 모임에서 일본이 산동성과 한국을 병합한 것에 대해 항의 발언을 하였다. 그의 발언은 '극동에서 위협받는 평화(La Paix menacée en Extrême-Orient)'라는 제목의 안내서로 발간되었다.

샬레 교사는 진보적인 사상을 가졌으며 공산당원이기도 하였다. 제국주의 식민정책으로 고통 받는 약소국인 월남과 한국 등에 대해 우호적인 태도를 취하였기 때문에 프랑스 경찰의 관찰대상이었다.

적절한 기회가 되면 파리위원부의 활동에 직간접적으로 재정지원을 한 사동발謝東發 씨와 한국독립에 우호적 활동과 발언을 한 펠리시앙 샬레 교사 등의 후손들에게 고인들을 대신하여 우리 정부 차원의 표창이라도 하는 것이 바람직할 것이다.

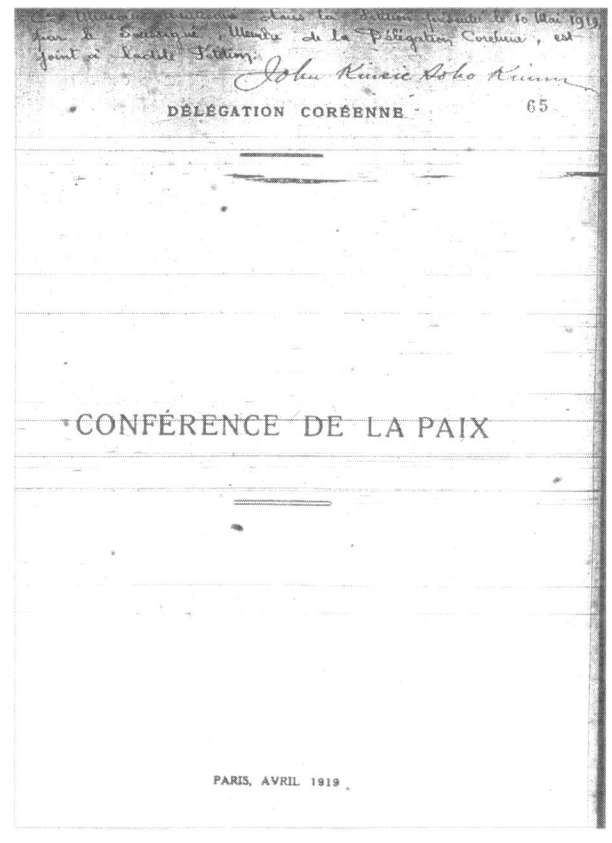

□ 파리평화회의에 한국대표단이 제출한 비망록 표지
  (1919년 4월)

TABLE

□ 파리평화회의에 한국대표단이 제출한 비망록의 목차
   (1919년 4월)

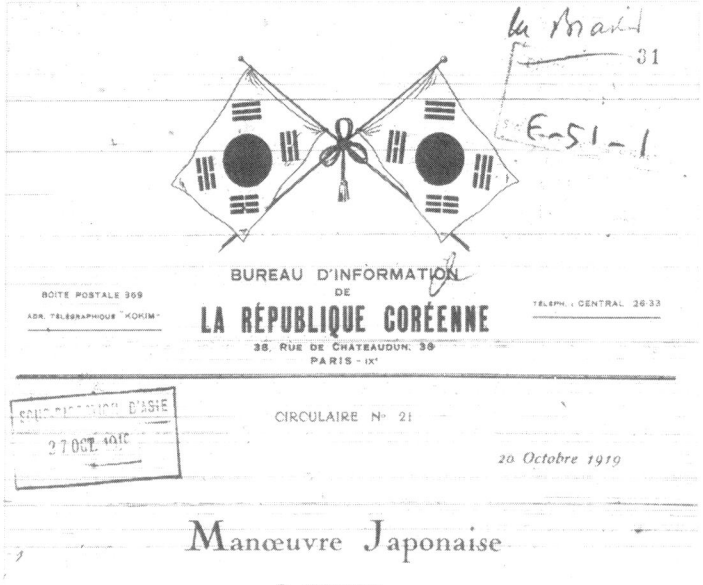

BOITE POSTALE 369
ADR. TÉLÉGRAPHIQUE "KOKIM"

BUREAU D'INFORMATION
DE
LA RÉPUBLIQUE CORÉENNE
38, RUE DE CHATEAUDUN, 38
PARIS - IXᵉ

TÉLÉPH. : CENTRAL 26-33

CIRCULAIRE Nᵒ 21

20 Octobre 1919

Manœuvre Japonaise

Une rumeur s'est récemment répandue à travers le monde, que le Japon avait institué une " autonomie " en Corée. Ceci est une sinistre manœuvre du gouvernement Japonais sans aucun fondement. Ni le Rescrit de l'Empereur du Japon, ni le Rapport du Premier Ministre Japonais M. Hara, n'ont rien d'une rumeur d'autonomie en Corée. Ce que les deux exposés exprimaient, était l'introduction d'une administration civile et le traitement des Coréens égal à celui des Japonais. Mais les rapports suivants montreront clairement que le Japon n'a introduit ni une autonomie, ni les réformes bruyamment annoncées.

L'Ambassade Japonaise à Londres a communiqué le programme des réformes suivantes pour la Corée, dans le " Times " du 19 Septembre

Le système de Réforme pour la Corée

1. Jusqu'à présent un général ou un lieutenant-général seul pouvait être nommé Gouverneur Général de Corée. Cette qualification militaire a été abolie. Même au cas où un officier militaire est nommé à ce poste, il ne peut pas en même temps être le commandant en chef des Divisions en Corée.

□ 파리위원부 통신국에서 발행한 '통신전(Circulaire)' 제21호
(1919년 10월 20일)

4. 프랑스의 대한민국 임시정부 승인문제

우리 국내의 여러 논문과 책자에는 프랑스가 우리 임시정부를 승인한 것으로 기록되어 있다.[3] 결론부터 말하자면, 불행히도 그것은 사실이 아니었다.[4] 윤봉길 의사의 상해 의거 이후 프랑스 정부는 우리 임시정부 요인들에 대해 단호한 태도를 취하였으며, 이에 따라 상해 임정요인들은 독립운동의 근거지를 다른 곳으로 옮길 것을 결정하였다. 이에 따라 우리 임정요인들은 13년간 독립운동의 중심지였던 상해 프랑스조계를 떠나 고난과 역경의 시기(1932~1940)를 거쳐 1940년 9월 중경重慶에 안착하였다.

2차 세계대전이 막바지에 다다르면서 연합국 측의 승리가 확실해지기 시작하는 중경 임시정부 시대(1940~1945) 후반부터 드골의 프랑스 임시정부는 대한민국 임시정부에 우호적인 태도를 보이기 시작하였다. 반면에 비시Vichy 프랑스 정부(1940~1944)는 독일의 침략으로 실질적인 통치권을 잃게 되었으며, 명목상으로 과거 프랑스 제3공화국이 구축해 놓은 해외 식민지들을 관리하고 있는 상태였기 때문에 우리 임시정부에 대해서 어떤 입장을 취할 수 있는 상황에 있지 않았다.

드골 장군의 지도로 1943년 6월 알제리의 수도 알제Alger에 수립된 프랑스 국민해방위원회(CFLN)는 중경 소재 대한민국 임시정부와 비록

---

3) 2004년 11월 국가보훈처 발간, 『6 · 25전쟁, 프랑스군 참전사』(41쪽)에도 '1945년 2월 28일 드골 장군의 프랑스 임시정부가 서구 열강 중에서는 유일하게 공식적으로 임시정부를 승인하는 데까지 이르렀다'라고 기록되어 있다.
4) 이에 대한 자세한 내용은 필자의 논문, 「일제 강점기 동안의 한국독립운동에 대한 프랑스 정부의 정책」, 한국정치외교사논총 제26집 2호(2005년 2월)에 잘 나타나 있다.

짧은 기간이었지만 비공식적인 우호관계를 유지하였다. 1944년 7월 1일 중경 주재 프랑스대사관은 알제리에 있는 드골 장군의 프랑스 공화국 임시정부(1944년 5월~1946년 10월)에 전문電文을 보내어 중경에 있는 우리 임시정부와 우호적인 관계를 유지할 것인가에 관하여 문의하였다. 이에 대하여 프랑스 임시정부는 비밀전문을 통하여 중경에 있는 대한민국 임시정부와 우호적인 관계를 유지할 것을 지시하였다. 국내의 일부 학자들은 이와 같은 프랑스 측의 태도와 1945년 3월 8일자 임시의정원문서, 1945년 3월 21일자 하와이 호놀룰루에서 발간된 국민보 國民報의 기사에 근거하여 프랑스가 우리 임시정부를 승인한 것으로 해석하고 있다. 그러나 이와 같은 해석은 프랑스 측 외교사료에 의해 사실이 아님이 판명되었다.

드골의 프랑스 임시정부도 초기에는 미국으로부터 신임을 받지 못하였으며, 프랑스 자체가 열강의 신탁통치 대상이 될 위기에 처해 있었다. 루즈벨트 대통령은 2차 세계대전 종료 이후 드골이 집권함으로써 프랑스 제국을 폐기시키려는 미국의 구상을 좌절시킬 것으로 생각하였다. 프랑스 임시정부가 중경의 대한민국 임시정부와 우호적인 관계를 유지할 것을 중경 주재 프랑스대사관에 지시한 것은 드골의 임시정부를 탐탁지 않게 생각하고 있었던 미국 정부의 동아시아 정책과 관련하여 발언권을 확보하고, 인도차이나 반도에 대한 프랑스의 영향력 유지를 위한 지렛대로 활용하기 위한 것으로 분석된다.

1944년 10월 드골의 프랑스 임시정부가 열강으로부터 승인을 받게 되자 주미외교위원부 위원장 이승만은 '대한민국 임시정부 주미 특명 전권 공사'의 직함으로 드골 장군에게 축하 서한을 보내었다. 동 서한에서 이승만은 드골의 임시정부가 국제연합으로부터 승인을 받기까지 투쟁해온 모든 과정을 매우 주의 깊게 지켜보았음을 언급한 후, 최대한 가까운 시일 내에 한불 간의 우호적인 관계를 회복할 수 있기를 희망한다는 메시지를 전달하였다.

주중국 프랑스대사관은 프랑스 외무부의 훈령에 따라 중경의 대한민국 임시정부와 우호적인 관계를 유지하기 위한 절차를 밟으려고 하였다. 그러나 주중국 러시아 대사 스크보르쪼프Skvortzoff는 중경에 망명해 있는 한국인 정치그룹이 한국과 오랫동안 단절되어 있었으며, 한국인들에게 실질적으로 알려져 있지도 않고, 어떠한 영향력도 행사하지 못했었다는 의견을 주중 프랑스대사관에 전달하였다. 반면에 시베리아에 있는 30만 명의 애국적인 한국인들이야말로 그들 국가의 운명에 진정으로 관심이 있다고 주장하였다.

이와 같은 러시아 대사관의 유보적인 입장에도 불구하고 1944년 11월 20일 프랑스대사관에서 조소앙 임정 외무부장과 프랑스대사관 관계자 간의 만남이 이루어졌다. 당초에 프랑스 측이 중경 대한민국 임시정부 사무실을 방문하려고 하였으나 초라하고 궁색한 구역에 위치한 우리 임시정부의 사정을 고려하여 조소앙이 프랑스대사관을 방문하기로 하였다. 이 자리에서 조소앙은 프랑스의 대독일 저항 경험으로부터 배우기 위하여 프랑스의 레지스탕스 조직에 관하여 문의하였다. 또한 우리 임시정부가 주로 젊은 학생들로 구성된 국내 저항조직과 비밀리에 연락을 유지하고 있으며, 시베리아에 있는 한인교포들과도 밀사를 통하여 연락을 유지하고 있는 만큼, 러시아 측이 주장하는 것처럼 우리 임시정부가 별로 영향력이 없는 조직이 아님을 프랑스 측에 인식시켰다.

아울러 오래전부터 파리에 거주하고 있는 서영해徐領海를 프랑스에서의 대한민국 임시정부 이익을 대변할 수 있는 비공식 대표로 임명할 의향이 있음을 전달하였다.

조소앙 외무부장은 이후로도 수시로 중경의 프랑스대사관을 방문하여 프랑스 레지스탕스 조직과 국민해방위원회가 열강으로부터 승인 받기 위해 취한 조치들에 대하여 문의하였다. 이에 대해 프랑스대사관은 자세하게 설명해 주었으며, 한·불 양국 임시정부 간의 우호적인 관계 유지를 지시하는 1944년 8월 14일자 훈령에 충실하였다. 그럼에도 불구하고 프랑스 정부는 1945년 4월 국제연합헌장 채택을 위한 샌프란시스코 회의에 우리 임정요인들이 참석할 수 있도록 우리 임정에 초대장을 보내는 것에 적극적으로 나서지 않았으며, 이에 대해 조소앙 외무부장은 유감을 표시하였다.

이승만도 1945년 10월 16일 임시정부요인들이 귀국하기 전날 "중국과 프랑스가 이미 중경의 임시정부를 승인하였고, 미국도 머지않아 승인할 것이니 임시정부의 김구를 중심으로 정부를 조직하지 않으면 안된다"고 언급힌 바 있으며, 드골 장군에게 몇몇 한인단체들이 프랑스 임시정부가 대한민국 임시정부를 승인한 것에 대해 감사의 편지를 보내었다. 이와 같은 감사 편지가 쇄도하고 있는 것과 관련, 드골 장군 비서실에서 1945년 3월 26일자 서한을 통하여 프랑스 외무부에 무슨 영문인지를 확인을 요청하였으며, 프랑스 외무부 아시아·대양주국은 아래와 같이 회신하였다 : *"한국의 여러 단체에서 드골 장군에게 보내는 감사 서한과 관련한 귀하의 3월 26일자 서한을 잘 받았습니다. 모든 이런 야단법석의 원인은 연합통신(UP)의 오보(誤報)에 기인합니다. 이에 따르*

면 우리가 중경의 한국 정부를 사실상(de facto) 승인했다는 것입니다. 저
는 몇 일전에 이미 오프르와(Offroy)를 통해서 이를 부인하게 하였습니다.
중경에 있는 우리 대사관은 한국 임시정부 관계자들과 우호적인 관계를
유지하고 있지만, 그 이상은 아닙니다."

결론적으로 프랑스 당국과 우리 임정은 우호적인 관계를 유지한 것
은 사실이지만, 그 이상은 아니라는 것이 프랑스 측 문서에 의해 확인이
되었다. 한불 간의 '친구관계'를 우리 측의 일방적인 해석에 의해 '연인
관계'로 발전시켰던 것이다.

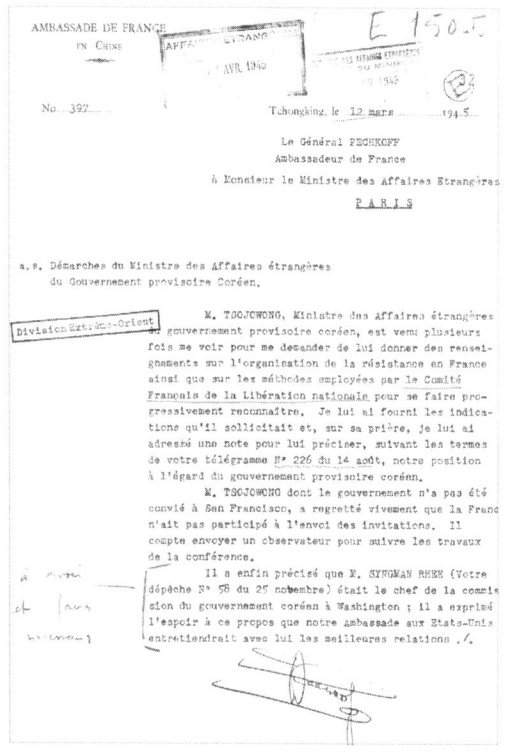

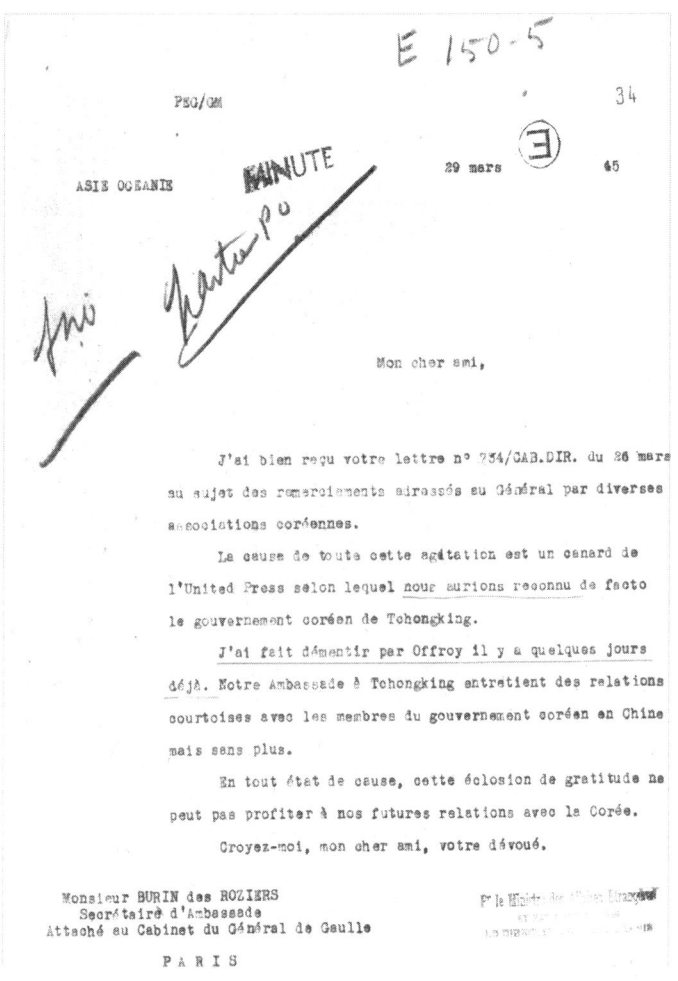

PSG/GM

E 150-5

34

ASIE OCEANIE   MINUTE   29 mars   ㅌ   45

Mon cher ami,

J'ai bien reçu votre lettre n° 254/CAB.DIR. du 26 mars
au sujet des remerciements adressés au Général par diverses
associations coréennes.

La cause de toute cette agitation est un canard de
l'United Press selon lequel nous aurions reconnu de facto
le gouvernement coréen de Tchongking.

J'ai fait démentir par Offroy il y a quelques jours
déjà. Notre Ambassade à Tchongking entretient des relations
courtoises avec les membres du gouvernement coréen en Chine
mais sans plus.

En tout état de cause, cette éclosion de gratitude ne
peut pas profiter à nos futures relations avec la Corée.

Croyez-moi, mon cher ami, votre dévoué.

Monsieur BURIN des ROZIERS
      Secrétaire d'Ambassade
Attaché au Cabinet du Général de Gaulle

      PARIS

P° le Ministre des Affaires Etrangères

□ 프랑스 정부가 상해 임시정부를 공식적으로 승인하지 않았음을 나타내
  는 문서(1945년 3월 12일 및 3월 29일 프랑스 외무부 문서)
  (출처 : 프랑스 외무부 사료)

5. 잊혀진 파리의 독립운동가 – 서영해(徐嶺海)

프랑스 외무부 사료를 열람하다가 몇 번이나 서영해(SEU Ring-Hai) 라는 이름을 본 적이 있다. 일제 강점기 때 프랑스 외무부 극동 담당자 가 파리에 거주하던 서영해와 면담하고 남긴 기록과 서영해의 명함이 보고서에 같이 첨부되어 있는 파일을 보면서 '서영해'라는 분은 어떤 분 인가 궁금해 하던 기억이 난다. 나중에 알고 보니 서영해5)라는 분은 우 리 임시정부의 파리 주재 대표로서 활약하였으며, 이승만 박사, 김구 선 생 등과 독립운동 과정에서 매우 긴밀한 관계를 유지한 분이었다. 특히, '미국에 이승만이 있다면, 유럽에 서영해가 있다'라는 말이 나타내는 바 와 같이 우리 임시정부의 대유럽 외교를 책임졌던 훌륭한 외교관이자 독립운동가였다.

서영해는 1902년 부산의 부유한 한의사의 아들로 출생하였으며, 17 세인 1919년 3 · 1운동에 참가하였다가 일본 경찰의 추적을 피해 중국 상해로 망명하였다. 임시정부의 막내였던 서영해는 18세 때인 1920년 상해 임정의 외교문제를 담당하던 조소앙 등의 권유로 파리로 유학을 가게 되었다. 파리에서 초등학교, 중학교, 고등학교 과정을 6년 만에 마 친 후, 1929년에 고려통신사를 설립하여 유럽 각국 언론사에 일제의 한 반도 침탈 과정상의 만행을 알리는데 주력하였다. 고려통신사 설립과 파리 유학시절의 생활비 등은 우리 임시정부의 자금지원과 부유했던 집안의 도움도 받았을 것으로 추정된다.

---

5) 본명은 서희수(徐羲洙). 1902년 부산출생. 사망연도 미상.

1919년 4월 10일 대한민국 임시정부가 상해에 수립되면서 임정은 파리강화회의에 김규식을 외무총장 겸 강화회의 주파리 대표위원으로 임명하여 파견하였다. 1차 세계대전 이후 미국 윌슨 대통령의 민족자결주의 원칙에 고무된 우리 독립운동가들은 파리 강화회의에서 한국이 역사적, 지리적, 전략적 이유로 인해 극동문제를 해결하는 데 있어서 중요한 열쇠를 쥐고 있다는 점과 한국 독립의 당위성을 알리고 한국민들이 자치능력이 있다는 점을 과시할 계획이었다. 김규식은 대한민국 임시정부 파리위원부내에 한국통신국(Bureau d'Information Coréen)을 설립하고 한국 독립을 위한 각종 홍보활동을 전개하였다.

김규식이 1919년 3월부터 8월까지 약 5개월 동안 파리에 짧게 체류한 반면, 서영해는 1920년부터 1945년까지 약 25년 동안 파리에 머물면서 임정의 대유럽 외교를 담당하였다. 서영해는 1929년 주프랑스 임시정부 홍보국에 해당하는 아장스 코리아 출판부(Editions Agence Korea)를 통해 한국역사소설인『어느 한국인의 일생(Autour d'une vie coréenne)』이라는 책을 발간하였다. 총 189페이지로 된 이 책은 자신의 이야기를 바탕으로 서술된 것으로서 문학작품으로서의 가치는 거의 없으나, 열렬한 애국심에 기초하여 한국의 독립을 옹호한 점에서 의의가 있는 책이다.[6] 1934년에는 한국의 민담을 모아 번역한『거울, 불행의 원인 그리고 기타 한국 우화(Miroir, cause de malheur! Et autres contes coréens)』이라는 책(총 219페이지)을 위젠느 피귀에르Eugène Figuière 출판사를 통해 출판하였다. 서영해는 '나무꾼과 선녀', '홍부와 놀부' 등과 같은 민담이 담겨져 있는 이 책을 통해 한국의 풍속과 도덕적 가치관 등을 프랑스에 소개하려고 하였다.

---

[6] 고려대학교 도서관에 소장되어 있다.

1940년 프랑스가 독일에 의해 점령당하자 드골 대통령은 영국 런던에 '자유 프랑스'라는 망명정부를 조직하였다. 서영해도 런던으로 망명하여 자유 프랑스 운동에 참여하면서 프랑스의 거물 정치인인 루이 말랑과도 교분을 쌓은 것으로 알려져 있다.

서영해는 임시정부의 이승만 대통령이 국제연맹 초창기에 제네바에서 활동할 때 자비를 써가며 보필한 적이 있고 가까운 관계를 유지하였으나, 독립운동 방식에 있어서 김구 선생을 더 추종하였고, 독립운동 과정에 미국보다는 소련에 더 의지하려는 경향을 나타내었다. 해방 후 이승만 대통령이 남한만의 단독정부를 수립하려고 할 때 면전에서 심한 언쟁을 벌이기도 했다고 한다.

프랑스 유학중 소련출신의 여학생과 결혼해 딸까지 두었으나 귀국할 때 헤어졌으며, 귀국 후 1948년에 당시 26세인 경남여중 교사 황순조와 결혼하였다. 이승만 대통령이 남한만의 단독정부를 수립하려고 하자 이에 회의를 느껴 부인과 함께 프랑스로 가기로 마음을 먹고 1948년 10월 서울을 출발하여 상해에 도착하였으나, 중국이 공산화하면서 한국인들은 모두 억류되게 되었다. 서영해가 1948년 12월 1일 파리에서 프랑스 외무부 아시아·대양주 국장을 면담한 기록이 있기 때문에 혼자서 프랑스로 간 것만은 확실하나, 그 이후의 행방은 묘연하다.

1949년 11월 정부차원의 협상을 통해 귀국선이 상해에 도착했을 때 부인만 한국으로 돌아왔다. 서영해는 당시 중국 여권을 가지고 있어서 중국인으로 간주되어 귀국선에 탈 수 없었기 때문이라고 한다. 그렇다면, 부인이 귀국선을 타지 않고 서영해와 함께 상해에 계속 살 수 있었을 텐데, 하여튼 그 이후 두 사람은 생이별을 하였다.

혼자 한국으로 돌아온 부인은 40년 동안 남편이 오기만을 기다렸지만 서영해는 끝내 돌아오지 않았다. 그가 북한으로 갔다는 주장도 있고,[7] 중국 어딘가에 살다가 병사했다는 설이 있는데 중국 병사설이 유력하다고 한다. 프랑스에 있었다면 프랑스 측 기록에도 남아 있었을 것이기 때문이다. 그리고 당시에 재불 한인들의 숫자가 많지 않았기 때문에 금방 눈에 띄었을 것이기 때문이다. 1964년 중국이 프랑스와 국교를 맺었으므로 프랑스로 갈 수 있었을 터인데 프랑스로 가지는 않은 것 같다. 당시 프랑스에 살고 있던 교민들 수가 적었기 때문에 파리에 도착하였다면 소문이 났었을 것이다. 서영해가 북한으로 갔다고 추정하는 이유로는 그가 사회주의 이념을 가지고 있었으며, 1950년대 북한을 방문했던 프랑스 사람들로부터 평양에 불어를 매우 유창하게 말하는 사람이 있다는 소문 등에 의해서이다. 그러나 서영해가 독립운동 과정에서 차지했던 높은 비중 등을 고려할 때 북한에 그와 관련된 행적이 묘연한 점은 북한 망명설의 신빙성을 떨어뜨린다.

프랑스 외교문서를 보면 서영해가 1948년 12월 1일 프랑스 외무부 아시아 · 대양주 국장을 면담한 자리에서 미국과 러시아 모두를 비난하였으며, 미국의 자본주의와 러시아의 공산주의 이데올로기 모두에 예속되지 않기를 바란다고 언급한 점에서도 북한으로 망명하였을 가능성도 매우 희박하다. 서영해가 프랑스 외무부 국장을 면담한 자리에서 다음과 같은 세 가지 사항을 제안하였다. 첫째, 파리에 설립되어 있었지만 활동을 거의하지 못하고 있는 코리아 통신사(l'agence d'information Korea)

---

7) 프랑스 리용 3대학 이진명 교수, 전(前) 한국외대 프레데릭 불레스텍스 교수 등이 주장.

의 운영재개 지원 문제. 둘째, 김구 선생의 비용으로 한국인 교수를 파견하여 파리 동양어학교에 한국학 강좌를 신설하는 문제. 셋째, 김구 선생이 모든 비용을 부담하여 프랑스 대학에 5명의 한국인 장학생을 파견하는 문제. 이와 같은 문제를 논의한 것으로 보아 면담 이후 한국으로 돌아왔을 가능성은 있지만 북한으로 갔을 개연성은 매우 적다.

그의 부인 황순조는 경남여고 교장을 마지막으로 교직생활을 은퇴한 후 서영해가 남긴 저서 등을 국립중앙도서관에 기증하고 1989년 세상을 떠났다. 우리 정부는 1995년 서영해에게 건국훈장 애국장을 추서하였다.

□ 이승만과 서영해(출처 : 한겨레, 2010년 3월 23일)

6. 프랑스 정부에 편지를 보낸 안동군수 – 권재중(權在重)

2000년도에 필자가 휴직하고 프랑스에서 공부할 때 프랑스 외무부 고문서실에 고이 간직한 한통의 편지를 우연히 발견하였다. 국한문 혼용으로 된 편지는 광무 11년(1907년) 1월 2일 전前 안동군수 권재중權在重이 프랑스 대통령에게 일본의 강압으로 우리나라가 1905년에 체결한 을사보호조약의 부당함을 알리는 내용이었다. 그 내용을 번역해 보면 대략 아래와 같다.

> "한국 정부는 현재 가장 극심한 혼란에 처해있고, 우리나라는 가장 위험한 지경에서 몸부림치고 있음을 귀하께 알려드립니다. 국제법은 강대국간의 관계에 있어서 기본적인 토대입니다. 어떤 나라도 감히 그것을 유린하려고 하지 않을 것입니다. 만약에 어떤 한 나라가 그것을 감행하면 다른 나라들이 이를 규탄할 것입니다. 따라서 국제법의 정신은 막중하고 중요한 것이 아니겠습니까?
>
> 일본은 한국에 총독부를 설치하였습니다. 일본은 황제와 대신들을 억압하고 백성들을 학대하고 있습니다. 그리고 국가의 모든 일에 간섭하면서 국토를 강탈하며 재물을 약탈하고 있습니다. 국가의 존망과 백성들의 생사가 더 이상 우리 손에 있지 않습니다. 국제사회는 일본이 국제법을 명백히 유린하였음에도 그와 같은 남용을 비난하지 않고 있습니다. 모든 강대국들은 국제법 위반 행위에 대해 국제법에 근거해서 판단하여야 함에도 불구하고, 어느 국가도 일본이 잘못한 것에 대해 꾸짖지 않고 명백한 침해행위를 제지하려고 하지 않고 있습니다.
>
> 저는 귀하에게 이제는 국제법이 없어졌는지 감히 묻고 싶습니다. 우리가 폭력과 일본의 폭압 앞에 떨고 있거나 그들의 농간질에 넘어

가도 되겠는지요? 만약 이와 같이 건전한 이성에 반하는 행동들이 가까운 이웃들간의 분쟁으로만 간주되고 무관심속에 각자 자기 일에만 신경을 쓴다면, 이 세상의 모든 나라들은 자국의 욕심만을 채우기 위해 그들의 발아래에 법과 원칙을 짓밟은 채 폭력에 의지할 것입니다. 그 결과 무질서와 약탈, 그리고 그와 유사한 불행한 일들이 끊임없이 일어날 것입니다. 바로 이러한 점을 열강들이 한 마음으로 무서워해야 하지 않겠습니까? 1904년 겨울 이후 본인은 일본정부에 아홉 통의 훈계와 질책성 편지를 보내었습니다만, 일본은 행동노선을 수정할 의향이 없었습니다.

본인의 짧은 이해력으로 생각하면 생각할수록 세계 각국의 침묵은 일본의 악독함을 더욱 중대시키고, 그것이 국제법에 반하는 것이기 때문에, 귀국도 혹시 일본과 같은 길을 가고 있지 않은가 하는 의구심을 불러일으킵니다. 본인은 귀하께 본인의 소박한 생각을 감히 전달하는 바이니 일본의 죄악을 고발하기 위해 다른 열강들과 이 문제를 논의하기를 희망합니다. 그렇게 되면 일벌백계의 효과를 거둘 수 있을 것입니다. 국제적인 협의 후에 본인에게 답을 주실 것을 기대합니다.

본인은 같은 내용의 서한을 영국, 미국, 독일, 러시아 및 중국 정부에 송부하였습니다.

광무 11년(1907년) 1월 2일 대한국 경상북도 안동군에 살고 있는 전(前) 안동군수 권재중 삼가드림."[8]

안동은 원래 임진왜란뿐만 아니라 1905년 이후 우리가 국권을 일본에 피탈 당하였을 때 우국지사들이 대거 분기하여 일제의 가슴을 서늘하게 한 충효의 고장이다. 평소에는 양반으로서 학문에 정진하며 선비정신을 이어가다가 국난을 당했을 때에는 분연히 일어나 일신의 고락

---

8) 프랑스 외무부 고문서. 1907년 1월 23일 서울에서 발송한 정무 전문 제2호.

을 돌보지 않고 한 목숨을 초개와 같이 버린 선비의 고장이다.

위의 글을 프랑스 정부 등 6개국에 송부한 권재중 군수는 1853년(철종 4년) 안동에서 출생하였다. 본관은 안동이고 호는 석능石陵이다. 1902년 군수직을 사퇴하고 구국 운동에 전력하였다. 1906년 문경에서 이강년, 김도화 등과 함께 일제에 항전하였다. 항일투쟁으로 가옥까지 팔고 안동 금소동(현재의 임하면 금소리)으로 가서 후진을 양성하던 중 1919년 3·1운동 당시 일본 수비대의 총격을 받고 순국하였다.9)

권재중 군수와 같이 훌륭한 분이 있었다는 것은 우리 국가의 자랑거리가 아닐 수 없다. 일본 경찰의 총격으로 순국하였으니 그에 합당한 대우가 있었을 것으로 생각되나, 만약 그렇지 않다면 지금이라도 그분에 대한 예우를 갖추어 정부차원에서 추모하여야 할 것이다.

---

9) 독립운동사 자료집(이원걸 집필). * 안동독립운동 인물사전에는 1919년 2월 12일 사망한 것으로 되어 있어 기록에 약간 차이가 있다.

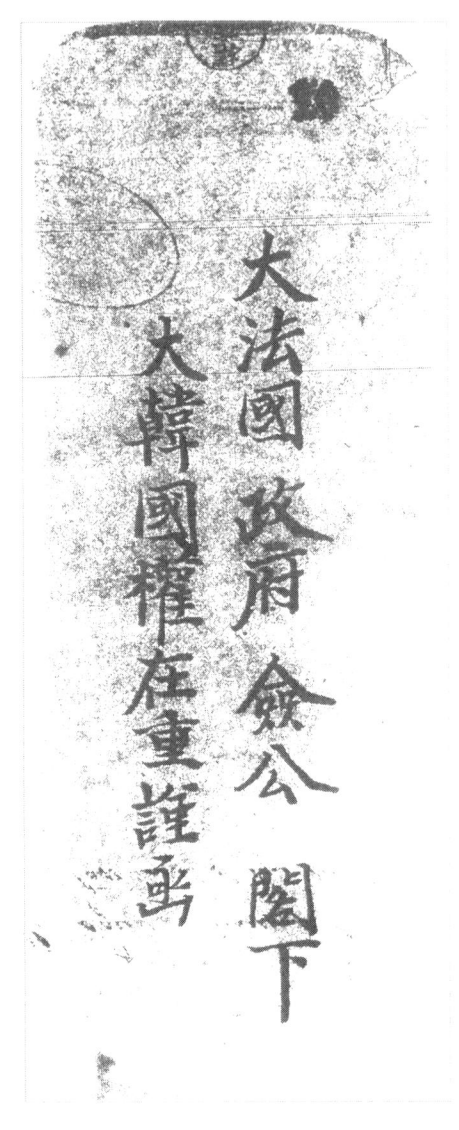

大法國 政府 僉公 閣下

大韓國權在重謹函

□ 1907년 권재중 안동군수가 프랑스 정부에 보낸 서한 겉봉투

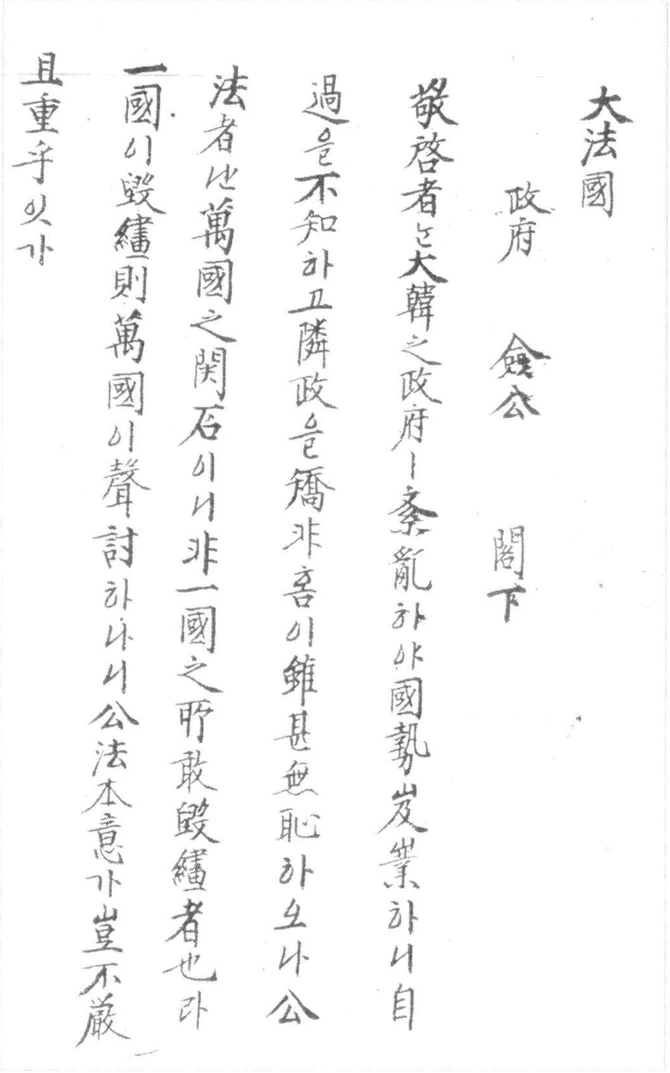

大法國

政府　僉公　閣下

敬啓者と大韓之政府ㅣ衰亂하야國勢岌業하니自

過을不知하고隣政을矯非홈이雖甚無恥하오나公

法者난萬國之關石이니非一國之所敢毁繡者也라

一國이毁繡則萬國이聲討하나니公法本意가豈不嚴

且重乎잇가

□ 1907년 권재중 안동군수가 프랑스 정부에 보낸 서한(1면)

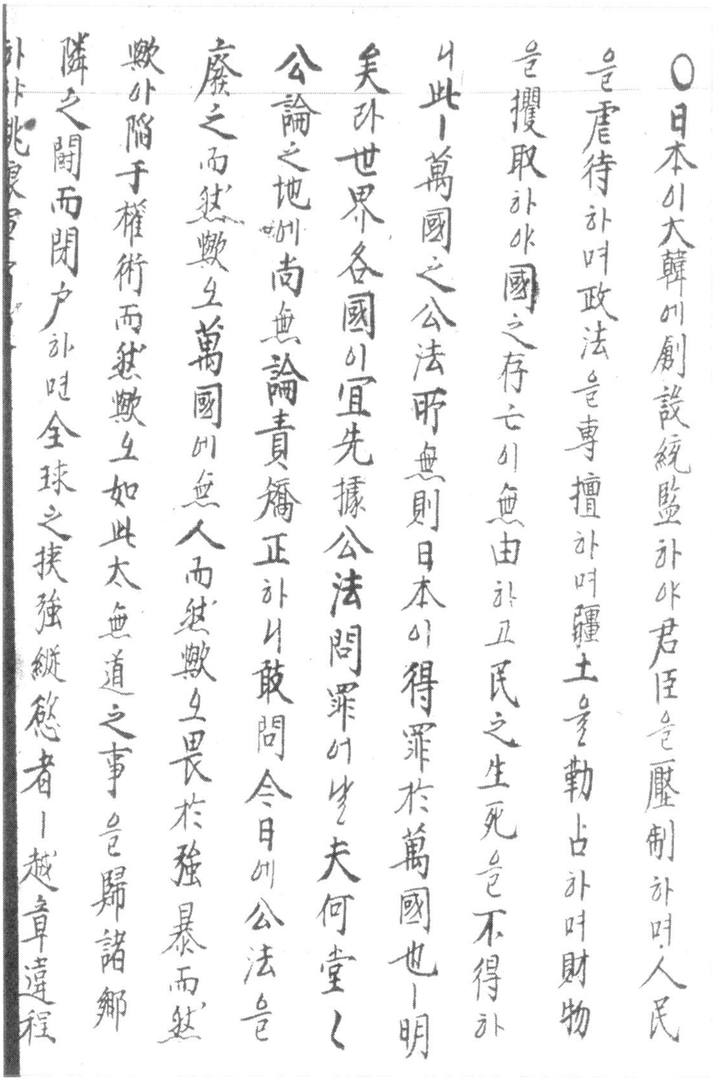

○日本이大韓에創設統監하야君臣을壓制하며人民
을虐待하며政法을專擅하며疆土을勒占하며財物
을攫取하야國之存亡이無由하고民之生死을不得하
니此一萬國之公法所無則日本이得罪於萬國也ㅣ明
矣라世界各國이宜先據公法問罪어늘夫何壹ㄴ
公論之地에尚無論責矯正하니敢問今日에公法을
廢之而然오萬國에無人而然오
歟아陷于權術而然歟오如此太無道之事을歸諸鄰
隣之闇而閉戶하면全球之挨强懲惡者ㅣ越章遠程

□ 1907년 권재중 안동군수가 프랑스 정부에 보낸 서한(2면)

權取야이 國之存亡이 無由하고 民之生死을 不得가

니 此一萬國之公法所無則日本이得罪於萬國也ㅣ明

美於世界各國이宜先據公法問罪어늘夫何壹ㄴ

公論之地에尚無論責矯正하니敢問今日에公法을

廢之而猶數오萬國에無人而猶數오畏於强暴而猶

數가陷于權術而猶數오如此太無道之事을歸諸鄉

隣之閭而閉戶가면全球之挟强縱慾者ㅣ越章違程

하야跳踉渾濁之慶이將比肩接踵而起하리니此非萬

國之疼心共懼者耶오余自甲辰冬으로至今日日本政府

□ 1907년 권재중 안동군수가 프랑스 정부에 보낸 서한(3면)

에九書責論ᄒᆞ되終不回心改過ᄒᆞ니第以愚淺料之건

되萬國이緘口ᄒᆞ야長日之惡ᄒᆞ니是亦不遵公法이라

恐與日同歸故로敢陳蒭蕘之言ᄒᆞ오니幸頂

僉君子는枚議列邦에圣圖聲罪ᄒᆞ야懲一勵百을ᄒ오

僉公議之　答ᄒᆞ나이다英美德俄清諸國政府에

本以此意로呈函ᄒᆞ오니伏希

照亮

光武十一年丁未一月二日大韓國慶尙北道安東郡居

前郡守權在重謹函

□ 1907년 권재중 안동군수가 프랑스 정부에 보낸 서한(4면)

7. 유림(儒林)들의 독립운동 ─ 파리장서(巴里長書) 사건

파리장서巴里長書 사건이란 1919년 3·1 독립운동이 일어나자 유림儒林들이 우리나라의 독립을 호소하는 장문의 서한, 즉 장서長書를 작성하여 파리강화회의에 제출하였다가 일제에 의해 관련자들이 가혹한 탄압을 받은 사건을 말한다. 이 사건을 '제1차 유림단 의거(사건)'이라고도 한다.

기미년 3·1 독립운동 때 독립선언서에 서명한 민족대표 33인10)인의 구성을 자세히 살펴보면 모두 종교계 대표로 구성되어 있다. 기독교대표가 제일 많은 16명, 천도교 대표가 15명, 불교 대표가 한용운과 백용성의 2명이었다. 역사를 전공한 필자도 그동안 간과한 점이 독립선언서에 조선 5백 년 동안 나라의 근간이 되어왔던 사대부들과 유림을 대표하는 인사가 한명도 없었다는 점이다.

당시 종교계 대표들과 유학자들 간의 관계가 어떠했는지는 별도의연구주제가 될 것이다. 아울러, 유림대표가 없는 33인의 민족대표가 과연 우리민족 전체를 대표할 만한 인사들이었넌 가도 논외로 하기로 한다. 민족대표 33명 중 나중에 일제의 회유로 변절한 정춘수鄭春洙, 박희도朴熙道, 최린崔麟과 33인에는 속하지 않지만 독립선언문 초안을 작성

---

10) 손병희, 권동진, 오세창, 임예환, 나인협, 홍기조, 박준승, 양한묵, 권병덕, 김완규, 나용환, 이종훈, 홍병기, 이종일, 최린(이상 천도교 대표 15명). 이승훈, 박희도, 이갑성, 오화영, 최성모, 이필주, 김창준, 신석구, 박동완, 신홍식, 양전백, 이명룡, 길선주, 유여대, 김병조, 정춘수(이상 기독교 대표 16명). 한용운, 백용성(이상 불교 대표 2명) (* 밑줄 친 인사들은 나중에 친일로 변절함).

한 육당 최남선崔南善 등 4명은 그들의 친일행위로 인해 해방 후 반민특위에 검거되어 모두 반민법정의 심판을 받았다. 이와 같은 이유로 일부에서는 민족대표를 33인으로 하는 것은 맞지 않으며 변절한 인사들은 제외해야 한다고 주장하고 있기도 하다.

어떤 이유로 그리되었건, 구한말 유학자이며 독립운동가인 심산心山 김창숙11)은 3ㆍ1 독립선언서에 유림계 대표가 빠진 것에 대해 매우 분개하였다. "*우리나라는 유교의 나라였다. 유교가 망하자 나라도 망한 것이다. 지금 광복운동을 선도하는데 불교ㆍ예수교ㆍ천도교의 대표가 주동이 되어 유교는 한사람도 참여하지 않았으니 …(중략)… 이보다 더 부끄러운 일이 있겠는가?*"라고 통탄하였다고 한다.

일제는 1918년 제1차 세계대전이 연합국의 승리로 끝나고 미국의 윌슨Wilson 대통령이 "각 민족의 운명은 그 민족 스스로가 결정해야 한다"는 민족자결주의를 표방하자, 이에 대한 대책으로 1918년 11월 전후에 이완용을 조선의 정당대표로 김윤식金允植을 유림 대표로 하여 일본 정부에 소위 '독립불원서' 즉 조선 사람들은 독립을 원하지 않는다는 것을 서면으로 제출하게 하였다. 유림이란 명의가 도용되어 이와 같은 어처구니없는 일이 발생하자 서울의 유림들 사이에 일제의 간계를 봉쇄하기 위해 파리평화회의에 '독립청원서'를 제출하자는 여론이 형성되었다.

이에 심산 김창숙이 경남 거창에 있는 스승인 곽종석郭鍾錫 선생을 찾

---

11) 김창숙(1879~1962년). 자는 문좌(文佐), 호는 심산(心山), 벽옹(躄翁). 경북 성주출신으로 유학자, 독립운동가, 정치인. 성균관대학교 창립자이며 초대총장 역임.

아가 독립청원서를 유림들 명의로 작성하여 파리평화회의에 제출하는 계획을 제시하자 유림의 거두인 곽종석 선생이 비록 병석에 있는 몸이 었지만 흔쾌히 앞장서서 추진키로 하였다. 면우俛宇 곽종석 선생(1864∼ 1919)은 일찍이 학문에 뜻을 두고 퇴계 이황의 학문을 계승한 이진상李 震相으로부터 성리학 가르침을 받고 학문적으로 대성하여 고종으로부 터 의정부 참찬의 벼슬을 제수 받은 영남사림의 거두였다. 김창숙이 곽 종석 선생을 찾아간 이유는 스승이 앞장서면 전국의 유림을 움직일 수 있을 것으로 생각하였기 때문이다.

"한국 유림대표 곽종석, 김복한金福漢 등 137명은 삼가 파리 평화회의 의 여러분께 글을 드린다"는 내용으로 시작하는 독립청원서를 세필로 작성하여 일본 경찰의 검문에 걸리지 않게 하기 위하여 짚신의 일부로 감추어 비밀리에 만주로 가지고 나갔다. 당초 장서운동은 전국의 유림 들을 모두 망라할 계획이었으나 3·1운동의 발생으로 일제의 감시가 삼엄해지고 시일이 촉박하여 영남과 기호지역 유림들 137명만 서명하 게 되었다.

김창숙은 원래 독립청원서를 가지고 직접 파리에까지 갈 계획이었으 나 봉천(현재의 심양)을 거쳐 상해에 도착하여 이동녕, 신채호 등의 독 립운동 지도자들을 만나 의논한 결과 파리에 이미 주재하고 있는 김규 식에게 청원서를 우편으로 송부하여 그가 대신 평화회의에 제출하는 방안이 좋겠다는 결론을 내렸다. 파리까지의 막대한 여비와 통역비, 소 요시간 등을 감안하여 내린 결정이었다. 김창숙은 상해에서 독립청원서 를 독어, 불어, 영어로 번역하게 하여 수천 부씩 김규식에게 송부하였으 며, 이와는 별도로 평화회의에 참석하는 각국대표들과 중국을 비롯한 세계 각 주요기관, 언론계, 그리고 국내 각지의 향교에도 발송하였다.

파리장서의 상세한 글은 박은식의 『한국독립운동지혈사』 제16장 「각 방면에서의 호소」 편에 '유교도의 파리회의에 보내는 글'에 잘 소개되어 있다. 간략히 요약하면 다음과 같다 : "한국은 삼천리 강토와 2,000만 겨레와 4,000년의 유구한 역사를 지닌 문명의 나라이다. 한국인들은 자치 능력이 있으므로 일본의 간섭은 배제되어야 하며, 일본은 지난날 한국의 자주독립을 약속했지만 사기와 포악한 수법으로 독립이 보호로 변하고 보호가 병합으로 변하게 했고, 한국 사람이 일본에 붙어살기를 원한다는 허위선전을 하고 있다. 일본의 포악무도한 통치에 더 이상 참을 수 없어 한국인들은 독립운동을 벌이고 있으며, 만국평화회의와 폴란드 등의 독립소식을 듣고 희망에 부풀어있는 바, 만국평화회의(파리 평화회의)가 2,000만 한국인들의 처지를 통찰해줄 것으로 믿는다."

필자가 프랑스 외무부 고문서실에서 자료를 열람할 때 앞장에 언급한 안동군수 권재중의 서한과 김규식 파리평화회의 대한민국 위원 겸 주파리위원이 제출한 '한국독립에 관한 청원서'는 열람한 적이 있으나 파리장서와 관련된 문서를 본 기억은 없다. 자료가 있었는데 필자가 놓쳤는지 아니면 자료가 처음부터 없었는지는 알 수가 없다. 그래서 국사편찬위원회가 프랑스 외교부 문서를 입수해서 편찬한 『대한민국 임시정부 자료집』 23권 '대유럽 외교'편을 보아도 마찬가지였다.

추측컨대 파리장서를 김규식 위원이 파리평화회의에 전달은 하였으나 프랑스 외무부 고문서실에는 보관되어 있지 않을 수도 있고, 모든 한국인들의 총의를 반영한 '한국독립에 관한 청원서'에 유림들의 의견을 녹여서 제출하였을 수도 있다. 일제의 방해책동과 전승국인 강대국들의 무관심으로 상해임시정부 외무총장 김규식은 파리평화회의에 참석조차 할 수 없었다. 서면과 홍보물로만 한국독립의 당위성을 알리고, 비공식적으로 주요 인사들을 접촉하여 활동할 수밖에 없었다.

그럼에도 불구하고, 파리장서 사건의 역사적 의의는 3·1운동 당시 33인 중에는 본인이 알지 못하는 상태에서 대리 서명한 경우도 적지 않았으나 파리장서는 유림대표 137명이 모두 직접 서명했고 국내 독립선언 문건 중 가장 많은 인원이 서명하였다는 점에서 역사적 의의가 매우 크다.[12] 아울러, 일제의 폭압적 식민정치에 신음하는 한국의 상황을 국제사회에 알리고, 세계열강들에게 한국독립의 정당성을 인식시켰으며, 3·1 독립운동 이후 전국의 유림들이 조직적으로 대일항쟁에 나서는 결정적인 계기가 되었다. 의열단원인 나석주의 식산은행 및 동양척식주식회사의 폭탄투척사건으로 이어져 국내의 독립투쟁에 경각심을 불러 일으켰으며, 독립투쟁의 새로운 전환점으로 작용하였다. 아울러, 1925~1927년간 북경과 서울 그리고 경상남북도 지방을 중심으로 유림들이 전개한 해외 독립운동기지 건설을 위한 군자금 모집 및 독립투쟁운동인 제2차 유림단 의거로 계승되었다.

조선시대의 여론주도층이자 지식계층인 유림들이 구국의 일념으로 감행한 파리장서사건에 대해 좀 더 심도 있는 연구와 역사적 재조명을 통해 파리장서에 연서한 137명의 우국지사에 대해서도 합당한 평가와 예우를 해 주어야 할 것이다. 파리장서사건은 곧 일경에게 발각되어 곽종석 선생 이하 관련된 많은 유림들이 체포 투옥되어 고초를 당하였다.

---

12) 조동걸 국민대 명예교수(『세계일보』 2009년 3월 29일).

곽종석 선생은 병보석으로 풀려났으나 그 해에 74세를 일기로 별세하였다.

  일제치하 독립운동의 본거지였던 안동지방의 뜻있는 인사들이 최근 파리장서사건을 기념하는 행사를 기획하고 있는 것으로 알고 있다. 파리장서사건은 거창이 그 진원지이지만, 137명의 서명자 중 경북출신 인물이 62명(45%)일 정도로 기여도가 높았던 점에서 안동이 중심이 된 것이다. 관계당국과 시민들의 관심과 예산지원을 통해 성공적인 기념행사로 정착되기를 바란다.

CONFÉRENCE DE LA PAIX

PÉTITION

PRÉSENTÉE PAR

LA DÉLÉGATION COREENNE

PARIS, AVRIL 1919

□ 김규식 대표가 파리평화회의에 제출한 '한국독립에 관한 청원서' 겉표지
  (자료 : 프랑스 외무부 사료)

61

Exposé présenté par la Délégation Coréenne

à la Conférence de la Paix

La Nation et le Peuple Coréen deman-
dent leur libération du joug japonais
et le rétablissement de la Corée en
Etat indépendant.

La Nation Coréenne.

1. — Le peuple coréen a toujours formé une nation homogène ayant une civilisation
et une culture propres, et constitué un Etat historique en Extrême-Asie depuis plus de 4.200 ans.
Durant ces 42 siècles la Corée a toujours joui de son indépendance nationale.

La Reconnaissance de l'Indépendance Coréenne.

2. — L'existence de la Corée comme Etat indépendant et souverain fut reconnue par le
Japon, les Etats-Unis, la Grande-Bretagne, la France, l'Italie, la Russie et les autres Puissances
Etrangères par leurs Traités de Paix et de Commerce respectifs conclus avec le Gouvernement
coréen.

Ainsi :

Dans le Traité avec les Etats-Unis, signé à Séoul le 22 Mai 1882, il fut expressément
stipulé que : "Si une Puissance tierce agissait d'une manière injuste ou oppressive vis-à-vis de
l'un des deux signataires de ce traité, l'autre emploierait tous ses bons offices, étant prévenu
du cas, pour arriver à une solution amicale, comme témoignage de leurs sentiments d'amitié."

Dans le Traité de Shimonoseki, signé le 17 Avril 1895, le Japon insista pour que la
Chine reconnût définitivement "l'entière et complète indépendance et autonomie de la Corée."

Dans le premier Traité d'Alliance Anglo-Japonaise, conclu le 30 Janvier 1902, le Japon
et la Grande-Bretagne affirmaient et garantissaient substantiellement l'Indépendance de la Corée.

Enfin, dans le Traité d'Alliance Défensive et Offensive intervenu entre les Gouverne-
ments du Japon et de la Corée en 1904, l'indépendance et l'intégrité de la Corée étaient tout
particulièrement garanties.

L'Indépendance Coréenne Doctrine Internationale.

3. — Ces Traités affirment et confirment, non seulement l'existence absolue de la Corée
comme un Etat pleinement souverain, mais ils établissent nettement l'Indépendance coréenne
sur les bases et les sanctions du Droit International qu'aucune Puissance ne peut violer sans
être obligée de soumettre son acte à une révision éventuelle de la part des autres Puissances.

□ '한국독립에 관한 청원서' 첫 페이지(자료 : 프랑스 외무부 사료)

Il y a moins de dix ans que le Japon effectua l'annexion de la Corée. Et le fait qu'au moment de la Guerre le Japon ne se trouva pas l'Allié des Puissances Centrales — combinaison politique qui fut toujours envisagée par les Conseillers Politiques Allemands du Mikado — n'est pas une raison suffisante pour que la Conférence de la Paix puisse souffrir de laisser le peuple coréen continuer à vivre sous le joug d'un système de Gouvernement militaire qui serait un démenti offensant aux Principes pour lesquels tant de vies humaines sont tombées sur le sol de France!

Cette pétition est présentée au nom et sous la responsabilité du Gouvernement Républicain provisoire de Corée, au nom des dix-huit-millions-sept-cent-mille coréens, habitant la Corée même, la Chine, la Sibérie, les Iles Hawaï, les Etats-Unis et autres lieux, et en celui des cinq mille Coréens et plus qui combattirent pour la cause des Alliés sur le Front Oriental avant le Traité de Brest-Litosvk — compris dans l'ensemble de « la nation et du peuple coréen » — par le soussigné John Kuisic Soho Kimm, Membre de la Délégation Coréenne, Délégué par le Gouvernement Provisoire de Corée et dûment Accrédité par la Société de la Nouvelle Corée., etc., etc.

Au nom du Peuple coréen :

John Kuisic Soho Kimm

Délégué par la Société de la Nouvelle Corée,
Délégué par l'Association Nationale Coréenne,
Délégué par le Gouvernement Provisoire de la République de Corée.

Paris, Avril 1919,

□ 김규식 대표가 서명한 '한국독립에 관한 청원서' 마지막 페이지
(자료 : 프랑스 외무부 사료)

□ 1973년 남산공원(구 장충단공원)에 설립된 '한국유림독립운동파리장서비'

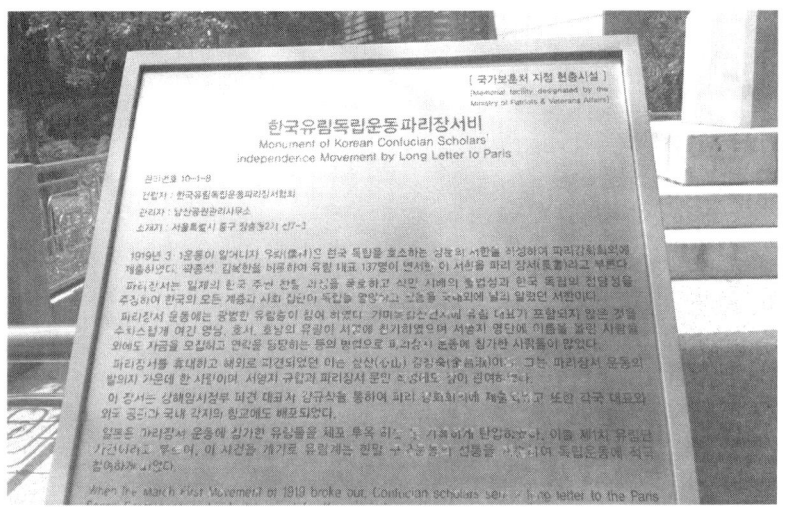

□ 파리장서비 안내 표지판

8. 한국 금광에 투자한 프랑스인들

필자가 2000년도에 파리에서 공부할 때 한불관계 고문서를 열람하다가 우연히 1896년에 실립된 동양합동광업주식회사(OCMC: Oriental Conslidated Mining Co.)에 191명의 프랑스인들이 주주로 등록되어 있었던 사실을 발견하였다. 아주 오래전에 프랑스인들이 머나먼 은둔의 나라인 한국의 금광에까지 투자하였다는 사실은 매우 흥미로운 사실이었다. 왜 그들은 한국에 어떤 이유로, 누구의 권유로 투자를 하게 되었는지, 투자를 통한 수익은 있었는지…… 등등의 의문이 떠올랐다. 이런 내용을 박사학위 논문에까지 거론하기는 뭣하고 해서 나중에 기회가 되면 꼭 한번 밝히고 싶었고, 이 기회에 간략히 적어본다.

구한말 서구열강들이 앞 다투어 철도부설권, 광산개발권 등 한국에서의 이권 확보를 위한 경쟁을 하고 있을 때 최초로 광산개발 관련 이권을 획득한 사람은 미국인이었다. 조선정부는 1895년 미국무역회사(American Trading Co.)의 사장이었던 제임스 모스James Morse에게 평안북도 운산의 금광채굴권을 부여하였다. 이는 고종의 신임을 한 몸에 받고 있었던 미국 장로교 선교사이자 고종의 주치의였던 호러스 알렌Horace Allen의 역할이 컸었다. 자금이 부족했던 모스는 알렌의 도움으로 시애틀의 사업가였던 레이 헌트Leigh Hunt를 동업자(정확히 말하면, 작업 총감독)로 영입하였다. 운산금광의 면적은 25평방 마일(4,600헥타르)이었으며, 초기에 광업권은 25년간 부여되었다. 또한, 일체의 세금이 면제되는 파격적인 대우를 받았다.

본격적인 채굴은 1898년 시작되었으며, 너무나 수익률이 좋았기 때문에 레이 헌트는 1899년 고종황제가 가지고 있는 지분(25%)을 매입하는 조건으로 20만 엔(약 50만 프랑 또는 10만 달러)의 일시금과 생산량과 상관없이 매년 25,000엔(약 65,000프랑)을 지급하겠다고 제의하였다. 당시 재정적으로 곤궁한 상태에 있었던 고종황제는 미국출신의 궁내부宮內府 고문관으로 일하던 르장드르Legendre 장군의 조언에 따라 이 조건을 받아들였다. 이로써 운산금광은 보다 독립적인 경영권을 확보하게 되었다. 운산금광의 금 생산량은 1910년의 경우 세계 11위를 자랑하였으며, 아시아지역에서 가장 중요한 금광으로 자리매김하였다. '노다지'라는 말도 운산금광에서 유래한다고 알려져 있다. 당시 많은 사람들이 금을 찾아 운산금광에 찾아왔기 때문에 광산주변에 '노터치No touch'라는 접근 금지 경고판을 써 놓았는데 이 '노터치'가 금이 많이 나는 곳을 의미하는 '노다지'로 변하게 되었다고 한다.

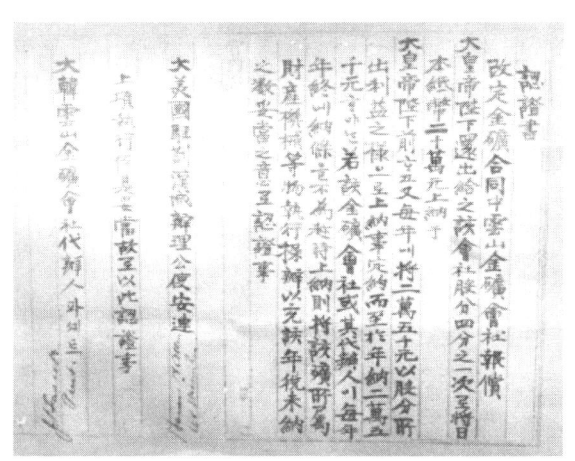

□ 운산금광에 대한 고종황제의 지분(25%)을 20만 엔에 매각
하며, 운산금광회사가 매년 2만 5천 엔을 고종황제에게 지
불한다는 계약서(출처 : 네이버)

초기에 레이 헌트가 고용한 외국인은 48명이었으며 대부분이 미국
인이었고, 일부 영국인도 있었다. 그리고 한국인 노동자들은 약 1,200
명 정도가 고용되었다. 운산금광회사가 고용인들에게 지불한 매달 월
급 총액은 10만 프랑이었다고 한다. 전성기였던 1910년에는 60여 명의
유럽인, 150여 명의 일본인, 350여 명의 중국인, 그리고 10,000여 명의
한국인들이 광산에 고용되었는데, 그들의 가족들까지 모두 합하면 약
40,000명의 인구가 형성되었다고 한다. 한 가지 사업으로 이 정도의 대
규모 인구를 고용한 점을 고려하면, 운산금광이 당시 평안북도에서 차
지했던 경제적 중요성이 어느 정도인지 짐작이 될 것이다. 광산 근로자
들의 일인당 평균 월급도 12엔으로 증가되었다.

운산금광의 금 생산은 1930년대까지 매우 훌륭한 결과를 거두었다.
동양합동광업주식회사에 191명의 프랑스인들이 참여하고 있었으며 그들이 보유한 주식은 42,290주였다. 가장 많은 지분참여는 미국인들이었으며, 그 다음이 영국인들이었다. 동양합동광업주식회사는 1903년부터 이익배당을 시작하였으며, 12.5%의 배당률로 시작된 첫 해의 배당금만 53만 3천 달러였다고 한다. 배당이 처음 시작된 1903년부터 마지막으로 지급된 1938년까지 36년간 매년 10% 이상의 고율 배당을 실시하였다고 하니 운산금광에 투자한 외국인들은 소위 '대박'을 터트린 셈이다. 동양합동광업주식회사는 매년 300만 달러 이상의 금을 생산한 것으로 추정되고 있다. 그러나 1931년 12월 1일 조선총독부가 조선에서 생산된 금의 해외수출을 금지하자 동양합동광업주식회사는 중대한 난관에 봉착하게 되었다.

이렇게 되자 일본에 주재하였던 미국, 영국, 프랑스대사관들은 일본 정부에 시정조치를 요구하였고, 일본 정부는 금의 해외수출 금지 조치를 철회하였다. 그러나 1939년 일본과 미국의 관계가 악화면서 운산금광의 소유권도 일본광업주식회사로 넘어가게 되었다.

총 191명의 프랑스인이 보유한 주식 수는 42,290주였는데, 대부분이 파리 거주 프랑스인들이었다. 파리 외에도 보르도, 마르세이, 비아리츠, 툴롱, 바욘느 등 다양하게 분포되어 있으며, 심지어 영국, 이집트 등 해외거주 프랑스인들도 투자하였다. 개인으로 가장 많이 투자한 사람은 파리에 주소(152 Boulevard Malesherbes, Paris)를 두고 있었던 레온틴 블랑(Boulant, Madame Leontine Laure) 부인으로서 총 4,200주를 보유하였다. 가장 적게 보유한 사람 수는 5명으로서 각각 5주씩 보유하였다.

BERTRAND, Mme. Vve Henri Marius nee Jane G. A. Daussy	20 Rue Prony Paris France	170
BIVER, Jeanne Julie, nee Tingry (Madame)	137 Avenue de Wagram Paris France	100
BORGEAIS, Jules	Maison Dessaeps Impasse des Filleiuls Biarritz, France	10
BOUCHERON, Louis	Villa Jeannette Saint-Caat (Cotes-du-Nord) France	70
BOULANT, Madame Leontine Laure	152 Boulevard MalesherbeG Paris France	4200
BOUTADE, Madame Marie Magdelaine nee Richard	51 Rue de Miromesnil Paris France	40
BOYARD, (Mlle) Madeleine Antoinette Marie	1 rue de l'abbe Rousselot Paris XVII E France	100
BRASSARD, Charles	51 Rue de Rocha Paris, 8 France	20
CACHET, Fernand	8 Place Jean Jaures St. Etienne, France	100
CAILLOT, (Mme.Vve.) Marguerite Mathilde, nee Leger	No. 4 Rue de Marche St. Honore Paris France	5
CAMPANA, Ceser Rizio Hon.	Consul General for France #51 Bedford Sq., London W. C. England	500
CANCELLIERI, Miss Francoise	Place Saint Marcel #1 Corte, Corse France	190

□ 한국의 금광에 투자한 프랑스인 명단
(출처 : 프랑스 외교부 고문서실, Asie-Océanie, 1930~1940, Corée, n° 11, a.s.
de l'"Oriental Consolidated Mining Co.", 워싱턴, 1933년 2월 3일)

9. 살타렐 재단(Fondation Saltarel)

일제강점 시기에 프랑스인 피에르 살타렐Pierre Saltarel의 유언에 의해 1916년 6월 19일 설립된 살타렐 재단(Fondation Saltarel)은 우리 국민들의 빈민구제와 고아원 등에 대한 지원을 아끼지 않았으나 우리들에게는 잘 알려져 있지 않다. 1901년 6월 플랑시 공사의 적극적인 노력의 결과로 평안북도 창성의 대유동 금광개발권이 프랑스인 살타렐Pierre Saltarel에게 부여되었다. 평안북도는 운산금광과 함께 금이 많이 생산된 지역으로, 창성금광 채굴조건도 운산금광 채굴권과 비슷하였다. 즉, 채굴 기간은 25년이었으며 순이익의 25%를 조선왕실에 배당한다는 조건이었다. 그리고 광산 자재의 수입이나 광산물 수출에 대해서는 관세를 부과하지 않기로 하였다.

살타렐 재단 설립시 목적은 '한국과 일본에서의 자선사업, 빈민구제 및 교육활동을 지원'하기 위함이었다. 피에르 살타렐이 사망함에 따라 그의 여동생이었던 마리 살타렐Marie, Elisabeth Désirée Saltarel이 매년 일정 기부금을 조선총독부에 기증하였으며, 조선총독부는 그 금액을 반반씩 한국과 일본의 자선단체와 복지 및 교육기관에 나누어서 지급하였다. 기부금의 1/3 이상은 프랑스 가톨릭 단체의 박애사업에 활용되었다.

1915년 마리 살타렐이 데라우찌(寺內正毅) 총독에게 재단설립을 위해 기증한 설립 기금은 39,000엔이었다. 데라우찌 총독은 당시 총독부 내무국장이었던 우사미Usami 국장에게 재단설립 건을 일임하여, 이듬해 재단이 조선총독부 내에 최종적으로 설립되게 되었다. 재단 관리인 1명과 감사 2명은 총독에 의해 임명되었다. 서울주재 프랑스 영사관은 한때 살타렐 재단 기금의 일정부분을 프랑스어 학원 설립에 사용할 수 있는지 여부를 총독부에 문의하였으나, 원래 재단설립 취지에 맞지 않는다는 이유로 실현되지는 못하였다.

프랑스 측 사료史料에 따르면 1916년부터 1920년 사이에 기부된 총 금액은 121,308.95엔이었다.[13] 같은 기간에 한국으로 기부된 금액은 61,584.47엔이었다.

참고로, 1921년 한국에 할당된 기부금의 일부 사용처는 대략 다음과 같았다.

기부금 수혜단체(사용처)	소재지	기부금액 (단위 : 엔)
가톨릭 단체 운영 고아원	서울	650
노동자 야간보호소	서울	400
맹아 및 농아 연합학교	서울	250
양육원, 양로원, 여성 보호소(일본 분원)	울산	450
가톨릭 단체 운영 고아원	제물포	350
고아 및 청소년 걸인 보호협회	공주	150
박인묵 씨(병든 여행자, 고아 및 빈민구제)	공주	50
서산 고아원	서산	50
공주 고아원(일본 분원)	광주	270
걸인 보호사업	구례	50
고아들을 위한 문화 정원(Jardins de culture)	450	대구
가톨릭 단체 운영 고아원	250	대구

---

13) 1916년 39,352.49엔, 1917년 19,219.68엔, 1918년 19,454.83엔, 1919년 29,717.54엔, 1920년 13,564.41엔.

맹아 및 농아학교	250	평양
군산 고아원	50	군산
김제 고아원	50	김제
총액	4,020	

10. 일제 식민지 지배와 가톨릭

한국 천주교는 2000년 12월 3일 천주교가 한국에 전래된 이후 200년 동안 잘못했던 과오를 반성한다는 내용의 공식문건을 발표하였다. 2000년 당시 교황이었던 요한 바오로 2세가 가톨릭의 과오를 반성하는 '교황청의 역사적 과오에 대한 참회'를 발표함에 따라 한국 교회에서도 이에 호응하여 첫째, '조상제사 금지(서구문화를 받아들이는 과정에서 문화적 갈등을 빚은 점)', 둘째, '병인양요(신앙의 자유를 얻고 교회를 지킨다는 명문으로 외세의 힘을 이용한 점)', 셋째, '안중근 의사의 의거를 살인으로 규정한 것(민족독립에 앞장섰던 신자들을 제재한 점)', 넷째, '정교분리를 명목으로 독립운동을 제재한 것', 다섯째, '권위주의와 외적성장에 치우친 점', 여섯째, '소외 계층의 인권과 복지에 소홀했던 점', 일곱째, '분당상황 극복에 적극적이지 못했던 점' 등이었다.

같은 날 전국 성당에서 과거 하느님과 민족 앞에 저지른 잘못을 고백하고 용서를 구하는 참회미사를 가졌다. 일부 내용이 빠지고 구체적이지 못하다는 비난도 있었으나 천주교가 최초로 공식적으로 과거사를 반성한 것은 한국역사에서나 종교사에 있어서 기념비적 사건으로 평가되고 있다. 정말 하기 어려운 일을 대단한 용기를 가지고 화해와 용서의 정신을 발휘해서 내린 결단이었다.

이런 관점에서 구한말과 일제 강점기에 일제의 한반도 침략을 지지·찬양하고, 일제 식민통치에 협력하여 우리나라의 독립을 방해하는 등 친일행위를 한 사람들 또는 그 후손들도 한국교회의 선례를 따라 민족 앞에 사죄하는 것이 바람직할 것으로 생각된다. 2009년 11월 출간된 「친일인명사전」에 기록된 4,389명의 친일인사들 중에는 친일인사로 분류되기에는 논란이 있을 수 있는 사람들도 다수 있다. 그러나 누가 보아도 확실히 친일행위를 한 대표적인 인사들이 있다. 대부분의 당사자들은 이미 사망하였기 때문에 그 인사들의 후손들이라도 한국교회가 했던 것처럼 과거사를 반성할 수 있는 용기와 역사적 책임감을 가지고 있기를 기대해 본다.

그러나 일제 강점기에 천주교 성직자들이 신사참배를 한 것에 대해서는 반성을 하지 않았다. 그 이유는 신사참배가 그것이 종교적인 의례가 아니고 정치적인 의례라는 것이었다. 그러나 한국교회사연구소 소장이었던 고故 최석우 몬시뇰에 따르면 당시 신사참배를 현재의 문화관광부 종무과에 해당하는 기관에서 관할하였기 때문에 종교적인 의례였다는 해석과는 배치되는 것이다. 어쨌든 일제 강점기에 한국 천주교회가 조선총독부의 통치에 매우 순종적이었던 사실은 프랑스 외무부 고문서에도 잘 나타나 있다. 또한 뮈텔 주교의 일기에도 보면 서로 좋은 관계를 유지한 것이 기록되어 있다. 예를 들면, 이토오 히로부미가 안중근 의사에 의해 저격당하였을 때 서울에서 개최된 장례식에 조화도 보내고 뮈텔 주교와 신부들이 신도神道의식으로 거행된 행사에 직접 참석하여 애도를 표시한 기록이 나와 있다.

유교사회에서 대단히 중요시 했던 조상에 대한 제사를 거부케 함으로써 무수한 불필요한 박해를 받게 한 것은 한국교회가 잘못한 점 중의 하나라고 생각한다. 조상에 대한 경배는 하나님에 대한 경배와 차원이 다른 것이다. 조상에 대한 경배는 인륜으로서 하는 것이고, 하나님에 대한 경배는 신앙으로 하는 것인데, 제사지내는 것을 우상숭배에 비유한다면 이는 제사의 본질을 잘못 파악한 데에 원인이 있다.

아무튼 위에 언급된 모든 것에 대해 한국 천주교회가 참회한 것은 진정으로 용기 있고, 참된 신앙인의 길을 보여준 것으로 평가된다. 당시 불교계나 개신교 인사들도 친일인명사전에 기록된 사람들이 제법 있는 것을 보았다. 한국 천주교회가 한 것처럼 타종교도 참회와 사죄의 발표를 하는 것이 어떨까 하는 생각을 해 본다. 이완용의 후손들이 국민들 앞에 진심으로 사과의 말 한마디라도 한 적이 있었던가? 친일인사들의 후손들이 조상 땅 찾는 것도 과감히 포기하고 국가에 명의를 헌납하는 것이 마땅하다.

La Corée catholique en 1931
Source : AMFAE, Asie-Océanie (1930-1940), Corée, vol. 11, p. 8

LA COREE CATHOLIQUE EN 1931

□ 1931년도의 한국 가톨릭 교세(출처 : 프랑스 외무부 고문서)

□ 한국 천주교 전래 100주년 기념행사 사진(위), 명동성당 원경(아래)
(출처 : 멜리장 신부 사진첩)

□ 명동성당 모습(출처 : 멜리장 신부 사진첩)

11. 가톨릭 신자 안중근의 이토 히로부미 저격

1909년 10월 26일 안중근 의사(세례명 '노마 Thomas')가 하일빈 역에서 일본의 한반도 침략의 원흉이었던 제1대 조선통감 이토 히로부미를 저격하여 억압받던 우리 민족의 울분을 씻고, 중국대륙 전체에 대한남아의 용맹스러움과 기개를 보여주었다. 안중근은 어렸을 때 한학을 배웠으나 가톨릭 신자가 되면서 서양학문과 프랑스어를 배웠다고 한다.

안중근의 부친 안태훈은 독실한 가톨릭 신자였다. 안중근 의사가 뤼순감옥에서 순국하기 전에 여러 차례 면회를 갔던 사람도 다름아닌 빌렘(Wilhelm, 한국명 홍석구) 신부였다. 빌렘 신부는 1898년 안태훈의 요청으로 황해도 안악군 청계동에 공소를 설치하였으며, 안중근이 19세 때인 1897년 1월 그에게 세례를 준 장본인이었다. 빌렘 신부는 조선교구의 명령을 어기고 뤼순감옥에서 안중근 의사에게 고해성사를 주고 마지막 성체성사를 주었다. 명령을 어긴 죄로 뮈텔 주교는 빌렘 신부에게 2개월 동안 미사집전을 금지시켰다.

뮈텔 주교의 일기에 이토 히로부미 사망시부터 안중근 의사 사형집행시까지의 내용이 상세히 기록되어 있다. 1909년 10월 26일 뮈텔 주교는 그의 일기에 다음과 같이 이토 히로부미가 저격되었음을 적고 있는데, 이토 히로부미를 두둔하는 논조로서 그의 공적을 한국 사람들이 높이 평가하지 않는 것을 한탄하는 내용이다 : "드망즈 신부가, 한 한국인에 의해 이토 공이 암살되었다는 소문이 장안에 나돌고 있다는 소식을 전하러 저녁 5시 경에 왔다. (…) 정치란 서글픈 것이다. 이토 공의 이번 암살은 공공의 불행으로 증오를 일으켜야 했음에도 불구하고 그러한 모습은 일본인들이나 몇몇 친일파 한국인들에게서만 보일 뿐이고 일반 민중에게는 그것이 기쁜 소식으로 받아들여지고 있을뿐더러 그런 감정이 아주 전반적이다. 이토 공이 한국에 가져다 준 그 모든 공적과 실질적인 이익까지도 한국을 억압하려는 수단으로 간주되고 있다(『뮈텔주교일기』 4권, 1906~1910, 413~414쪽, 한국교회사연구소)."

"11월 4일. 북풍이 불고 하늘이 음산하다. (…) 8시에 수녀들이 만든 화환을 이토 공의 장례식에 보냈다. 예식은 2시경에 시작되어 신도神道 식으로 거행되었다. 우리는 물론 이 예식에 형식적으로만 참석했다. (…)

조화 화환은 세 개뿐이었고 그중 천주교회天主敎會라고 큰 글자로 쓰인 우리 것이 중앙에 놓여 있었다(『뮈텔주교일기』 4권, 1906~1910, 417~418쪽, 한국교회사연구소)."

뤼순 재판소의 일본인 검사로부터 사형수 안중근과 빌렘 신부의 면회를 허락한다는 공식 전보를 받았음에도 불구하고, 뮈텔 주교는 끝까지 신부를 보낼 수 없다고 대답하였다. 1910년 2월 21일 안중근의 사촌동생 안명근 야고보가 뤼순에서 서울까지 와서 뮈텔 주교에게 빌렘 신부를 보내달라고 간청하러 왔으나 '그렇게 할 수 없는 매우 중대한 이유들'을 들어 거절하였다. 뮈텔 주교의 판단에 따르면 일본의 한국 합방은 한국의 근대화에 도움이 되는 것이었고, 한국 천주교회는 중립성을 지키면 된다는 입장인 것으로 보인다.

그가 내세운 공식적인 입장은 10계명 중의 하나인 '살인'을 범한 안중근을 신자로서도 인정할 수 없었고, 마지막 성체성사도 해 줄 수 없다는 것이었다. 하지만 궁극적으로는 조선총독부와의 관계를 고려하여 조선총독부의 심기를 건드리지 않는 것이 한국교회를 보전하는 길이라고 판단하였을 것이다. 이토 히로부미의 장례식에는 뮈텔 주교가 직접 참석하고, 감옥에 있는 안중근 의사에게는 신부를 보내지 않았던 것이 이를 잘 말해주고 있다.

□ 안중근 의사 모습(출처 : 네이버)

13. 동양척식주식회사, 파리에서 채권을 발행하다

일제가 한반도를 식민지화 하는 과정에서 막대한 자금이 소요되었다. 일제는 한반도 식민지화뿐만 아니라 아시아 대륙 진출을 위해서 자금이 많이 필요하였다. 1913년 동양척식주식회사(이하 '동척(東拓)')[14]를 내세워 파리 증권시장에서 당시 금액으로 5천만 프랑(2천만 엔)의 채권을 발행하였다.

주당 500프랑의 주식을 수익률 5%(연 25프랑)로 10만 주 발행하였으며, 이를 통해 조성된 자금의 50%는 한반도에서의 농지개발 및 구입 자금으로 사용되었고, 나머지 50%는 농지개발에 필요한 대출자금으로 사용되었다. 액면가는 500프랑이었지만 발행가는 483.75프랑이었고, 공모일인 1913년 3월 15일 단 하루만 청약을 받았다. 일본 정부가 원금과 이자에 대해 무조건적인 보장(garantie inconditionnelle)을 약속하였기 때문에 매우 인기가 높아 공모일에 전량 청약되었다. 결론적으로, 프랑스의 금융자본은 본의 아니게 일제의 한반도 식민지 팽창정책에 일조하는 결과를 가져왔다.

동척東拓은 1908년 한일 양국에서 제정, 공포된 '동양척식주식회사법'이라는 특수법에 의거해 설립되었으며, 그 결과 일본 국적과 한국 국적을 가지는 이중 국적회사로 창립된 기묘한 조직이었다. 동척東拓은 일본의 국책회사로서 일본의 대륙침략의 일익을 담당하기 위해 설립되었다. 일제는 일본 농업인의 한국으로의 이주를 장려하였고 조선의 주

---

14) 프랑스 이름은 Compagnie Orientale de Colonisation. 영어 이름은 Oriental Development Company Limited.

요 도시뿐만 아니라 농촌에도 일본인들의 마을을 건설해 한반도 지배의 거점을 삼으려고 하였다. 일본인 농업이민계획은 경제적인 목적보다도 오히려 정치적인 목적에서 이루어졌다고 평가된다.

1913년 파리 증권시장에서 조달한 금액은 2천만 엔으로 동척의 창립자본금 1,000만 엔에 비하여 무려 2배나 많은 금액이었다. 동척은 설립 당시 자본금의 10배까지 채권을 발행할 수 있는 권한을 부여받았으며, 파리 증권시장에서의 채권 발행이 최초였다. 동척 설립시 총 주식수는 20만 주였으며 1주당 50엔이었다. 초기 20만 주 중 6만 주는 한국정부가 토지로써 투자하고, 5,000주는 일본 왕실이, 1,700주는 한국 왕실이, 1,000주는 일본왕족이 인수하도록 하였다. 나머지 13만 2,300주는 일본 및 한국 국민들을 대상으로 일반 공모에 붙였다.

일본에서의 동척東拓 주식에 대한 인기는 대단하여 응모주식수는 공모주식수에 비하여 35배나 되었으나, 우리나라에서의 관심은 거의 없어서 응모주식수는 공모주식수의 1.9%에 그쳤다. 한국 사람들은 동척 주식에 대해 냉담한 반응을 보였다. 동척東拓이 한국 식민지화를 목적으로 창립되었기 때문에 당연히 환영받지 못하였다.

동척東拓이 파리에서 사채모집을 통해 자금을 확보하려던 계획은 대정大正 원년, 즉 1912년 9월 30일에 확정되었고 1913년 2월 28일 일본 정부의 최종 승인을 받았다. 사채모집건에 서명한 동척의 주요인사는 우사카와(宇佐川一正) 총재, 이와사(岩佐瑝藏) 이사, 하야시(林市藏) 이사, 이노우에(井上季哉) 이사, 한상룡韓相龍 이사였다.

유일하게 한국인으로 사채모집건에 참여한 한상룡(1880~1947) 이사는 세조때 영의정을 지낸 한확韓確의 후손으로 구한말 친일파 거두인 한관수의 아들이며, 이완용의 외조카이다. 그는 일제시대 조선재계의 거물로서 당시 '조선의 시부사와 에이치(澁澤榮一)'라고 불릴 정도였다. 한상룡은 동척東拓의 이사와 고문, 중추원 참의 등을 지냈으며, 일제 말기에는 국민정신총동원 조선연맹 이사, 조선임전보국단 고문, 국민총력조선연맹 사무국 총장, 대일본흥아회 조선지부 고문 등의 직책을 맡아 여러 차례 일본 정부로부터 훈장을 받은 적이 있다.

친일인명사전에 고려대 설립자인 인촌仁村 김성수의 친일행적이 2페이지 정도 기록되어 있는 반면, 한상룡에 대한 친일행적은 무려 9페이지(848~856쪽)에 걸쳐 장황하게 기록되어 있다. 그만큼 그가 민족을 팔아먹고 일본 제국주의에 아부하면서 호위호식하던 행적이 많았기 때문이다. 일제의 패망이 짙어질 무렵인 1940년대 초에 조선인에 대한 징병제가 실시되자 1942년 4월 10일자 매일신보에 '광영의 사명을 완수하자'라는 제목으로 환영 담화를 발표하였다. 그리고 학도병의 전쟁동원에 대해 '지성지순至誠至純의 현현顯現'이라고 미화하였다. 무엇보다 그는 일제 강점기 동안 일본제국의회 귀족원 의원에 임명된 총 10명의 조선인중의 한명이었다.[15]

최근 서울시장 공관을 한상룡의 집이었던 '백인제白麟濟 가옥(서울시민속자료 22호)'[16]으로 옮기려고 하면서 일제 강점기 중 대표적인 친일파중의 한사람이었던 그가 새로이 주목을 받고 있다. 이 집은 일제 강점

---

15) 『친일인명사전』, 민족문제연구소, 2009, 855쪽.
16) 1944년 인제대 백병원 설립자인 백인제 박사가 구입해서 그의 이름을 따라 명명됨.

기 중 한상룡이 일본 총독들과 고관들을 초대해 연회를 베풀고 일본 국
경일 등을 기념했던 것으로 알려져 시민사회단체들이 그곳으로의 서울
시장 공관 이전을 반대하고 있는 상황이다. 필자의 개인적인 의견으로
는 '백인제 가옥'은 서울시장 공관으로 사용할 것이 아니라 한상룡이라
는 대표적 친일인사의 고택이었음을 알리고, 친일관련 역사적 사료들
을 진열하는 박물관으로 만들어 일반인들에게 개방하는 것이 좋을 것
같다.

동척東拓이 그 후 프랑스에서 사채모집을 추가적으로 하였는지는
관련 자료를 찾지 못하여 알 수 없다. 또한 동척東拓이 프랑스 외에 다
른 국가를 상대로 사채모집을 하였는지 여부도 더 파악해 보아야 할 사
항이다. 필자가 프랑스 경제재무성 고문서실(Archives Economiques et
Financières)17)의 한불관련 모든 자료를 열람하였음에도 1913년도 사채
모집건 이외에는 추가적인 다른 사채모집 문서를 본 적은 없다. 이와 비
슷한 사례로는 1906년 12월 일본이 남만주철도주식회사를 국책회사로
설립하면서 만주침략의 수단으로 활용하였으며, 이에 소요되는 자금마
련을 위해 런던 증권시장에서 사채모집을 한 선례는 있었다.

19세기 후반 프랑스는 러시아와 동맹을 맺었으며, 러시아의 극동진
출에 필요한 자금을 지원하는 전주錢主 역할을 하였다. 이와 유사하게
프랑스가 원했던 원하지 않았던 파리 주식시장에서의 동척東拓의 사채
모집은 일제의 한반도 진출에 필요한 자금조달을 원활하게 함으로써

---

17) 프랑스 경제재무성 고문서실(C.A.E.F. : Centre des Archives Economiques et Financières)
   은 파리에서 제법 떨어진 사비니-르-땅쁠(Savigny-le-Temple)에 위치하고 있다. 19
   세기 이후 프랑스의 모든 경제관련 자료는 이곳에서 열람이 가능하다. 한-불 경제
   관련 자료는 그렇게 많지 않은 편이다.

결과적으로는 일제의 한반도 식민지화와 아시아대륙 진출을 도와주는 효과를 가져왔다.

동척東拓은 나중에 그 활동범위를 넓혀 중국의 봉천(奉天, 지금의 심양)과 따롄 지점(大連支店), 하얼빈 지점 등을 개설하여 일제의 동북아 침략의 선봉역할을 하였다. 이후 사업범위를 러시아, 필리핀, 말레이시아 지역으로까지 확대하여 주요국에 52개의 지점을 세웠다가 일본의 패망과 함께 모두 폐점되었다.

Toutefois, la Société s'est réservé le droit de rembourser par anticipation, à toute époque, tout ou partie de l'emprunt au moyen de rachats sur le marché; ces rachats seront effectués par imputation sur le dernier tirage, puis sur le précédent et ainsi de suite de façon à ne pas modifier l'ordre établi par le tableau d'amortissement.

La Compagnie Orientale de Colonisation se réserve aussi le droit de rembourser au pair, cinq ans après la date d'émission, au moyen de tirages au sort, tout ou partie des obligations en circulation, en donnant six mois de préavis.

Les titres sortis, pour être remboursés, devront être munis de tous les coupons non échus à la date d'exigibilité du capital. Le montant des coupons manquants sera déduit du capital à payer. Les obligations cesseront de porter intérêt du jour où le remboursement du capital deviendra exigible.

Les coupons et les titres sortis au tirage seront payés, *sous déduction des taxes fiscales françaises y compris le droit de timbre :*

> A la **BANQUE FRANCO-JAPONAISE,** *132, rue Réaumur, à Paris;*
> A la **BANQUE DE PARIS ET DES PAYS-BAS,** *3, rue d'Antin, à Paris;*
> A la **SOCIÉTÉ GÉNÉRALE** pour favoriser le développement du Commerce et de l'Industrie en France, *54-56, rue de Provence, à Paris,* ainsi que dans ses Succursales et Agences de Paris et des Départements.

PRIX D'ÉMISSION :

96 3/4 %, soit Fr. 483,75 par Obligation

Jouissance : 15 Mars 1913

PAYABLES : { En souscrivant . . . . Fr. 100 } Fr. 483,75
{ A la Répartition, du 19 au 21 Mars . . . . Fr. 383,75 }

Si le versement de répartition n'est pas effectué à la date fixée, les souscripteurs seront passibles d'intérêts de retard au taux de 5 %, et leurs titres pourront être vendus au nom après l'échéance du solde dû, sans mise en demeure, pour le compte et aux risques des intéressés.

La Souscription sera ouverte le Samedi 15 Mars 1913

ET CLOSE LE MÊME JOUR

à la BANQUE FRANCO-JAPONAISE, *132, rue Réaumur,* PARIS;

Agissant en qualité d'Agent pour la BANQUE INDUSTRIELLE DU JAPON, laquelle est dûment autorisée par la Compagnie Orientale de Colonisation à émettre ledit Emprunt;

à la BANQUE DE PARIS ET DES PAYS-BAS, *3, rue d'Antin,* PARIS;

à la SOCIÉTÉ GÉNÉRALE pour favoriser le développement du Commerce et de l'Industrie en France, *54 et 56, rue de Provence,* PARIS, ainsi que dans ses Succursales et Agences de Paris et des Départements.

Les Souscriptions sont reçues dès à présent par correspondance

LES SOUSCRIPTIONS PAR LISTES NE SONT PAS ADMISES

Les demandes, si elles dépassent le nombre de titres disponibles, seront soumises à réduction proportionnelle

Il sera délivré des certificats provisoires, au porteur, munis d'un coupon payable le 15 septembre 1913, sous déduction des taxes fiscales françaises, y compris le droit de timbre. Ces certificats seront échangés ultérieurement contre des titres définitifs, également au porteur, sans condition de numéros.

La publication des Statuts et de la Notice exigée par la loi a été faite au *Bulletin des Annonces légales obligatoires à la charge des Sociétés financières,* du 10 mars 1913.

□ 동척(東拓)의 사채모집 불어 안내문

(자료 : 프랑스 경제재무고문서실, Archives Economiques et Financières. Carton n° B-31299)

社債募集ノ件

本社ノ貸附資金地所買収資金其他事
業費等ニ使用スル為ノ日本興業銀行
ヲ介シ外國市場ニ於テ左ノ社債ヲ募集ス

一、社債金額ハ金貳千萬圓ナル事
二、募集ノ條件方法等ハ日本興業銀行
ニ一任スル事
三、社債ノ元利償還ニ付テハ日本政府
ノ仕拂保證ヲ受クル事
右決議ス、
大正元年九月參拾日

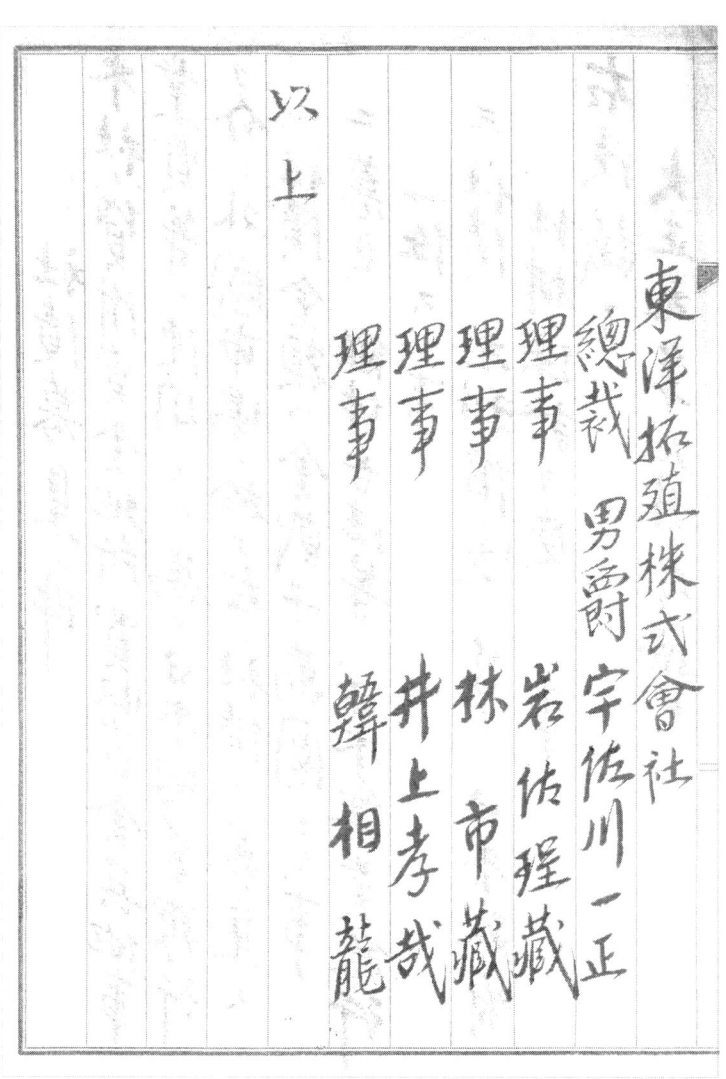

東洋拓殖株式會社

總裁　男爵　宇佐川一正

理事　　　　岩佐理藏

理事　　　　林市藏

理事　　　　井上孝哉

理事　　　　韓相龍

以上

□ 동척(東拓)의 사채모집계획서
(자료 : 프랑스 경제재무성 고문서실, Archives Economiques et Financières.
Carton n° B−31299)

12. 대한민국임시정부 요인들과 미국의 동상이몽

상해와 중경에서의 대한민국임시정부의 피나는 독립운동 노력에도 불구하고 1945년 8월 15일 해방이 되었을 때 임시정부요인들은 귀국 전뿐만 아니라 귀국 후에도 그다지 미국 정부의 관심을 끌지 못하였다. 미국은 미주지역에서 독립운동을 하고 있었던 한인단체 대표들을 정부 수립 후 기용할 계획이었던 것 같다.

중국내에 있으면서 장개석 정부의 지원을 받았던 김구 선생의 임시 정부는 친중국으로 분류될 수 있고, 미국내에 있었던 이승만 박사의 한국위원회(Korea Commission)는 친미국으로, 러시아쪽에서 독립운동을 하고 있었던 노령 임시정부 및 고려공산당 소속 독립운동가들은 자연 스럽게 친러쪽으로 분류될 수밖에 없었을 것이다. 왜냐하면 각각 거주 하고 있는 국가나 우리 동포들로부터 독립운동 과정에 유형, 무형의 지 원을 받았기 때문이다.

해방전에 시베리아 연해주에 살았던 우리 동포들은 30만 명이 넘었 는데 러시아 정부는 이들이야말로 한국의 독립에 진정한 관심을 가지 고 있는 애국자들이라고 추켜세웠다. 중국의 장개석 정부는 김구 선생 이 새로 건국하는 대한민국의 정부수반이 되기를 희망하였다. 그러나 결정적인 권한은 미국이 가지고 있었다. 2차 세계대전 이후 세계 최강 대국으로 부상한 미군이 진주한 남한에 수립될 정부는 미국이 지원하 는 세력으로 구성될 것이라는 것은 명약관화明若觀火한 일이었다.

미, 중, 러 지역에 거주하고 있던 독립운동가들이 속속 귀국하면서 총독부와 협의를 통해 국내에 여운형 등이 주동이 되어 설립한 조선건국준비위원회(이하 '건준')와 맞닥뜨리게 되면서 미묘한 정치적 역학관계를 형성하게 되었다. 김구 선생 암살도 이러한 복잡한 해방정국에서 발생한 비극의 하나였다.

우리나라 헌법 전문에 "*유구한 역사와 전통에 빛나는 우리 대한국민은 3·1운동으로 건립된 대한민국임시정부의 법통과 불의에 항거한 4·19 민주이념을 계승하고 (…)*"라고 되어 있음에도 불구하고, 중국의 우리 임시정부요인들은 해방 후 바로 입국하지도 못하였다. 임정요인들은 일본군 무장해제와 국내 치안문제 등을 이유로 1945년 11월이 되어서야 입국을 하였고, 임정차원의 귀국이 아닌 개인자격으로 귀국하여야 했다.

1944년 4월 프랑스 임시정부 수반인 드골 장군에 의해 프랑스 국민해방위원회 주중대표(délégué du comité français de libération nationale)로 중경重京에 파견된 지노비 피치코프Zinovi Pechkoff 대사가 1945년 4월 초 애치슨ACHESON 미국 대사대리(Chargé d'Affaires)를 면담하였을 때 대한민국임시정부에 대한 미국 측의 입장을 밝힌 바 있다.

애치슨 대사대리는 러시아 태생의 프랑스인인 피치코프 대사에게 프랑스 임시정부와 대한민국임시정부 간의 관계에 대해 물었다. 이에 대해 피치코프 대사(1884~1966)는 본인이 양국 임시정부 간의 '사실상의 관계(des relations de fait)를 비공식적으로(officieusement)' 담당하고 있다고 대답하였다.

애치슨 대사대리는 비밀임과 동시에 개인적인 의견임을 전제로 중경에 있는 대한민국임시정부 요인들은 워싱턴에서 절대적인 신망을 얻지 못하고 있으며, 구체적인 이름은 말하지 않으면서 미국은 궁극적으로 정부수립시 정권을 잡을 좀 더 자격이 있는 사람들을 내정하고 있음을 내비쳤다.[18]

미국이 생각하고 있는 '좀 더 자격이 있는 사람들' 중에 이승만 박사도 당연히 들어가 있었을 것으로 생각한다. 드골의 프랑스 임시정부가 2차 세계대전 종료후 연합국으로부터 공식적으로 인정받았음에도 불구하고 우리 임시정부가 인정받지 못한 이유는 실질적인 군사력의 보유여부에 있었던 것으로 생각된다. 물론 중경의 우리 임시정부도 광복군을 결성하여 국내진공작전도 계획하였고, 영국의 요청으로 인도, 미얀마 등에서 일본군을 상대로 전투에 참가한 것은 사실이나 그 숫자가 미미하였다.

1940년 중국정부의 지원을 받아 임시정부의 직할부대로 한국 광복군이 창설되었다. 설립초기에는 12명으로 시작되었으며 광복 전까지 800명의 병력으로 성장하였다고는 하나 일본의 몇 개 사단 병력을 상대로 의미 있는 전투를 하기에는 역부족인 숫자였다. 임시정부는 1941년 12월 9일 내일선전포고, 1945년 2월 28일 대독 선진포고를 각각 발표하였다. 이러한 조치는 매우 상징적인 조치로서 실제적인 무력수단이 거의 없는 상태에서는 선언적 조치에 불과하다.

---

18) *"Le Chargé d'Affaires américain m'a laissé entendre à titre confidentiel et personnel que les membres de Gouvernement Provisoire Coréen de Tchongking ne jouissaient pas d'un grand crédit à Washington où l'on semble considérer que d'autres personnalités, don't les noms ne m'ont reste pas été précisés seraient plus qualifiés pour accéder éventuellement au pouvoir"*(프랑스 외무부 고문 서실 자료, Asie-Océanie, 1944~1955, Corée, n° 13, janvier 1944-mai 1947).

김좌진 장군이 총지휘했던 독립군이었던 북로군정서北路軍政署는 1,600여 명의 병력과 나름대로 강력한 화력을 보유하고 있었다. 만약에 1930년에 김좌진 장군이 고려공산청년회 소속 박상실에게 암살만 당하지 않았어도 우리 독립운동사에 있어서 대일무력투쟁의 역사는 달라졌을 것이다. 국제사회에 있어서 외교력도 중요하지만 실질적인 무력이 뒷받침 되지 않는다면 어떠한 선언도 공허한 메아리에 그칠 것이다.

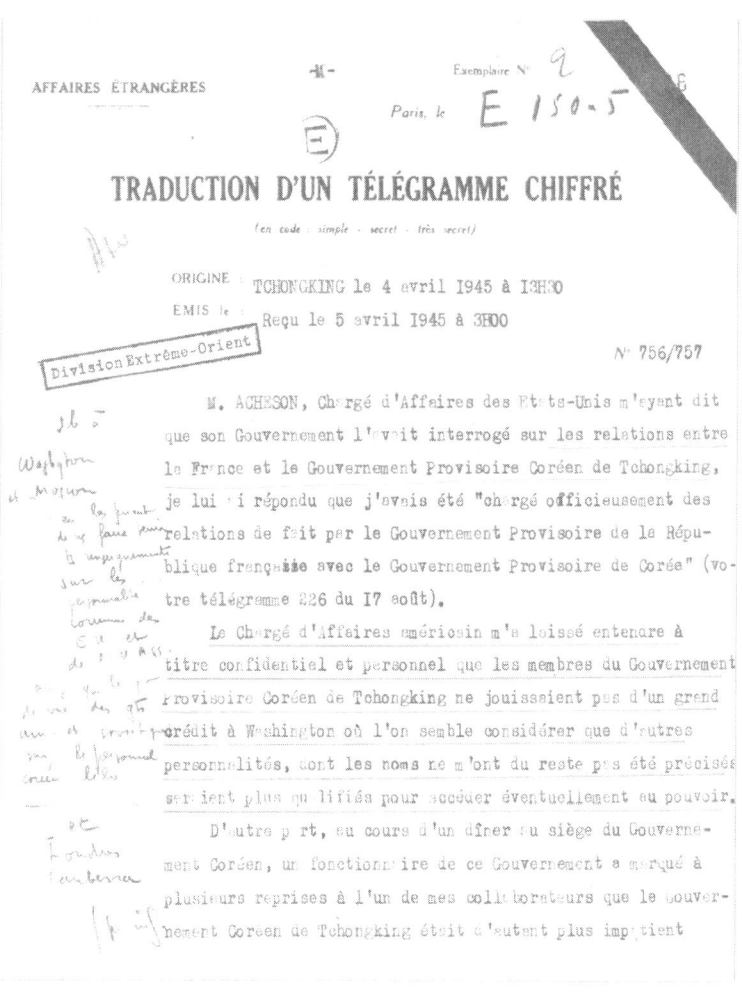

AFFAIRES ÉTRANGÈRES

-H-

Exemplaire N° 2

Paris, le E 150-5

TRADUCTION D'UN TÉLÉGRAMME CHIFFRÉ

(en code · simple · secret · très secret)

ORIGINE : TCHONGKING le 4 avril 1945 à 13H30

EMIS le : Reçu le 5 avril 1945 à 3H00

Division Extrême-Orient

N° 756/757

M. ACHESON, Chargé d'Affaires des Etats-Unis m'ayant dit que son Gouvernement l'avait interrogé sur les relations entre la France et le Gouvernement Provisoire Coréen de Tchongking, je lui ai répondu que j'avais été "chargé officieusement des relations de fait par le Gouvernement Provisoire de la République française avec le Gouvernement Provisoire de Corée" (votre télégramme 226 du 17 août).

Le Chargé d'Affaires américain m'a laissé entendre à titre confidentiel et personnel que les membres du Gouvernement Provisoire Coréen de Tchongking ne jouissaient pas d'un grand crédit à Washington où l'on semble considérer que d'autres personnalités, dont les noms ne m'ont du reste pas été précisés, seraient plus qualifiées pour accéder éventuellement au pouvoir.

D'autre part, au cours d'un dîner au siège du Gouvernement Coréen, un fonctionnaire de ce Gouvernement a marqué à plusieurs reprises à l'un de mes collaborateurs que le Gouvernement Coréen de Tchongking était d'autant plus impatient

□ 대한민국정부 수립시 정권을 담당할 사람들을 미국이 이미 내정해 놓았음을 알려 주는 문서 ①
(자료 : 프랑스 외무부 고문서실)

ÁES ÉTRANGÈRES   -M-   Exemplaire N°   37

                                              Paris, le

TRADUCTION D'UN TÉLÉGRAMME CHIFFRÉ

(en code : simple - secret - très secret)

ORIGINE :

ÉMIS le :   -2-

                                                              N°

d'entrer le premier à SEOUL que le Gouvernement des Soviets

avait lui-même ses candidats qu'il se disposerait à mettre en

place dès la libération de la Corée (ma dépêche N°226 du 2

novembre)./.

                                              PECHKOFF

□ 대한민국정부 수립시 정권을 담당할 사람들을 미국이 이미 내정해 놓았음을 알려
  주는 문서 ②
  (자료 : 프랑스 외무부 고문서실)

MINISTERE DES AFFAIRES ETRANGERES

GOUVERNEMENT PROVISOIRE DE LA REPUBLIQUE DE \| COREE

CHUNGKING.

Déclaration de guerre à l'Allemagne du Gouvernement Provisoir
Coréen à 20 heures le 28 Février 1945.

L'Allemagne, le Japon et les autres pays de l'Axe
ont déclaré la guerre à leurs voisins pacifiques.

Les agresseurs ont brutalement détruit la liberté et
l'indépendance de plusieurs nations: ils ont tué et réduit
à l'esclavage d'innombrables millions d'hommes.

En conséquence, le Gouvernement Provisoire Coréen a,
dès le début de la guerre du Pacifique, officiellement déclar
la guerre au Japon et dénoncé par la même occasion les crimes
de ses complices.

Afin de hâter la victoire finale des Nations-Alliées,
de rétablir et de maintenir une paix durable, basée sur la
justice, en Extrême-Orient comme dans le reste du monde, le
Gouvernement Provisoire Coréen déclare officiellement la guer
au Gouvernement Hitlérien à 8 heures du soir le 28 Février
1945.

Signé: Kim Koo

Président du Conseil d'Etat

Contresigné par les membres du Conseil d'Etat

□ 김구 주석 명의로 발표된 대독선전포고문(1945년 2월 28일)
   (자료 : 프랑스 외무부 고문서실)

III. 해방 이후
제4공화국까지(1945~1981)

1. 해방 전후 한반도 정세에 대한 프랑스의 평가

우리나라가 일본의 식민지가 되어 주권을 상실하고 암울한 시기를 보내고 있던 1910년부터 1945년까지 프랑스도 많은 변화를 겪었다. 1910년 무렵 프랑스는 유럽에서 가장 번영하고 있던 나라 중의 하나였다. 그러나 제1차 및 제2차 세계대전을 겪으면서 국력의 쇠퇴를 경험하였다. 비록 1차 세계대전(1914~1918)에서는 승리하였으나 130만 명의 병사와 약 20만 명의 민간인이 사망하고, 산업시설의 파괴로 경제적 토대가 무너졌다. 2차 세계대전(1939~1945)때에는 프랑스가 독일에 점령당하고 프랑스 남부 일부지역을 영토로 하는 친독정부인 비시Vichy 정부가 수립되어 간신히 명맥을 유지하였다. 종전에 프랑스가 가지고 있던 북부 아프리카와 인도차이나 등 해외 식민지들은 독일의 묵인 하에 비시Vichy 정부가 지배하였다.

이와 같은 상황에서 한국과 프랑스의 관계는 실질적으로 단절되게 되었다. 1945년 독일과 일본의 패배로 프랑스와 한국은 각각 주권을 회복하였다. 그러나 프랑스가 전통적인 강국으로서 UN 상임이사국 5개국의 일원으로서 화려하게 국제무대에 복귀한 반면, 한국은 1948년 8월 15일 대한민국 정부 수립으로 미군정이 종료될 때까지 3년간 미군정청美軍政廳의 통치를 받게 되었다. 양국이 국교를 재수교한 것은 1949년 2월 15일이니, 44년 만의 외교관계 단절 끝에 감격스러운 재회를 하게 된 것이다.

우리 민족과 나라의 운명이 우리들의 자율 의사와는 관계없이 강대
국들 손에 좌지우지 되고 있었던 시기에 프랑스는 다시 한 번 '조용한
관찰자'의 입장에 머물렀다. 미국과 소련에 의한 한반도 신탁통치 계획
과 관련, 프랑스 정부는 다음과 같이 제3자적 입장을 취하였다 : "프랑
스는 한국과 직접적인 이해관계가 없기 때문에, 오랫동안 일제의 억압
을 받아온 이 나라에 자유의 교육을 가능케 할 신탁통치가 수립되는 것
을 호의적으로 바라볼 것이다." 그리고 "한국은 이론의 여지없이 현재
뿐만 아니라 앞으로도 오랫동안 미국과 소련의 영향력 행사가 가장 많
이 발휘되는 극동의 한 지역이 될 것"이라고 프랑스는 예측하였다.

해방직후 우리나라의 경제사정에 대한 보고서에는 '80%가 농민들로
구성된 한국인들의 생활수준은 과거는 물론 현재도 매우 낮은 수준에
머무르고 있으며, 세상에서 가장 가난한 국민들 중의 하나로 분류되고
있다'라고 나타나 있다.

1948년 8월 15일 대한민국 정부가 수립되었을 때 1948년 12월 12일
UN 총회의 결의에 따라 유엔 회원국들은 한반도에서 유일한 합법정부
인 대한민국 정부와 외교관계를 수립하도록 권고 받았다. 이에 따라 19
49년 1월 1일 미국은 신생 대한민국을 승인하였고, 뒤를 이어 중국, 영
국도 우리나라를 승인하였지만, 프랑스는 조금 후인 1949년 2월 15일
우리나라를 승인하였다. 이런 점에 비추어 볼 때 프랑스의 한반도에 대
한 이해관계는 미국, 중국, 영국 등에 비하여 한 걸음 뒤쳐지고 있음을
알 수 있다.

해방직후 프랑스의 한반도에 있어서의 이해관계는 1886년 한불조약을 체결할 때와 마찬가지로 크게 달라진 점이 없었다. 이와 같은 사실은 어느 프랑스 외교관의 다음과 같은 평가에서도 잘 나타나 있다 : "프랑스가 한국에서 중요한 이해관계를 가지고 있지 않다 하더라도, 한국은 (동북아지역) 정치전망의 중심지로서뿐만 아니라 문화적 영향의 중심지로서 무시할 수 없는 곳이다."

2. 한국전쟁과 프랑스의 참전

1950년 6월 25일 북한의 남침으로 한반도에서 전쟁이 발발하자 유엔 안전보장이사회 결의에 의해 유엔 회원국들은 신생 대한민국을 지원하기 위해 병력을 파병하거나 군수물자 등의 원조를 제공하였다. 유엔안전보장이사회의 상임이사국이었던 프랑스도 유엔 결의안을 적극 지지하였으며, 참전 16개국의 일원으로 병력과 소형 구축함 1척을 파견하였다. 프랑스군은 전쟁기간동안 연인원 3,421명이 참전하여, 전사 269명, 부상 1,350명, 실종 7명의 실종자가 발생하는 피해를 입었다.

프랑스가 한국전쟁에 병력을 파견할 때 모든 것이 순조롭게 이루어진 것은 아니었다. 유명한 프랑스의 실존주의 철학자 사르트르 조차도 한국동란이 미국의 사주에 의해 남한이 북한을 침공함으로써 발발한 것이라는 소문을 믿고 소련을 옹호하는 발언을 하였다. 프랑스 지식인들 사이에서 한국전쟁에 대한 입장차이로 좌파와 우파로 나뉘어져 논쟁이 벌어졌다. 프랑스 국내 여론이 다양하게 나뉘어졌기 때문에 프랑스 정부는 파병을 쉽게 결정할 수 없었다. 특히 프랑스는 당시 인도차이나에서 전쟁을 수행 중이었기 때문에 한국전쟁에 병력을 파병할 여력도 없었다.

이와 같은 상황은 1950년 7월 21일 로베르 슈망Robert Schuman 외무부장관의 발언을 기사화한 르몽드지 보도에 잘 나타나 있다 : "우리 정부는 다른 국가들과 (한국전 참전에) 함께하기로 결정하였습니다. 이에 따라 전투함을 한척 파견하기로 하였습니다. 이보다 한발 더 앞서 나가서 인도차이나와 서유럽의 방어를 위험에 빠트리게까지 하면서 지상군 병력을 파병할 수 있으리라고는 생각하지 않습니다. 우리들은 우리들의 의무를 수행하여야 합니다. 우리의 연합국들도 그것을 이해하리라 생각합니다."

프랑스가 한국전쟁에 지상군을 파병하려면 인도차이나에서 전투를 수행중인 병력의 일부를 빼돌려야 했으나, 프랑스로서는 한국전쟁에 참여하기 위해 인도차이나의 전선을 위태롭게 할 수 없었다. 이와 같은 상황임에도 프랑스 정부가 한국전쟁에 지상군을 파병하기로 결정한 데에는 몇 가지 이유가 있었다.

첫째, 프랑스는 한국전쟁 참전에 대한 대가로 인도차이나에서 수행 중인 전쟁에 대해서 유엔으로부터 지원을 얻을 필요가 있었다. 프랑스는 1946년 12월부터 월맹을 상대로 전쟁 중이었다. 미국은 프랑스군의 베트남에서의 전투를 지원하기 위하여 1947년부터 프랑스 정부에 총 1억 6천만 불의 군사원조를 실시하였다. 따라서 프랑스는 한국전에 지상군 파병을 요청하는 미국의 요청을 거절하기 어려운 상황에 있었다.

둘째, 프랑스는 유엔안전보장이사회 상임이사국으로서의 책임을 완수해야할 의무가 있었다. 1950년 7월 14일 국제연합 사무총장이 50개 회원국들에게 지상군 파병을 요청한 것에 대해 상임이사국인 프랑스가 모른 체 할 수는 없었을 것이다.

프랑스는 다른 지역에서 전투를 수행중인 병력을 빼돌릴 수 없었기 때문에 한국전에 참전할 군인들은 지원병으로 구성하였다. 지원병 구성은 현역이 약 10%, 예비역이 약 90% 정도였다. 한 가지 재미있는 사실은 1, 2차 세계대전의 영웅이며 예비역 3성 장군이었던 몽클라르 장군은 유엔군 프랑스 대대(BFONU: le Bataillon Français de l'ONU)를 지휘하기 위해 임시로 그의 장성계급장을 포기하고 중령 계급장을 달고 참전하였다.

프랑스대대는 원주 쌍터널 전투(1951.1.31~2.2), 중공군에게 최초로 승리한 지평리 전투(1951.2.13~15), 단장의 능선 전투(1951.9.13~10. 13), T-Bone 지구 전투(1952.7), 화살머리(Arrowhead)고지 전투(1952.10. 6~10.10) 등에서 혁혁한 전과를 올렸다. 그중에서 가장 유명한 전투는 지평리 전투였다. 지평리 전투는 1951년 중공군 2월 공세 당시 미 제2사단 제23연대와 이 연대에 배속된 프랑스 대대가 경기도 양평군 지평리에서 중공군 제39군 예하 3개 사단의 집중공격을 막아낸 방어전투였다. 수적인 열세로 중공군이 진지내로 들어와 근접전이 벌어졌을 때 프랑스군은 모두 철모를 벗어버리고 빨간 수건을 동여맨 채 총검과 개머리판을 휘두르며 용감하게 싸웠고, 그 모습에 중공군들은 모두 겁을 먹고 달아났다고 한다.

1953년 7월 27일 휴전협정에 의한 한국전쟁은 공식적으로 종료되었고, 인도차이나에서의 전쟁이 악화됨에 따라 유엔군 프랑스대대는 인도차이나로 이동하였다. 프랑스군의 한국전 참전을 통해 양국 간은 혈맹의 관계로 발전하였다.

Histoire de la participation des forces françaises à la guerre de Corée

Ministère des affaires des patriotes et des vétérans
République de Corée

□ 『6 · 25 전쟁, 프랑스군 참전사』 겉표지 모습(국가보훈처, 2004년)

Une scène de la défense de l'armée française

□ 프랑스군의 방어 장면
　(출처 : 『6 · 25전쟁, 프랑스군 참전사』, 국가보훈처, 2004년, 125쪽)

3. 몽클라르(Monclar) 장군, 6 · 25 전쟁의 영웅

위의 글에서 간략히 언급한 몽클라르 장군(1892~1964)은 한국전쟁에 참전하기 위해 예비역 3성 장군의 계급에서 5단계나 하향한 중령의 신분으로 유엔군 프랑스 대대(BFONU)를 지휘하였다. 몽클라르 장군은 세계 1, 2차 대전에도 참전하여 혁혁한 공훈을 세웠으며, 프랑스군의 핵심 간부로서 드골 대통령과도 가깝게 지냈다고 한다.

몽클라르 장군이 계급을 내려서 참전할 수밖에 없었던 이유는 유엔군프랑스대대(BFONU)가 미 제2사단 제23연대에 배속되었기 때문이다. 프랑스대대를 지휘하기 위해서는 대대장 계급인 중령 신분으로만 가능하였다. 프랑스 국방차관이 계급을 강등해서 참전하는 것을 만류하였지만 몽클라르 장군은 "*계급은 중요하지 않다. 곧 태어날 자식에게 유엔군의 한 사람으로서 평화라는 숭고한 가치를 위해 참전했다는 긍지를 물려주고 싶다*"라는 대답을 하였다.[1]

한국전쟁에서 몽클라르 장군이 유명했던 이유는 위의 에피소드뿐만 아니라 6 · 25전쟁 10대 전투이자 중공군을 막아낸 첫 번째 전투였던 '지평리 전투'를 성공적으로 지휘하였기 때문이다. 지평리 전투는 1951년 2월 13일부터 16일까지 나흘간 경기도 양평군 지평리에서 프랑스대대를 포함한 미 제2사단 23연대 병력 5,600명이 중공군 3개 사단 5만여 병력을 혈투끝에 격퇴한 유명한 전투였다. 지평리 전투는 역설적으로 1954년 베트남군이 프랑스군을 격퇴하여 식민지 지배를 탈피한 결정

---

1) 국가보훈처, 「2월의 전쟁영웅 – 랄프 몽클라르 장군」, 2012년 1월 31일.

적 계기를 만든 '디엔비엔푸' 전투와 비교되기도 한다.

2012년 1월 31일 우리 국가보훈처는 몽클라르 장군을 '2월의 전쟁영웅'으로 지정하여 그의 무공과 한국의 평화를 위해 헌신한 숭고한 뜻을 기렸다.

랄프 몽클라르Ralph Monclar 장군의 본명은 라울 샤를 마그랭 베르느레Raoul Charles Magrin-Vernerey이며 1892년 2월 7일 헝가리의 부다페스트에서 출생하였다. 9세 때인 1900년에 프랑스로 이민을 왔다. 프랑스의 브장송Besançon에 있는 빅토르 위고Victor-Hugo 고등학교를 졸업하고 외인부대에 입대하고자 하였으나 나이가 15세 밖에 되지 않아서 거절당하였다. 1912년 프랑스 육군사관학교(Saint-Cyr)에 입학하여 제1차 세계대전이 발발한 1914년에 소위로 임관하였다. 제60보병연대에 배속되어 전투에 참가하였으며 전쟁이 끝날 무렵 대위로 승진하였다. 1차 세계대전 때 일곱 번 부상을 당하여 신체장애률이 90%까지 도달하였다가 회복되었다. 탄환에 넓적다리를 맞아 골절을 입었으며, 수류탄 폭발로 오른팔 부상, 두 번의 머리 부상으로 두개천공 수술, 가스공격에 의한 양쪽 눈 화상 등 숱한 상처를 입었다.

1차 세계대전 이후 그는 육군 참모부, 모로코 원주민 연대, 415 항공연대 등에 배속되었다. 1924년 3월 1일 그가 젊었을 때부터 꿈꿔 왔던 외인부대에 들어갈 수 있었으며 모로코, 레바논, 시리아, 알제리(Saïda), 베트남(통킹) 등 여러 나라에 파견되어 전투에 참가하였다. 알제리 근무때인 1938년 6월 25일 중령으로 승진하였다.

몽클라르 장군은 2차 세계대전 때인 1940년 드골 장군의 대독 레지스탕스 참전 호소(Appel du 18 juin 1940)에 제일 먼저 참여한 장교들 중의 한명이었다. 레지스탕스 시절에 그의 가명이 랄프 몽클라르Ralph Monclar였는데 그의 본명보다 더 잘 알려져 있다. 그 이후 프랑스 임시정부에 해당하는 '자유 프랑스(France libre)'의 군대에 참여하였다. 1940년 노르웨이의 나르빅Narvik에서 그가 이끄는 제13 외인부대 반여단(13e DBLE : Demi-brigade de Légion étrangère)[2])이 독일군을 상대로 대승을 거두었는데 '1939~1940년간 프랑스군의 유일한 승리'로 불리고 있다. 이 전투에서 포로가 되었던 연합군 병사 60명을 구출하고 400명의 독일군을 생포하였으며, 10문의 대포와 많은 군수물자를 획득하였다.

프랑스에 귀국하자마자 500명의 병사들과 함께 1940년 6월 21일 영국에서 결성된 자유 프랑스군(Forces françaises libres)에 합류하였다. 아울러 그의 가명이었던 몽클라르Monclar를 정식이름으로 채택하였고 대령으로 승진하였다. 그의 이름 몽클라르는 프랑스 남부지역 '탄-에-가론Tarn-et-Garonne'에 있는 '몽클라르-드-께르시Monclar-de-Quercy' 시市 이름을 딴 것이다. 아마 레지스탕스 활동 시절에 이 마을에서 머문 적이 있었고, 그 인연으로 마을 이름을 자신의 가명으로 사용한 것으로 추측된다.

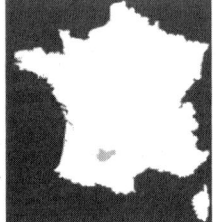

□ 몽클라르-드-께르시(Monclar-de-Quercy)가 위치한 탄-에-가론(Tarn-et-Garonne) 지역

---

2) 원래는 프랑스 혁명 당시의 연대를 말하며 현재의 2-3 대대 규모의 반 여단이다.

아프리카 에르트리아에서 주축국의 일원인 이탈리아군을 상대로 싸울 때 자유 프랑스군의 여단장으로서 마수아Massouah를 점령하는 과정에서 9명의 이탈리아 장군과 440명의 장교, 14,000명의 병사를 포로로 잡는 대승을 거두어 그의 명성을 드날렸다. 그러나 1941년 6월 시리아에서 비시정부의 프랑스 제6 외인부대를 상대로 전투하는 것은 거절하였다. 비록 비시정부가 독일의 꼭두각시 정부였지만 같은 프랑스인들끼리 싸울 수는 없었기 때문이다. 이에 따라 제13 외인부대 반여단(13e DBLE)의 지휘권은 아밀라크바리Amilakvari 중령에게로 넘어갔다.

　장군으로 승진 후 레바논과 시리아 지역 사령관으로 근무하였으며 1946년부터 1948년까지는 알제리 지역 사령관, 1948년부터 2년간 '외인부대 상근감찰담당' 업무를 맡으면서 모로코, 마다가스카르, 인도차이나 등지를 감찰하였다. 1950년 한국전쟁이 발발하자 예비역 중장(général de corps d'armée)에서 중령으로 계급을 낮춰 유엔군 프랑스대대를 지휘하였다. 6·25전쟁에 참전할 때 그의 나이 58세의 고령이었다.

　유엔군 프랑스대대가 결성될 때 프랑스 군 당국의 가장 큰 고민은 '프랑스 해병대(제1중대), 한국군이 배속된 수도방위부대(제2중대), 공수부내와 외인부대(제3중대)의 다양한 출신으로 구성된 부대를 어떻게 원활히 지휘할 것인가' 였다. 이러한 고민은 세계 1, 2차 대전의 영웅이며, 병사들에게는 아버지와 같았던 몽클라르 장군이 대대장으로 자원함으로써 깨끗하게 해결되었다.

　유엔군 프랑스대대가 병력은 작은 규모이지만 지평리 전투를 포함한 수많은 전투에서 혁혁한 무공을 세울 수 있었던 것은 부대원들이 대부분 전투 참여 경험이 많은 특수부대원 출신이었으며, 불굴의 용맹성과 지략을 가진 몽클라르 대대장의 지휘가 있었기 때문이었다. 몽클라르 장군은 한국전쟁에 1년간 참전하는 동안 평창 1037고지 전투, 지평리 전투, 단장의 능선(931고지) 전투, 홍천 가리산 전투를 지휘하여 승리로 이끌었다.

몽클라르 장군은 1951년 정년이 되어 프랑스로 귀국하였다. 1962년 키엔츠Kientz 장군의 뒤를 이어 대통령이 임명하는 자리인 프랑스 원호청장(gouverneur des Invalides)이 되었다. 프랑스 원호청은 소위 '엥발리드'로 더 잘 알려져 있다. 그곳에는 나폴레옹 무덤이 있으며 프랑스 군사박물관도 엥발리드의 소속기관이다. 엥발리드의 주요 업무는 상이군인 원호업무, 군인연금 관리 등이다. 임기 5년으로 임명되지만 몽클라르 장군은 임무를 맡은 지 2년 만인 1964년 6월 3일 각종 전쟁부상 후유증으로 인한 지병으로 72세를 일기로 사망하였다. 그때 그의 유일한 혈육인 딸 파비엔 뒤프르-몽클라르Fabienne Dufour-Monclar는 13세의 어린 소녀였다.

몽클라르 장군은 엥발리드의 쌩루이Saint-Louis 성당의 원호청장들의 지하묘에 안치되었다.3) 그는 레지옹 도뇌르 1등급 훈장인 '레지옹 도뇌르 그랑크루아Légion d'Honneur Grand-Croix'를 포함한 총 17개의 프랑스 훈장을 받았으며, 6·25전쟁 참전 공로로 우리 정부가 표창한 태극은성무공훈장 등 총 21개의 외국훈장을 수여받았다.

---

3) 파비안 뒤프르-몽클라르의 저서 『한국을 지킨 자유의 전사 : 나의 아버지 몽클라르 장군』(2011년, KELI刊, 김성수 편역)에는 파리에서 4시간 걸리는 프랑스 중동부 '쥐라'지역 묘소에 안장된 것으로 기록되어 있다.

1971년 프랑스 정부는 파리 15구에 그의 이름을 딴 '몽클라르 장군 광장(la place du Général-Montclar)'을 건립하였다. 프랑스 육군사관학교 1984~1987년 졸업생들은 그의 이름을 따서 '몽클라르 장군 기수(Promotion Général Montclar)'로 불린다. 2011년 몽클라르-드-께르시(Monclar-de-Quercy) 시는 몽클라르 장군 흉상을 시청 입구에 설치하였고, 시청 홀에도 그의 이름을 딴 접견실을 만들었다. 우리 정부도 몽클라르 장군을 기념하는 조형물이나 그의 이름을 딴 도로지명을 그가 싸웠던 전적지 주변에 설치하거나 명명하는 것이 좋을 것 같다.

□ 미 제2사단 마크(인디언헤드)를 달고 있는 몽클라르 장군(출처 : 네이버)

□ 1951년 2월 20일 지평리 전투 후 5일 만에 유엔군 사령관 맥아더 원수가
한국전선을 시찰하면서 몽클라르 대대장과 이야기하고 있는 모습
(출처 : 유엔군 프랑스대대 홈페이지 http://france-coree.pagespro-orange.fr)

⊔ 몽클라르 징군의 딸 파비엔 뒤푸르 몽클라르(Fabienne Dufour-Monclar) 부인과 한국
전 참전용사회 파트릭 보두앙(Patrick Beaudouin) 회장(2008년 10월 10일)
(출처 : 야후 프랑스)

4. 유엔군 프랑스대대(BFONU)에 배속된 한국군 중대

2012년 7월 14일 주한 프랑스대사관 국경일 리셉션에 초대되어 갔다가 우연히 유엔군 프랑스대대에 배속되어 6·25전쟁에 참전했던 윤충국 선생을 만나게 되었다. 그동안 프랑스군의 한국전쟁 참전과 관련해서 수많은 논문도 읽어 보고 관련 신문기사도 많이 보았지만 유엔군 프랑스대대에 한국군 중대가 배속되어서 같이 전투에 참여하였다는 사실은 처음 들어본 흥미로운 이야기였다.

주한 프랑스대사관에서 이런저런 행사에 생존해 있는 유엔군 프랑스대대 소속 참전용사들을 초청하였지만 필자가 직접 만나보기는 처음이었다. 보통 4~5명 정도 리셉션에 참석한다고 하는데 그날은 윤충국 선생만 만날 수 있었다. 모두들 70대 후반~80대의 고령이어서 거동하기도 불편한 상태임에도 건재함을 과시하고 있으니 보기에도 좋았다. 그날은 의례적으로 몇 가지 질문만 드리고 나중에 따로 시간을 내어 자세한 이야기를 들어보기로 하였다. 차일피일하다가 시간이 제법 흘러 윤충국 선생에게 전화를 드렸더니 허리 수술로 만나기가 어렵다면서 윤선생보다 고참이었다는 박동하 선생을 소개해 주었다.

올해 연세가 80세인 박동하 선생을 통해서 유엔군 프랑스대대에 배속되었던 한국군의 활동 현황을 자세히 알 수 있게 되었다. 박동하 선생은 6·25전쟁 발발 후 6개월이 지난 1950년 12월에 군에 입대하였다. 현재 대구 달성초등학교에 위치해 있었던 제10교육대 6중대에서 약 20일간 교육을 받는데, 교육이라야 별것 아니었고 기본적인 제식훈련, 카빈 소총과 M1 소총을 분해, 결합하는 매우 초보적인 교육이었다. 당시는 대충 총 쏠 줄만 알면 전선에 내보내었던 그런 시기였다. 교육을 마치고 대구보충대에서 대기하고 있는 중에 총 100명의 한국군이 유엔군 프랑스대대에 긴급히 차출되었는데 박동하 선생도 그중의 한명으로 뽑혔다.

중학교 졸업이든지 대학교 중퇴이든지 관계없이 신체 건강한 청년이면 무작위로 간단한 심사를 거쳐 차출하였다고 한다. 유엔군 프랑스대대에 배속된다고 불어를 잘해야 한다는 것은 기대할 수도 없는 상황이었다. 당시에 불어를 할 줄 알았던 한국 사람이 얼마나 되었을까? 영어 배우기가 대세가 된 요즘도 우리나라 전체 인구비례로 따지면 정말 소수의 사람들만이 불어를 배우고 있거나 의사소통이 가능한 수준일 것이다.

유엔군 프랑스대대에 배속되었던 한국군은 총 130명 정도였는데, 그중에 100명은 한국군 군번이었고 나머지 30명은 소위 'K' 군번으로 시작되는 카투사(KATUSA, 주한미군배속 한국군 증원군)였다고 한다. UN 16개 참전국 군대에 이와 유사한 한국군이 모두 배속되었을 텐데 이에 관한 연구가 거의 전무한 것 같다. 이들이 배속된 이유는 한국의 지형에 익숙하고 한국군과 UN군의 작전상 협조가 필요할 때 일종의 리에종liaison 역할을 할 수 있었기 때문일 것이다.

유엔군 프랑스대대의 제2중대는 한국군으로 구성된 중대였다. 이들 130명은 6 · 25전쟁이 끝나는 1953년까지 앞장에서 언급했던 지평리 전투 참여를 시작으로 동부전선과 서부전선을 오가면서 단장의 능선(931 고지) 전투, T-Bone 지구 전투, 평창지구 전투, 철원 · 김화지구 전투, 홍천 가리산 전투, 화살머리 고지 전투 등 중요한 모든 전투에 참여하여 혁혁한 전공을 세웠다. 이중에서 20~30명 정도가 사망하였다고 하며, 부상자는 이 보다 훨씬 많았을 것이다.

박동하 선생이 배속된 중대는 지평리 전투에서 중공군에 완전히 포위되어 있는 상황에서 식량과 탄약을 비행기로 공수 받아가며 첫 전투에서 승리하였다. 지평리 전투는 6 · 25전쟁 중 10대 전투의 하나이다. 밀물처럼 몰려드는 중공군을 상대로 '적을 죽여야만 내가 살 수 있다'라는 생각으로 방아쇠를 쉴 새 없이 당겼다고 한다. 이후 양구 북방에 있는 단장의 능선 전투에서 2중대 3소대에 있었으며 제일 먼저 고지를 점령한 공로로 프랑스 무공훈장을 받았다. 화살머리 전투에서는 중공군과 육박전을 펼치기도 하였다. 중요한 전투마다 참가해 승리에 이바지한 박동하 선생은 2등병에서 1등 중사로까지 진급하였으며 한국 파병 유엔군 프랑스 대대 사령관 제르미니 중령으로부터 1953년 1월 28일 해외전투 동성 훈장을 수여받았다. 이는 우리나라의 태극무공훈장에 해당되는 훈장이라고 한다.

프랑스군과 의사소통이 안 되었기 때문에 처음에는 부대에 통역이 1명 배속되었다고 한다. 1년 정도 지나자 불어통역 없이도 대화가 가능하게 되었다. 무엇보다 휴가차 일본에 다녀온 프랑스 병사들이 일본어로 된 불어 교재를 사가지고 와서 공부하라고 선물로 주었다고 한다. 이 책들을 가지고 전장의 포성소리 가운데 틈틈이 불어를 공부하면서 실력이 많이 늘었다.

당시 전우들은 대부분 나이 들어 죽거나 병환 중에 있고 지금까지 연락하며 지내는 사람들은 4~5명이라고 한다. 용산 전쟁기념관 4층에 '프랑스군 참전기념사업회'가 있었는데 이마저도 활동이 뜸하고 사무실 월세도 제대로 내지 못해 거의 폐쇄된 상태이다.

박동하 선생은 1951년 10월 10일 여단훈장, 1952년 12월 12일 연대훈장 등 두 차례에 걸쳐 프랑스로부터 받은 무공훈장을 우리 정부로부터 인정받으려고 노력하고 있으나 육군에 기록이 없어 아직까지 인정을 받지 못하고 있다고 한다. 2007년 2월 7일 주한 프랑스대사관 국방무관 알랭 나스Alain NASS 대령이 박 선생에게 무공훈장을 수여한 사실을 증명하는 서류를 보내왔음에도 잘 진척이 되지 않고 있으니 안타깝다. 현재 6·25 참전수당으로 월 15만 원 받는 것이 국가로부터 받는 보조금의 전부라고 한다. 아무쪼록 관련 연구가 더 진전되어 UN군에 배속되어 싸우다가 전사하거나 무공을 세운 우리 병사들에게도 합당한 예우와 보상을 해주어야 할 것이다.

□ 박동하 선생이 받은 무공훈장(제일 왼쪽은 국난극복기장, 우측 2개는 프랑스 정부로 받은 무공훈장)

□ 홍천군 가리산 전투 전적기념비 방문(좌로부터 필자, 이인숙 춘천보훈지청장, 제롬 파스키에 *Jérôme PASQUIER* 주한 프랑스대사, 박동하 선생, 허기영 홍천문화원장, 에릭 주앵 *Eric JOUIN* 국방무관) (2013년 5월 7일 촬영)

유엔군 프랑스대대 병사들이 지평리 전투에서 승리할 수 있었던 것은 그들이 매우 잘 훈련되고 전쟁경험이 풍부한 점도 크게 작용하였다. 더구나 세계 1, 2차 대전을 모두 겪은 몽클라르 대대장이 지휘를 하였으니 병사들 모두 그를 아버지처럼 잘 따랐고, 숙련되지 못한 미군 병사들을 애송이처럼 취급하였다고 한다. 다른 군대와 달리 징집되어 참전한 것이 아니고 본인들이 스스로 자원하여 참전한 지원병들이기 때문에 자부심이 남달랐다. 프랑스군에 배속된 한국군들은 차별을 겪지 않았고 인간적으로 대접을 받아 우호적인 분위기 속에서 전투에 참여하였다고 한다.

필자는 1982년 시행된 제1회 카투사 시험에 합격하여 1982년 8월 16일 입대하였다. 당시 미군 부대에 배속된 카투사 전체 인원은 8천 명이었고, 매년 상·하반기 2회에 걸쳐 400명씩 모집하였다. 시험과목은 영어, 국사, 국민윤리 3과목이었던 것 같다. 논산훈련소 제27연대에서 5주간 교육을 받았는데 나머지 1주는 유격훈련이었다. 이후 평택에 있는 카투사 교육대(KRTC)에서 3주간 군사영어 등 미군과 함께 근무하기 위해 필요한 교육을 받았다. 이후 용산 미8군 본부(Garrison Yongsan)에서 일주일간 대기하다가 평택에 있는 제3정보대에 배속 받아 다시 평택으로 내려와 2년 3개월의 군복무를 마쳤다.

미군 부대에 배속되어 근무한 경험이 있기 때문에 유엔군 프랑스대대에 배속되어 전투에 참가했던 130명의 한국군의 일들이 남의 일 같이 느껴지지 않았다. 전체적으로는 미군들과 친하게 잘 지내었지만 항상 우호적인 분위기 속에서 근무하지는 않았다. 때로는 미군과 한국군 간 미묘한 신경전도 있었다. 동두천에 근무하던 한 카투사 병사가 미군 병사에게 두들겨 맞아 미8군에 배속된 모든 카투사들에게 1주일에 한 번씩 태권도 훈련을 미군들이 보는 앞에서 실시했던 기억도 있고, 부대 영내에 걸어갈 때 일부 미군이 한국말로 쌍소리를 하면서 시비를 걸어온 일노 있었나. 또한 어느 날 갑자기 카투사들에게 화장실 청소를 히리고 해서, '청소를 하게 되면 미군들도 똑같이 하면 모르겠는데 카투사들에게만 하라고 하는 것은 부당하다'고 항의한 적도 있었다.

그러나, 일반적으로 남들이 하기 어려운 경험을 하였고 한미동맹을 굳건히 하는 데 일조하였다는 자부심을 가지고 있다. 특히 카투사들의 사격 솜씨가 뛰어나 10발 중 보통 9발 이상 명중시키자 미군 장교가 '원

더풀'을 연발하던 모습은 한국군의 우수성을 보여주었다는 자부심을 느끼기에 충분하였다. 한국군이 미군을 부러웠던 것은 그들의 첨단 장비와 막대한 군사물자였다. 어느 한국군 장교가 '미군 1개 대대병력 물자만 있으면 어떤 전쟁에서도 이길 자신이 있다'라고 하던 말이 아직도 기억에 생생하다. 금년은 한미동맹 60주년의 해이다. 아무쪼록 양국 간 굳건한 동맹의 기초위에 한반도에 평화가 찾아오기를 염원한다.

2012년 10월에 박동하 선생과 그의 전우 3명은 프랑스 국방부, 보훈청, 한국전 참전협회의 초청으로 프랑스를 방문하여 2주간 칙사 대접을 받았다고 한다. 프랑스 정부도 그들에게 경의를 표하고 있다. 전투에 승리하여 살아남은 분들과 애통하게 전사한 분들 모두 국가를 위해 청춘을 바치고 희생을 하신 분들이다. 그들의 숭고한 희생을 헛되이 하지 말아야 할 것이다.

□ 유엔군 프랑스대대(BFONU)에 배속되어 전투에 참가했던 윤충국 선생(2012 년 7월 14일 주한 프랑스대사관 국경일 리셉션에서 필자와 함께).

□ 주한 프랑스대사관 경내에 있는 유엔군 프랑스대대 참전 기념 조형물

5. 동백림 사건(東伯林 事件)

동백림 사건은 1967년 작곡가 윤이상,[4] 이응로[5] 화백 등 예술인과 대학교수 등 194명이 옛 동독의 베를린, 즉 동백림을 거점으로 대남적화 공작을 벌였다며 처벌당한 사건을 말한다. 북한은 1957년부터 비교적 통행이 자유로운 동베를린에 거점을 두고, 대남공작의 일환으로 막대한 공작금을 동원하여 서독을 비롯한 서유럽에 재학 중인 유학생 및 각계각층의 장기체류자들에게 공작을 벌였다.

결론부터 말하자면, 2006년 1월 '국가정보원 과거사건 진실규명을 통한 발전위원회'는 당시 중앙정보부가 사전에 기획하거나 조작한 사건은 아니며, 1967년 6·8 부정 총선거 규탄 시위를 잠재우기 위해 정치적으로 이용된 것임을 발표하였다. 프랑스 측 사료에도 동 사건은 대통령 부정선거 관련 조성되고 있었던 여론의 동요를 잠재우고, 38선에서 증가하고 있었던 북한 측의 도발에 대해 강경한 태도를 보여주기 위해 한국 정보조직에 의해 완전히 짜 맞춰진 사건으로 평가되고 있다.

1967년 6월 말 중앙정보부는 해외공작원들을 동원하여 해외에 거주하고 있던 지식인들을 국내로 데려왔다. 독일에서 16명, 프랑스에서 6명, 오스트리아에서 1명, 미국에서 1명을 거의 강제송환하다시피 해서 또는 꾀임에 빠트려서 귀국시켰는데, 그들의 죄명은 동베를린과 평양에 다녀왔다는 것, 북한으로부터 공작금을 받고 간첩교육을 받았다는 것, 그리고 북한과 내통하여 남한 정부전복을 기도하였다는 것 등이었

---

4) 1995년 독일에서 사망.
5) 1989년 파리에서 사망.

다. 동시에 국내에서는 유럽이나 미국에서 공부했던 지식인들에 대한 검거가 시작되었는데 그들은 대부분 교수이거나 과학자들이었다.

이응로 화백 부부의 경우 박정희 대통령 취임식에 초대되었다는 명분으로 서울로 오게 되었다. 1967년 6월부터 프랑스에 거주하고 있던 몇몇 한국인들은 서울로 강제송환 될 것을 두려워하여 잠적을 감추었다. 필자가 파리 유학시절 당시에 유학했던 몇몇 분으로부터 들은 이야기로는 당시에는 북한이 우리보다 더 잘 살았고, 우리 유학생들은 대부분 가난한 국비유학생들이어서 북한공작원들이 식사나 한번 하자고 하면 한 두 번 쯤은 식사를 한 적이 있었는데, 북한이 노골적으로 포섭공작을 벌이지는 않았다고 하였다.

동베를린 사건의 문제는 당시 체포된 지식인들이 심각한 학대와 고문을 받았다는 것이다. 거의 초죽음 상태로 며칠 동안 감옥에서 보낸 사람도 있고, 일부는 가혹행위 때문에 자살한 사람도 있다고 한다. 구금환경이 매우 열악하였기 때문에 몇몇 병약한 구금자의 건강을 아주 심각하게 위협하였다. 1967년 12월 서울의 감방 온도는 무려 영하 13도였다고 한다.

그러면, 과연 대부분의 연루자들이 간첩활동을 하였느냐는 의문이다. 프랑스 측 정부자료에 따르면 그들은 대부분 정치활동에 가담한 적도 없었고, 기껏해야 한반도에서 외세의 간섭이 종식되기를 바라는 자유주의자들이었으며, 중립성과 자유가 보장되는 가운데 한반도가 통일되는 것을 염원한 사람들이었다.

1967년 말 개최된 제1차 공판에서 피고인들은 그들에게 씌워진 죄명에 대해 항의할 힘조차 없었다. 그러나 1968년 4월에 개최된 제2차 공판에서는 조영수, 정하룡 피고인이 용기를 내어 그들이 자백한 모든 것들은 강압에 의해 허위로 작성된 것이라고 진술하였다.

조영수, 정규명에게는 사형, 정하룡, 강빈구, 윤이상, 어준에게는 무기징역 등 피고인 34명 모두 유죄판결을 받았다. 이중에 프랑스에서 납치된 사람으로는 '윤재은YOON Jai-On, 김석난KIM Seuk-Nyan, 송두용, 심상필, 한철수, 정성배'이고, 중앙정보부의 공작으로 한국 공항에 도착하자마자 체포되어 구금된 사람은 이응로 화백 부부이다. 그리고 과거 프랑스에서 공부한 후 한국에 체류 중 체포된 사람들은 서울대 조영수 교수와 그의 부인, 정하룡 교수와 그의 부인, 서울 상대 강빈구 교수이다.

1968년 통계에 따르면 프랑스에 거주하고 있던 한국인들 수는 총 366명이었으며, 그중 275명은 파리에 거주하고 있었다. 이 가운데 학생 수는 120명 정도였다. 당시 파리에 유학중이었던 한국학생들 중 일부는 라틴지역(Quartier Latin, 파리 소르본느 대학이 있는 구역 이름) 혁명가들과의 접촉을 통해 진보적인 사상이나 마르크스-레닌주의에 쉽게 물들 수 있는 상황에 있었다. 지금도 프랑스에는 공산당이 공식적으로 엄연히 존재하고 있으며, 미미하나마 일부 국민들의 지지를 받고 있다. 동베를린 사건은 학문과 사상의 자유가 철저히 보장되는 프랑스에서 열심히 공부하거나 생활하고 있던 사람들에게는 매우 충격적인 사건이었으며, 결국은 조국을 등지고 해외에서 외국 국적으로 살아갈 수밖에 없게 만든 사건이었다.

당시 사건으로 프랑스 국적을 취득하여 프랑스 사회과학고등연구원 (EHESS) 교수로 재직한 바 있는 정성배 교수(Bertrand JUNG)가 대표적인 사례이다. 프랑스 외교부 고문서실에 당시 정성배 교수 구명운동 등 동베를린 사건과 관련된 자료가 있으며 그 자료는 특별열람을 신청하여야 열람이 가능하다. 외교문서는 60년 후에 공개하는 법에 따라 2027년 정도가 되어야 공개될 것이다. 그때쯤에는 대부분 당사자들도 사망하고 없을 것이고 공개해도 우리 현대사의 아픈 상처를 헤집어 보는 것 외에는 큰 의미가 없을 것이다.

□ 동베를린 사건으로 고초를 당한 정성배 교수
  (출처 : 네이버, 2008년 6월 3일)

6. 이수영 주불대사의 의문의 죽음

이수영 주불대사는 1961년 9월부터 파리에서 사망한 1972년 4월까지 거의 10년간 주불대사로 재임하였다. 1921년 12월 28일 황해도 철산에서 출생하였으며, 1943년 동경의 와세다 대학을 졸업하고 일본군에 입대하였다. 해방 이후 잠시 영어를 가르치다가 1948년 육사에 입학하였으며, 한국동란 기간인 1951년부터 1953년까지 유엔군 참모본부에 근무하다가, 휴전 후 대령으로 예편하였다. 영어를 잘하였기 때문에 판문점 휴전회담시 통역을 하였다. 이후 외교관의 길에 들어섰으며, 1956년 1등서기관으로 주불대사관에 근무하였다. 박정희 대통령은 그를 1961년 7월~1964년 5월간 주유엔 상임 옵저버(대사)겸 주캐나다 대사, 그리고 아프리카 담당 특명전권대사로 임명하였다. 1964년 5월 정일권 내각 수립시 공보부 장관으로 임명되었으나 '1964년 언론파동', 즉 언론자유를 제한하는 '언론윤리위원회법'에 반대하였으며 1964년 9월 본인의 의사로 사임하였다.[6]

이수영 대사는 샹바르Chambard 주한 프랑스대사와 친밀한 관계를 유지하였고, 불어도 이해하였으며 영어는 매우 능란하게 구사하였다. 주한 프랑스대사관의 한 보고서는 이 대사를 섬세하고 교양 있는 사람으로, 그리고 한국에서 가장 유능한 외교관중의 한명으로 평가하였다. 국

---

6) 이수영 대사 약력 : 1943년 9월 일본 와세다대학 영문학과 졸업, 1946년 9월 이화여고 교사, 1947년 9월 서울대사대 강사, 1948년 9월 입대, 1953년 11월 육군대령으로 예편·외무부 정보국장, 1955년 2월 방교국장, 1956년 1월 주프랑스대사관 1등서기관, 1957년 7월 주영국대사관 참사관, 1959년 2월 주유엔 참사관, 1960년 5월 외무부 차관, 1961년 7월 주유엔대사, 1964년 5월 공보부 장관, 1965년 7월 주프랑스대사.

내외로부터 많은 훈장을 받았으며, 3명의 자녀를 두었다.

이수영 주불대사는 주불대사로 재직 중이던 1972년 4월 21일 자살한 것으로 프랑스 당국과 언론은 파악하고 있다. 프랑스 외무부 문서상에도 "자살의 이유는 정확히 알 수 없지만, 가족과 관련된 문제나 직장과 관련된 문제일 것으로 추측"한다고 표시되어 있다. 프랑스 언론에는 사체에 칼자국 외에 여자의 의문스러운 손톱자국이 남아있었다고 보도되어 더욱 궁금증을 자아내었다.

국내 경향신문(1972년 4월 24일)에는 다음과 같이 보도되었다 : "*이수영 주불대사는 21일 식칼로 자신의 복부를 찔러 자살했다고 22일 밤 프랑스 경찰이 발표하였다. 이 대사는 파리 아파트 홀에서 자살을 결행한 직후 경찰에 의해 병원으로 옮겨졌으나 곧 숨졌다고 경찰이 보고했다. 이 대사는 지난 21일 몽테뉴가에 있는 그의 아파트 입구에 쓰러져 있는 것이 그의 아들과 식모에 의해 발견되어 곧 병원으로 옮겨졌으나 끝내 숨지고 말았다. 이 대사는 신경우울증에 걸려있었다고 경찰은 덧붙였다. 그러나 이 대사의 자살발표에 대해 한국대사관 대변인은 '믿어지지 않는다. 사인은 아직 확인되지 않았다'고 말하였다.*"

2000년도에 필자가 파리 1대학 역사학과 박사과정을 마무리하기 위해 외교부를 휴직하고 1년간 프랑스 외무부 고문서실을 직장 다니듯이 매일 출입하던 때에 우연히 이수영 대사의 자필로 된 서신을 한 장 발견하였다. 동 문서는 1970년 이후의 문서였기 때문에 특별 열람신청을 하여야 볼 수 있었다. 원래 목적은 한불 간 경제관계를 열람하기 위해서였는데 정말 우연히 놀라운 내용의 편지를 발견하게 된 것이다. 영문으로 된 자필 서한의 상세내용은 프랑스 법에 의해 아직도 공표할 수 없음을 아쉽게 생각한다.

　사망하기 하루 전에 프랑스 정부에 긴박하게 편지를 보낸 것으로 보아 필히 중요한 사유가 발생한 것이 틀림없으나, 죽음에 대한 정확한 원인은 아직도 오리무중인 상태이다. 필자가 이수영 대사의 서한 내용을 우선 노트북에 쳐놓고 프랑스 외무부 고문서실에 복사를 의뢰하였다. 너무나 중요한 자료라고 생각되었기 때문이다. 그러나 복사 전에 복사 가능여부를 검토했는지, 고문서 소속 사서가 황급히 필자가 열람 중이던 자료를 모두 회수해 갔고 복사할 수 없음을 알려왔다. 한불 양국 간 매우 민감한 외교적 사안임에 틀림없는 모양이다.

　우리 정부는 2000년 10월 대통령 소속으로 '의문사진상규명위원회'를 발족시켜 한국 현대사에서 민주화운동과 관련 의문사로 추정되는 사건들을 재조사를 실시한 바 있다. 이 때 파리의 우리 교민신문중의 하나인 오니바Oniva사의 김제완 편집인은 의문사위원회에 이수영 대사 사망사건에 대한 진정서를 제출하였으며, 진정서의 요지는 이 대사의 사망과 관련한 여러 가지 의문이 많아서 단순한 자살이 아닐 가능성이 많다는 것이었다. 김 대표가 진정서를 제출하게 된 결정적인 계기는 사건 발생 나흘만인 1972년 4월 25일자에 실린 르몽드 기사가 "한국대사의 자살, 의혹으로 남아"라는 제목으로 몇 가지 사망원인을 거론했고, 그중의 하나로 이수영 대사와 대사관내 정보기관(중앙정보부)과의 갈등을 들었기 때문이었다고 한다. 그러나 동 조사는 의문사 진상위의 노력에도 불구하고 사건해결의 열쇠인 유가족과의 연락두절과 10년간의 보존기간이 지나 서류가 남아있지 않다는 이유 등으로 프랑스 측이 공식기록을 제공하지 않은 상태에서 기각 결정되었다.

제1차 의문사진상규명위원회(2000년 10월~2002년 9월)의 조사는 일부 성과도 있었지만 1975년 추락사한 재야 지도자 장준하張俊河의 의문사 등 30건이 무더기로 조사 불능으로, 이수영 대사 사망 사건 등 33건은 본격적인 조사도 하지 않은 상태에서 기각 결정이 났다. 이는 미약한 조사 권한과 촉박한 조사 시한 등이 문제이기도 하였지만, 지나간 사건을 다시 들춰내서 새로운 문제를 만들어내고 싶지 않은 증인들과 정보소유자들의 소극적인 태도에도 기인한 것으로 보인다.

이수영 대사는 주불대사 임명과정부터 박정희 대통령이 탐탁하지 않게 생각하였다. 이동원 전 외교장관의 회고록 『대통령을 그리며』에 따르면 이 장관이 이수영 대사를 주불대사로 천거하였을 때 박 대통령은 "안 되오 그 친군 무조건 안 돼"라고 강력하게 반대하였다고 한다. 그 원인은 이수영 대사가 1964년 언론파동 때 공보부(Ministre de l'Information) 장관의 위치에서 유일하게 박 대통령에게 반기를 들고 사표를 던졌기 때문이었다. 그러나 유능한 인재이기 때문에 나라를 위해 봉사할 수 있는 기회를 주어야 한다는 이동원 장관의 강력한 추천으로 주불대사에 최종 임명되었다.

주불 한인사회의 원로들에 따르면 이수영 대사의 죽음에는 복잡한 가족 간의 갈등이 한 원인이었을 수도 있다고 하나 그 상세내용은 가족들의 프라이버시 문제가 있기 때문에 지면에 밝히기 어렵다. 이수영 대사는 첫 번째 부인이 있었고 그 슬하에 딸이 하나 있었다. 이 대사의 첫 번째 부인은 6·25전쟁이 발발하던 1950년경에 사망하였고, 두 번째 부인과 결혼해서 2명의 자녀를 두었다. 의문사 진상위원회 조사관들이 현재 미국에 살고 있는 이 대사의 가족들을 찾아가서 진상규명을 하려고 하였으나 잘 협조가 되지 않았다고 한다. 협조하지 않은 이유가 무엇인지 다시 한 번 궁금해진다.

의문사 진상규명위원회의 결론은 다음과 같다 :
<진정 제74호 이수영 사건>[7)]

1) 진정인의 주장 요지

당시 프랑스 특명전권대사인 이수영은 1972년부터 중앙정보부에서 제2의 동백림사건을 준비하고 있음을 알고, 이를 저지하여 유럽거점 간첩단 사건에 프랑스 관련자들이 검거되지 않았다.

또한 이수영은 중앙정보부에서 간첩단 사건을 기획하는 데에 반발해 무언가 준비하고 있었던 것으로 보인다. 당시 프랑스의 르피가로와 르몽드지는 이수영이 사망 당시 곧 한국에 들어갈 예정이었다고 소개했다. 박정희 정권은 이수영의 이런 행위를 저지하기 위해 살해했을 것이다.

이름을 밝히기를 꺼려하는 재불 교포가 당시 검시에 참여했던 의사의 친구로부터 들은 바에 따르면, 시신의 등 쪽에 7개의 자상이 발견되었는데 한국인은 자살을 하면 칼을 등허리에 꽂고 죽는 재주가 있느냐고 말을 하였다 한다.

재불 교포인 한묵에 의하면 이수영의 부친인 이익항이 시신의 목 뒷부분에 자상이 있는 것으로 보아 타살 혐의가 있다는 취지로 수사를 의뢰한 적이 있고, 이수영 사망 직후 급히 한국대사관에서 발급해 주는 여권을 이용해 미국으로 떠난 교포가 있는데 동인이 범인일 가능성이 높다는 말을 했다.

---

7) 출처 : 의문사진상규명위원회 사무처 홈페이지(2001.9.4).

2) 인정되는 사실관계

이수영은 국가시책을 충실히 따르는 전형적인 공무원이자 외교관이고 반공주의자로서 제2의 동백림사건을 저지하려고 했다는 사실은 인정하기 어렵다. 타살의 의혹을 제기한 진정인은 프랑스 교포신문인 오니바신문 발행인으로 사망 당시 프랑스에 없었고, 회고록·현지 신문·교포들 사이의 떠돌던 소문 등을 확인 절차 없이 막연히 추측만 가지고 주장하는 것으로 이에 부합되는 증거가 전무하여 사실로 인정하기 어렵다.

진정인은 이수영의 등 부분에 자상이 7군데나 있었다는 풍문에 따라 타살을 주장하나 사체검안서, 사체 해부감정서에 의하면 등 부분이 아니라 흉부에 세 군데의 자상이 있음이 확인되었다.

대사관 식모였던 강옥순 및 현장에 갔던 르몽드 기자 등의 진술에 의하면 대사관저에 경비원이 있고, 쿵 소리를 들음과 동시에 현장에 처와 식모가 나왔는데 외부에서 침입한 흔적이 없었고, 벽면에 칼자루의 흔적과 혈흔이 있었다고 하고 있는 바, 이수영이 칼날을 자신의 가슴에, 칼자루를 벽면에 향하도록 하고 스스로 달려가 부딪히는 방법으로 가슴을 3회 찔러 자살하였다고 판단된다.

3) 판단

결국 이수영이 민주화운동 과정에서 위법한 공권력의 행사로 사망하였다고 인정할 수 없으므로, 이 사건 진정을 기각하기로 하여 주문과 같이 결정한다.

□ 1951년 개성에서 처음 개최된 휴전협상에 통역장교로 참여한 이수영 중령(기둥 뒤
　에 있는 사람) (제일 오른쪽 한국인은 백선엽 당시 육군소장)
　(출처 :『문화일보』 2010년 5월 12일)

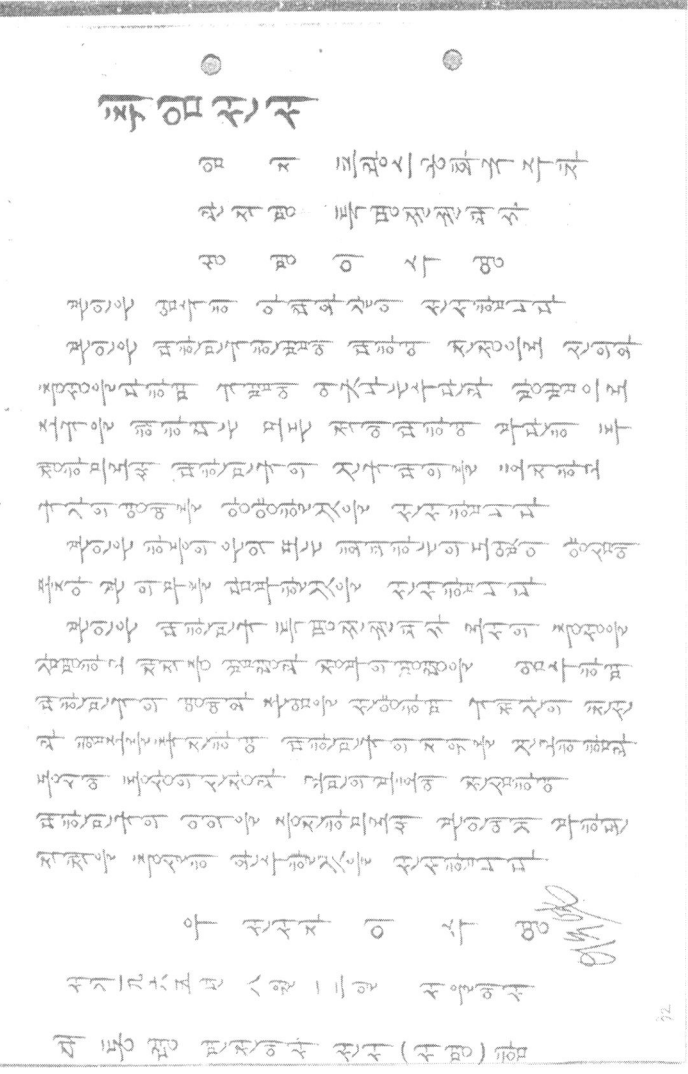

□ 이수영 대사가 박정희 대통령 앞에서 행한 주프랑스대사 임명 취임선서문. 이 대사의 친필 서명이 되어있다(자료원 : 외교사료관).

7. 파리주재 북한 민간무역대표부 설립

북한은 1968년에 서유럽의 중심지라 할 수 있는 프랑스 파리에 민간 무역대표부를 설립하였다. 이는 당시 남북대결 외교를 하고 있었던 우리 정부에게는 큰 외교적 타격이었고, 북한 측으로서는 서방 자본주의의 중심지역인 프랑스에 서유럽 침투의 교두보를 마련한 중요한 사건이었다.

북한이 프랑스에 민간대표부를 설립할 수 있었던 것은 1964년 1월에 프랑스 정부가 당시 중공中共과 국교를 수교한 것에 고무된 바 크며, 당시 우리 정부가 미군 주도의 월남전에 대규모 병력을 파병한 것에 대해 못 마땅하게 생각하고 있었던 프랑스 정부의 결단에 따른 것이었다. 이는 드골 대통령의 프랑스식 자주외교의 일환이었으며, 1966년에 프랑스가 당시 미국 주도의 나토NATO에서 탈퇴한 것도 같은 맥락이었다.

파리 주재 북한 민간대표부는 원칙적으로 통상 및 홍보 활동만 허용되었고 영사 및 정무활동은 불가하였음에도 불구하고 1960년대와 1970년대에 걸쳐 서유럽지역에서의 북한 공작활동의 거점이 되었으며, 프랑스와의 상업적 교역관계 확대 보다는 정치 · 외교적인 침투에 더욱 치중하였다.

프랑스는 1964년 중국과 국교를 수립하면서 북한에 대해서도 최저 관세율의 적용을 내용으로 하는 최혜국 대우(MFN)를 부여하였다. 이에 고무된 북한 당국은 알제리와 중국 주재 프랑스 외교관들과 여러 차례 접촉을 시도하였다. 남북 대결외교가 한창일 때인 1965년의 경우 남한은 73개국과 외교관계를 수립하고 있었던 데 반하여 북한은 23개국과만 수교하고 있었다.

북한이 파리에 민간대표부를 설치하게 된 동기는 위와 같은 정치적 동기외에 경제적 동기도 일부 있었던 것이 사실이다. 이 시기는 북한이 사회주의 공업경제로의 이행을 지향하였던 제1차 7개년 계획(1961~1970)을 추진한 시기였고, 중공업 발전, 경공업ㆍ농업의 동시적 발전, 전국적 기술혁신 등을 기본과업으로 설정한 동 계획은 서방 선진국들로부터의 기술과 자본재 도입을 필요하게 만들었다.

북한이 대중공 편향정책을 취하던 시기(1962~1964년)에는 북한이 외국에서 받아들인 원조 비율 중 약 20%를 차지하던 동유럽 공산국가들로부터 경제적 고립을 당하였으며, 소련과 동유럽 여러 국가들과의 경제협력이 부진해지자 이를 타개할 필요성이 대두되었다. 북한은 외화획득의 한 방법으로 1962년 네덜란드에 쌀을 수출한 적이 있으며, 그 대금으로 프랑스로부터 트랙터를 수입함으로써 서방 국가들과의 무역에도 관심을 가지게 되었다.

북한의 프랑스에 대한 접근과 관련, 우리 정부의 입장은 북한이 프랑스와 통상관계를 확대하는 그 자체에는 반대하지 않았다. 다만, 남북대화의 진전 등 한반도 정세의 변화 속에서 우리 정부가 어떤 이니시어티브를 취하기 전에 프랑스 정부가 북한을 법적으로나 사실상으로 승인하는 행위만은 자제해주기를 기대하였던 것이다.

북한당국은 파리에 설립될 무역대표부의 지위를 프랑스가 파리 주재 북베트남(월맹) 무역대표부에 부여한 지위와 동일하게 부여받기를 희망하였다. 이에 대해 프랑스 정부는 실질적으로 외교적 특권을 보장받는 북한의 무역대표부가 파리에 설립될 경우 한국 정부와 부딪치게 될 외교적 마찰을 고려하여 북한 측의 요구를 받아들이지 않았다.

1967년 1월 26일~4월 11일간 진행된 협상을 통해, 정부 간 관계로 발전하지 않고 또한 정치적 색채를 띠지 않는다는 조건하에서 프랑스 정부는 1967년 4월 12일 프랑스 상공회의소 대표와 방기영 위원장 간의 서신교환 형식으로 무역대표부 설립을 마침내 허가하였다. 허가의 주요 취지는 '북한의 무역대표부가 없음으로서 발생되는 제반 불편사항을 제거하고 상거래를 촉진하기 위한 접촉기관으로 할 것'이라는 점이었다. 프랑스 정부는 정치적 승인은 절대로 없으므로 북한 무역대표부를 전적으로 통상 사무에만 종사하는 사적인 기관으로 인정하였으며, 프랑스 상공회의소 대표와 북한 대표 간의 서신교환 형식으로 설립이 결정되고, 소요서류를 구비 제출함으로써 프랑스 정부(외무부가 아닌 내무부)가 이를 허가하는 형식을 취하였다. 북한은 무역대표부의 불어 명칭을 'délégation' 또는 'mission'이라는 용어사용을 희망하였으나 그 의미가 약한 'représentation'으로 하였으며, 프랑스 정부가 이에 관련된 듯한 인상을 회피하기 위하여 말미에 DPRK 삽입을 불허하고, Coréen은 지리적 개념을 나타내는 형용사에 불과하다는 판단하에 동 용어의 사용을 허가하였다. 이로서 공식 명칭은 '조선국제무역촉진위원회상설대표부(평양) *Représentation permanente du comité Coréen du Commerce Extérieur (Pyong-yang)*'으로 최종 결정되었다.

이후 1967년 9월 북한은 대표단을 프랑스에 보내어 모종의 승인을 요청하였으나 거절되었으며, 같은 해 12월 북한 차관 교섭대표단(단장 한숙일 외 7명)이 파리에 도착하여 프랑스 국립대외교역위원회의 중계로 올리비에Olivier 등 몇 개 상사와 차관 교섭을 하였다. 1968년 4월 5일 박갑로를 단장으로 하는 북한 통상 사절단 일행 3명이 파리에 도착하여 무역대표부(통상사무소) 설치를 위한 준비를 마친 끝에 동년 9월 25일 대표부를 설치하였다. 한편 프랑스 측도 북한 무역대표부 파리 설치와 관련하여 양측의 합의사항('프랑스국가대외무역중심과 파리상공회의소는 자기의 무역대표부를 평양에 설치할 수 있다')에 따라 올리비에 상사 등 4개 프랑스 상사[8]가 미화 20,000불로 합자하여 '프랑코르Francor'라는 회사를 설립하였으며, 올리비에 상사의 주재원으로 이미 평양에 있었던 페르수이르Persouyre를 프랑코르 회사 주재원의 자격으로 평양에 상주시키기로 결정하여 1968년 5월 평양에 민간무역대표부(또는 통상대표부)가 설치되었다.

1984년 12월 11일 프랑스 정부는 파리주재 북한 민간 무역대표부를 총대표부로 승격시킴에 따라 우리 정부는 강력한 항의의 표시로 당시 윤석헌 주불대사에게 일시 귀국명령을 내렸다.

2013년 기준 EU 27개 회원국 중 북한과 수교하지 않은 나라는 프랑스와 에스토니아 2개국 밖에 없다. 서방 국가 중 프랑스가 제일 먼저 북한과 접촉을 하고 무역·경제관계를 발전시켰지만, 아이러니하게도 아직까지 국교를 수립하고 있지 않은 이유는 무엇일까? 아마도 프랑스는 북한과의 관계에서 너무나 많이 당하였기 때문일 것이다. 즉, 이익 본

---

8) LOUIS DREFUS CO.(Paris), OLIVIER CO.(Paris), GOLD SCHMIDT CO.(Paris), SOCIETE CASACAUS(Cannes).

것 보다는 손해 본 것이 너무 많아 '북한'이라는 두 단어만 나와도 고개를 설레설레 흔들 정도가 되었다.

대표적인 피해 사례가 평양에 짓다만 유경호텔이었다. 유경호텔은 프랑스의 기술과 자금지원으로 1987년에 시작되었으나 공사대금 체불과 계약 불이행, 전력부족, 기근 발생 등의 이유로 프랑스 기술진이 1992년에 철수함으로써 외부골조만 마무리 된 채 한동안 유령 건물로 남아 있었다. 당초 계획은 1992년 4월 15일 김일성 주석의 80회 생일에 맞추어 완공할 예정이었으나, 16년간 방치되었다가 2008년에 이집트 통신회사인 오라스콤Orascom이 투자하여 김일성 탄생 100주년이 되는 2012년 4월에 일부 개장할 계획이었으나 아직까지 별다른 진전이 없는 것으로 알려지고 있다.

유경柳京9) 호텔Ryugyong Hotel 전체 높이는 330m, 105층 건물로서 총 3,000여 개의 방과 7개의 회전식 레스토랑, 카지노, 나이트클럽 등이 들어설 예정이다. 북한당국은 지금까지 북한 전체 GDP의 2%인 7억 5천만 불을 투자하였고, 향후 완공시까지 GDP의 10%인 총 20억 불이 더 소요될 것으로 추산되고 있다.

---

9) 평양의 옛 이름으로서 예전에 평양에 버드나무가 많아서 '버드나무 도시', 즉 유경으로 불렸다.

政府, 駐佛大使에 귀국령

北佛 總代表部 승격에 강경대응
佛交易相 來韓도 연기 통고

公薦심사 7
民韓, 脱党후유

尹大使
1월4일 귀국

□ 우리 정부의 윤석헌 주불대사 귀국령 조치에 대한 보도
  (『조선일보』 1984년 12월 29일)

8. 한국을 사랑한 주한 프랑스대사 :
로제 샹바르(Roger Chambard)

한국에서 근무했던 수많은 프랑스 외교관 중에 샹바르 대사만큼 한국을 사랑한 대사는 없었을 것이다. 그는 특별히 합천 해인사를 좋아했는데 생전에 "내가 죽으면 화장을 해서 한국의 해인사에 뿌려 달라"고 유언하였다. 1982년 5월 7일 78세를 일기로 타계하자 그의 유골은 한국으로 옮겨져 해인사 산자락에 뿌려졌다. 유골이 뿌려진 곳은 해인사 '소리길'인데, '소리蘇利'는 불교에서 극락, 천당을 뜻하므로 '소리길'은 극락으로 가는 길이란 뜻이다.

샹바르 대사는 한국에 근무하던 시절 해인사를 즐겨 찾았으며, 해인사의 빼어난 경치와 팔만대장경판에 깊은 감명을 받은 것으로 알려지고 있다. 지금까지 한국에 근무했던 무수한 외국인 외교관 중에 유일무이한 경우가 아닌가 생각된다. 우연인지 필연인지 그의 손자 올리비에 샹바르Oliver Chambard 씨는 현재 프랑스 외교부 아프리카—인도양 담당 부국장으로 근무하고 있으며, 우리 외교부와 대對 아프리카 정책 공조 방안 협의를 위해 2011년 9월 내한하는 등 한불 간 이런저런 행사에 많이 참여하고 있다.

올리비에 샹바르 부국장은 할아버지의 흔적을 따라 2009년 12월 겨울 혼자서 해인사를 찾아서 유해가 뿌려진 길을 걸으며 깊은 상념에 잠겼었다고 한다. 2010년 6월 필자가 파리에서 개최되는 세계박람회기구(BIE) 총회 참석차 파리에 갔을 때 올리비에 부국장의 집에 초대되어 샹바르 대사의 유품과 사진 등을 살펴볼 기회가 있었다. 한국에서 선물 받앉거나 기증 받은 골동품들이 집 한 쪽에 가지런히 정리되어 있었다. 고인은 돌아가셨지만 남겨진 물건들은 멀리 고국을 떠나 파리의 지붕 밑에서 면면한 역사를 이야기하며 조용히 침묵을 지키고 있었다. 우리 조상님들의 손때가 묵은 골동품들을 볼 때 반가운 마음이 울컥 솟구쳤다.

파리에 인질로 잡혀져 온 것은 아니지만 무슨 기구한 운명으로 고국을 떠나 아무도 바라보지 않는 파리의 한 가정집에 언제까지 있어야 할 것인가! 사람은 죽어도 골동품들은 오래 남는다. 말없는 무생물이지만 한 세기도 안 되어 스러지는 우리들보다 어쩌면 더 위대하고 고귀한지도 모른다. 특히, 신라시대 귀면와鬼面瓦는 족히 천년이 넘었을 터이니 우리를 초라하게 만든다. 그래서 서울로 귀국하자마자 국립중앙박물관에 전화를 해서 자초지종을 이야기하고 필자가 찍은 사진들을 송부하였더니, 국가차원에서 구매할 정도의 귀중한 골동품은 아니라는 대답을 들었다. 필자가 아는 인사동 소재 골동품 전문가 한분에게 사진으로 감정을 의뢰했더니 역시 비슷한 대답이었다. 약 15점 정도 되는 도자기, 접시 등이었는데 비행기 운송비하고 이것저것 다 따지면 그냥 파리에 놔두는 것이 좋겠다는 실망스러운 대답이었다. 이제 그 골동품들은 어쩌면 영원히 그곳 파리에서 고인이 된 샹바르 대사의 한국에 대한 추억을 달래주는 친구로 남아 있어야 될 것 같다.

샹바르 대사는 광복 이후 초대 주한대사로 발령받아 10년간이나 근무하였다. 근무 기간을 따져보면 구한말에 플랑시 공사가 총 13년을 근무10)하여 최장 근무기록을 가지고 있지만, 샹바르 대사도 1959년 1월 7

---

10) 1차로 1887년 11월부터 1890년 7월까지 3년간, 2차로 1995년 12월부터 1905년까지 10년간.

일자로 부임하여 1969년 4월까지 근무하였으니 10년 넘게 한국에 근무하였다. 요즈음은 대개 대사들이 한 국가에 발령받으면 3년 정도 근무하는 것이 원칙이다. 한국에 10년이나 근무하였으니, 아마 우리나라에 그를 알고 있는 사람들도 무척 많을 것으로 생각된다.

□ 샹바르 대사의 손자 올리비에 샹바르 외교부 부국장(2010년 6월 파리)

샹바르 대사는 초대 주한 프랑스대사로서 1959년 4월 14일 이승만 대통령에게 신임장을 제정하였다. 제3공화국 수립 이후 샹바르 대사는 박정희 대통령과 특별히 가깝게 지냈다. 두 사람의 무인武人 기질이 서로 통하였던 것 같다. 1966년 프랑스 자본(2천만 불)과 기술로 팔당댐을 건설할 때에도 샹바르 대사가 프랑스 기업들과 정부를 상대로 많은 노력을 하여 성사되었다.

샹바르 대사가 혹시 한국 근무중 기록한 문서나 일기장이 있는지 올리비에 부국장에게 물어보았으나, 그런 것은 없었다는 대답을 들었다. 그 대신에 샹바르 대사가 직접 집필한 『리비아 속담집(Proverbes libyens)』 한권을 보여주었다. 제법 두꺼운 책자였다. 한국관련 기록물이나 책자가 없다는 것이 좀 아쉬웠다. 샹바르 대사는 원래 국립동양어학교에서 아랍어와 터키어, 에티오피아어를 전공하였다. 따라서 어떻게 보면 아시아지역 전문가라기보다는 중동 전문가였다. 2차 세계대전 때에는 레지스탕스 요원으로 활동하다 1943년 1월부터 1945년 5월까지 독일군 포로수용소에 수감된 독특한 경력을 갖고 있었다.

□ 박정희 대통령을 접견하는 샹바르 주한 프랑스대사(제일 왼쪽은 김용식 당시 외무
  장관) (1962년 3월 28일로 추정 : 대통령권한대행 최고회의 박정희 의장이 최초로
  주한외교사절단과 접견식을 가진 날임)

□ 리비아 속담 모음집(샹바르 대사 지음) (2002년 발간, 600페이지)

□ 젊었을 때의 샹바르 대사 모습

□ 샹바르 대사의 이임 인터뷰 기사

□ 샹바르 대사 부인 쉬잔 샹바르(Suzanne Chambard) (주한 프랑스대사관저에서). 1927년 샹바르 대사와 결혼하였으며 처녀 때의 이름은 쉬잔 보니페(Suzanne Bonnifet)였다.

9. 알리앙스 프랑세즈 수업료에 대한 과세 분쟁

불어를 배웠거나 배우려고 하는 사람이라면 한 번쯤은 알리앙스 프랑세즈에서 공부한 경험이 있을 것이다. 필자도 전공이 불어교육임에 따라 대구 알리앙스 프랑세즈에서 프랑스어 문법책인 모제Mauger 1권과 2권을 배운 적이 있다. 그리고 1994년 프랑스로 국비장기연수를 떠나기 전에 서울 회현동에서 또랑Torrent 선생님(보통 '*무슈 또랑*'으로 통한다)으로부터 불어회화를 배운 기억이 있다. 아마 상프롱티에Sans frontier 였던 것 같다. 우리말로 번역하면 '국경없는(without frontier) 회화'정도로 해석된다.

1976년 6월 서울시 교육위원회가 알리앙스 프랑세즈에 대해 휴관 또는 폐관조치를 경고하고, 국세청이 세금을 부과하겠다고 함에 따라 한불 간에 미묘한 문제가 발생하였다. 우리 정부가 강경한 조치를 취한 이유는 알리앙스 프랑세즈가 1964년 12월 31일 사설강습소에 관한 법률에 따라 설립되어 서울시 교육위원회의 감독을 받아오고 있었는데, 시교육위가 '문교부 사설강습소 부조리 제거 및 단속 강화 방침'에 따라 실태조사를 실시한 결과 알리앙스 프랑세즈가 관계규정 및 행정지시를 위반한 사항이 있었다는 것이었다.

알리앙스 프랑세즈는 중, 고, 대학생 및 일반인들에게 수강료를 징수하고 있었는데 이에 대한 세금을 내지 않았다는 것과 설립초기의 정원이 270명인데 정원도 지키지 않았고(1981년 기준 1,200여 명), 강사임명 보고나 자료제출 요구에도 응하지 않았다는 것 등이 이유였다. 실제로 알리앙스 프랑세즈는 1964년 설립 이래 서울시 교육위원회가 문제를 제기할 때까지 수강료에 대해서도 세금을 내지 않고 있었다.

설립당시의 의도는 '비영리 문화기관'이었으나 수강료를 징수하고 있었기 때문에 그 설립취지와 위배되는 점이 있었다. 알리앙스 프랑세즈 학원은 1964년 12월 한국인인 최완복 당시 통일원장관의 명의로 설립되었으며, 설립 목적은 "중·고·대학생 및 일반인에게 불어전수"를 하는 것이었다. 강사의 자격은 '대학졸업자로서 불문학을 전공한 자'로 되어 있었다.

설립자인 최완복 장관은 오랫동안 외교관 생활을 하였다. 1941년 일본 게이오 대학에서 불문학을 전공하였고, 해방 후 프랑스 정부초청으로 소르본느대학에서 수학하였다. 이후 미국으로 건너가 미시간대학에서 공부하여 명예문학박사학위를 받고 동 대학에 교환교수로 재직하였다. 1960년부터 외교관으로 특채되어 주프랑스 참사관, 코트디브아르대사, 스페인대사, 네덜란드대사 등을 역임하였다. 1967년에는 외교안보연구원장, 1980년에는 통일원 장관에 임명되어 1984년까지 재직하였다. 이와 같은 경력으로 볼 때 프랑스와 매우 긴밀한 관계를 유지하고 있었던 분이었다.

□ 알리앙스 프랑세즈 설립자 최완복 통일원 장관 모습
(출처 : 국립외교원)

독일어 보급을 위한 괴테학원(Goethe Institute)이 1967년 9월 8일 한 독간 '괴테학원 설립 협정' 체결에 따라 이루어진데 반하여 알리앙스 프랑세즈는 '사설강습소에 관한 법률'에 의거 설립된 점이 문제였다. 그럼에도 불구하고 1965년 12월 체결된 '한 · 불 문화 및 기술협력 협정 및 부속서'에 의거하여 일정한 지위를 향유하고 있었다. 예를 들면, 알리앙스 프랑세즈에서 사용하는 모든 공용물품에 대한 관세면제, 프랑스인 전문가, 교사, 기사, 강사 및 기술자 소유의 기구, 개인장비 및 차량에 대한 관세 면제 등이다.

행정지도를 통해 관리감독권을 행사하겠다는 서울시 교육위, 수강료에 대해 과세하겠다는 국세청, 선처를 바라는 주한 프랑스대사관, 이 문제를 해결하려고 애쓰는 외무부와 문교부 사이에 수많은 의견이 오고 갔다.

서울시 교육위는 알리앙스 프랑세즈가 불어전문 학원으로서 한국인(최완복)의 명의로 설립인가를 받았고,[11] 동 학원이 우리 정부와 외국 정부 간 협정에 의해 설립 · 운영된다고 하나 사설강습소에 관한 법률 및 동시행령에 의하여 설립된 학원이기 때문에 서울시 교육위의 지도감독을 받아야 한다고 주장하였다. 만약 이것이 어려우면 알리앙스 프랑세즈를 정부차원에서 문화공보부나 외무부 소속으로 운영될 수 있도록 조치해 줄 것을 요청하였다.[12]

문교부는 외무부에 한 · 불 문화협정에 의한 불어 교습기관인 알리앙스 프랑세즈가 사설 강습소가 아닌 문화협정상의 문화기관으로 활동할 수 있도록 조치해 줄 것을 요청하였다. 그렇게 될 경우 문제해결이 훨씬 쉬워지기 때문이다. 그러나 외무부의 입장은 알리앙스 프랑세즈가 한 · 불 문화협정에 의한 혜택을 자동적으로 받을 수 있는 기관이 아니라고 판단하였다.

한 · 불 문화 및 기술협력에 관한 협정 제4조에 의하면 "각체약 당사

---

11) 알리앙스 프랑세즈 학원의 서울 설립은 알리앙스 프랑세즈 프랑스 본부가 한 것이 아니고 한국인인 최완복 당시 통일원 장관 명의로 이루어졌다.
12) 알리앙스 프랑세즈는 1978년 12월 기준 2가지 기능을 가지고 있었다. 첫째, 민간외교단체로서 외무부에 등록(대표 : 설원식). 둘째, 사설 강습소에 관한 법률에 의거 서울시 교육위원회에 등록(대표 : 최완복).

국 정부는, 타방 당사국이 설립하기를 원하는 기관으로서, 연구원, 문화 센터, 문화협회, 조사센터와 교육 기관 같은 문화 및 과학기관의 설립과 그 운영을 촉진한다. 이러한 기관은 그 운영에 있어서 *설립되어 있는 나라의 국내법률의 범위 내에서 최대한의 편의를 부여 받는다.*" 동 협정 7조는 또한 다음과 같이 규정하고 있다 : "각 체약국 당사국 정부는, 또한 *제4조에 규정된 기관과 관련하여 발생할 수 있는 조세의 성격을 띤 문제를 호의적으로 해결하도록 노력한다.*"

주한 프랑스대사관은 1977년 9월 우리 외무부에 알리앙스 프랑세즈의 사업 총수익에 부과되는 세금에 대해 면세를 요청하는 서한을 송부하였다. 그 이유는 프랑스 정부의 지원을 받고 있는 알리앙스 프랑세즈가 1964년에 창립된 이래로 계속 면세혜택을 받아왔다는 점을 언급하였다. 한발 양보한다면 알리앙스 프랑세즈의 법적 지위가 외교적인 관점에서 토론을 거쳐 해결될 때까지 만이라도 면세를 해달라고 요청하였다.

그러면 국세청은 왜 10년 이상 과세를 하지 않다가 갑자기 과세 문제를 제기한 것일까? 그 이유는 다음과 같다 : "외국인 상사, 개인 등에 대한 과세문제는 현재까지 관할 세무서에서 취급하였으나 (국내과세 문제와) 이질적인 성격을 띠고 있어 국세청 본부에서 취급하게 되었다. 본부에서 취급하게 되면서 알리앙스 프랑세즈에 대한 세금 부과 문제를 거론하게 된 것이며, *아직까지 (세금부과 문제를) 거론하지 않은 것은 세무서의 착오였다.*"

이 문제가 어떻게 귀결되었는지는 그 이후의 사료를 열람할 수 없어 알 수 없다. 1978년 12월 주한 프랑스대사가 외무부 정보문화국장을 면담한 자리에서 "한국 측에서 제기한 문제들을 재정리하여 알리앙스 프랑세즈가 새 출발을 하기를 원하고 있다"고 밝혔고, "알리앙스 프랑세즈 본부는 프랑스 정부의 지원을 받아 비영리를 목적으로 하는 International Institute(association à but non-lucratif)임으로 비영리 단체임. 한국 측과 Joint Venture를 희망하며 한 사람에 의해 운영되지 않는 사업(not the business of one man)으로 운영되기를 희망함"으로 밝힌 것에서 대략 그러한 방향으로 정리된 것으로 추측된다. 알리앙스 프랑세즈는 여전히 프랑스 외무부와 교육부로부터 인적, 재정적 지원을 받고 있는 기관이다. 2007년 7월 알리앙스 프랑세즈의 법적 성격이 재단법인으로 바뀌었기 때문에 재단법인에 해당하는 과세대상이 되고 있을 것으로 추측된다.

10. 김대중 구명운동과
　　주프랑스 한국대사관 피습사건(1980년)

　1980년 김대중 당시 국민연합 공동의장에 대한 신군부의 사형선고는 국내외에 많은 반향을 일으켰다. 프랑스도 예외는 아니어서 주프랑스 한국대사관이 정체불명의 사람들로부터 약 20개의 붉은 물감이 든 비닐 주머니 투척 세례를 받는 사건이 발생하였다. 김대중 내란음모사건은 1980년 신군부 세력이 5·18 광주 민주화운동을 '김대중 일당이 정권을 잡기 위해 민중을 선동해 일으킨 봉기'로 조작하여 김대중 의장과 문익환 목사 등 20여 명을 연행해 군사재판에 회부한 사건으로 김대중 의장에 대해서는 사형을 선고하고 다른 관련자들은 내란음모나 국가보안법, 계엄법 위반 등 혐의로 구속, 기소하였다.

군법회의는 그해 8월 14일부터 재판을 시작, 9월 17일 19차 공판에서 김대중 공동의장에게 사형을 선고했다. 김 대표는 최후진술에서 "*아무리 죄와 벌을 받아도 내가 잘못이 있다고 납득이 가야 한다*"고 항변했지만 군법회의는 이른바 '김대중내란음모사건'의 주동자 혐의를 씌워 사형을 선고했고 1981년 1월 대법원에서 사형 확정판결을 내렸다. 사형 확정 후 독일 · 미국 · 일본 · 프랑스 등에서 현지 교포들과 각국의 양심적 지식인 · 문화인 · 정치인들이 김대중 구명운동에 나서자, 군사정권은 형량을 무기징역으로 감형하고, 이어 1982년 12월에는 그를 석방하였다.

외국에 주재하고 있는 대사관에 괴한들이 침입한다든가 오물을 투척한다는 것은 주권에 대한 침해행위이다. 해외공관은 치외법권 지역으로서 주재국의 공권력이 미치지 못한다. 그렇기 때문에 이런 일들은 거의 발생하지 않으며, 발생하게 되면 외교적 마찰이 발생하여 양자관계가 냉랭해질 수 있다.

'불온분자의 주불대사관 침입' 사건의 개요는 다음과 같다. 김대중 내란음모사건으로 1980년 9월 17일 김대중 국민연합 공동의장에 대한 사형이 선고되자 같은 날 오후 4시 25분경에 약 10명의 프랑스 청년들이 주불대사관에 침입하여 붉은 물감이 든 비닐 주머니 약 20개를 대사관 벽과 직원 차량에 투척하였다. 이에 따라 대사관 경비원 부인이 비닐봉지에 무릎을 맞아 쓰러지는 사건이 발생하였다. 그 청년들이 '김대중 구출', '군부타도', '지스카르Giscard13) 공모자'라는 낙서를 한 점으로 미루어 보아 프랑스 공산당원 소행인 것으로 추정되었다.

사건발생 즉시 주프랑스대사관은 관할 경찰인 파리 7구 경찰과 엥발리드INVALIDES 경찰(외교, 공관 등 특수시설 보호)에 신고하였고, 프랑스 경찰은 즉시 출동하여 유감을 표시하고 대사관 외부의 붉은 낙서를 제거해 줌과 아울러 특별경비를 해주겠다고 약속하였다.

이 사건을 직접 목격한 대사관 경비원의 부인이었던 '레네' 부인에 따르면 소형버스가 대사관 앞에 주차되어 있었고, 방문객이 일을 마치고 대사관을 나가려는 순간 한 청년이 대사관에 들어와서 대사관 입구 우측 수위실에 앉아 있던 레네 부인에게 2개의 비닐봉지를 던져 그중 한 개에 맞아 레네 부인이 그 자리에서 쓰러졌다. 이후 일단의 청년들이 연속으로 들어와서 수 분간 비닐 주머니를 던지는 소동을 벌였다.

사건 다음날인 9월 18일자 프랑스 공산당 기관지인 뤼마니떼L'Humanité 가 김대중 구명운동에 대한 기사와 함께 9월 17일 오후 주불대사관에 난입하여 페인트를 던진 청년들이 '김대중 사형선고에 분노한 젊은 공산당원들'이라는 설명이 붙은 데모 장면사진을 게재함에 따라 그들이 공산당원임이 밝혀졌다.

프랑스 언론들도 김대중 의장에 대한 구명운동을 전개하였다. 이에 따라 여러 건의 사건이 발생하였다. 1980년 9월 22일 파리 기메 박물관(Musée Guimet)에서 개최될 예정이었던 우리나라 국악연주단의 공연

---

13) 발레리 지스카르 데스탱 프랑스 대통령(1974~1980년간 재임).

이 박물관 측의 공연장소 대여거부로 취소되었다. 박물관이 이와 같은 태도를 보인 이유는 프랑스 언론들의 김대중 의장 구명운동에도 영향을 받았고, 주불대사관이 공산당원들에 의해 습격을 받은 사건과 관련, 박물관 측이 우리나라 공연을 유치함으로써 유사한 습격을 당할 것을 우려하였기 때문이다.

아울러, 9월 19일 낭뜨Nantes시에서 조선시대 회화전이 도브레 박물관(Musée Dobrée)에서 개최되고 있을 때 주불대사관 피습사건과 유사한 사건이 발생하였다. 이 행사에 주불대사가 참석하고 있었는데 공식 개관 행사 개최 전에 낭뜨 공산당원 대표 3~4명이 김대중 의장 구출을 위한 항의문을 대사에게 전달하려고 하였다. 이에 우리대사관 측은 공산당 대표를 대사가 접수할 수 없으며 항의문이 있으면 대사관으로 우송하라고 전달하였다. 이날 오후 5시 30분 낭뜨시 주지사와 부인 및 주불대사가 나란히 차에서 내려 개관식 행사장에 입장하려는 순간 공산당원으로 보이는 약 10여 명의 청년들이 "김대중을 살려라", "살인자, 살인자"라고 외치며 붉은 페인트를 투척하였다. 지사와 지사 부인이 페인트 세례를 받아 행사가 약 15분간 지연되는 사건이 발생하였다. 이 사건의 여파로 같은 해 10월 중순 디낭Dinan에서도 개최예정이었던 이 전시회는 무기 연기되었다.

1980년 주불대사관에 대한 피습사건은 같은 해 11월 김대중 의장에 대한 2심이 확정되자 다시 발생하였다. 1980년 11월 4일 오후 6시 30분 4~5명의 청년들이 주불대사관 정문 및 외벽에 붉은 페인트를 투척하였다. 그리고 대사관 외벽에 검은색 페인트로 '살인자(assasin)'라는 낙서를 하였다. 관련자 4명이 체포되었으며, 과거의 예로 보아 공산당계 노

동조합(CGT) 소속원들의 소행으로 추정되었다. 나중에 확인결과 발-
드-마흔느Val-de-Marne 지방에 거주하는 공산당원으로 20세 전후의 청
년들인 것으로 밝혀졌다.

김대중 의장은 그 후 세계 각국의 구명운동에 의해 사형집행을 면하
였다. 1998년 2월 제15대 대통령으로 당선되어 2000년 3월 6일~8일간
프랑스를 국빈 방문하였다. 아마 감개가 무량하였을 것으로 생각된다.
이후 김대중 대통령은 2001년 12월에 유럽의회 초청으로 스트라스부
르를 방문하는 기회를 또 가지게 되었다. 우리나라 대통령 중 재임기간
에 프랑스를 두 번 방문한 유일한 대통령일 것이다. 당시 주불한국대사
관이 '불온분자'로 명명한 공산당원들이 김대중 대통령에게는 '생명의
은인'이었던 셈이다.

11. 미테랑 대통령, 1981년 북한과 수교를 추진하다

프랑스와 미테랑François Mitterand 대통령은 필자가 유일하게 가까운
거리에서 보았던 프랑스 대통령이었고, 1996년 1월 병으로 사망하였을
때에 파리 시내의 분향소에도 가보았던 분이다. 프랑스 유학시절이었
던 1995년 3월 2일 김영삼 대통령의 프랑스 방문시 행사요원으로 차출
되어 오를리Orly 공항에 들어가서 대기한 적이 있었다. 그때에도 몸이
좋지 않은 상태였지만 추운 날씨에 오를리 공항에 김영삼 대통령이 탄
비행기가 도착하기를 기다리면서 그의 부인 다니엘 미테랑과 함께 있
는 모습을 먼발치에서 바라보았다. 그의 옆에 비상 앰뷸런스 차량이 대

기하고 있었던 것도 만약의 경우를 대비하기 위해서였다. 1993년 9월 14일 프랑스 대통령으로서는 최초로 한국을 방문한 적이 있는 분이기도 하다. 그때에도 몸이 좋지 않았던지 청와대 행사도중 잠시 혼절하여, 보좌관들이 부축해서 일으켜 세운 적이 있었다.

본론으로 들어가서, 그가 프랑스 사회당 당수 겸 대통령 후보자격으로 1981년 2월 평양을 방문한 적이 있었다. 원래 북한 노동당과 프랑스 사회당 간에는 예전부터 교류가 있어 왔다. 1992년부터 중단되었지만, 프랑스 사회당은 매년 개최되는 전당대회에 북한 노동당 관계자들을 초청하곤 하였다. 미국의 정책에 사사건건 반대하는 모습을 보였던 프랑스는 1964년 서방국가로서는 최초로 중공中共과 수교하였으며, 1966년 나토NATO 통합군에서 탈퇴하는 등 국제사회에서 좀 '튀는 행동'을 많이 하였다. 미테랑 대통령 후보의 평양 방문도 이러한 맥락에서 이해하면 될 것이다.

문제는 이러한 프랑스 정부의 돌출행동이 우리 정부의 심기를 매우 불편하게 만들었다. 프랑스 사회당과 공산당은 집권시 북한과 외교관계를 맺을 계획을 가지고 있었다. 우리 정부가 우려한 바는 공산진영의 남한 승인이 없는 상태에서 프랑스가 북한을 승인할 경우 우리의 외교적 입지를 급격히 약화시킬 수 있다는 점이었다. 1981년 5월 미테랑 사회당 당수가 대통령에 당선되자 우리 정부로서는 일종의 비상사태가 발생된 것이었다. 치열한 외교적 탐색이 시작되었다. 과연 프랑스는 북한을 승인할 것인가?

1982년 8월 클로드 셰이송 프랑스 외무장관이 방한하였을 때 프랑스의 전통인 보편성(universalité)의 원칙에 기초하여 북한의 정권이 아닌 북한이라는 국가를 승인하겠다는 의도를 일부 밝혔다. 프랑스 정부가 북한을 승인하려 했던 이유는 '사회당 지도부가 판단하기에 한반도에는 냉전으로 인한 비정상 상태와 강대국들 간의 적대관계가 지속되고 있었고, 프랑스 정부는 외교에 있어서 균형을 유지하고, 남북한 간의 대화를 증진하며, 데탕트의 추진력을 얻기 위해서'라고 하였다.

이와 같은 입장은 피에르 모로와Pierre Mauroy 수상이 1981년 10월에 밝힌 프랑스 외교정책의 원칙, 즉 '세계 모든 국가들과 외교관계를 수립'한다는 것에서 이미 천명된 바 있었다. 이는 프랑스 정책의 근본요소인 '공익과 경제적 실리 추구' 정신에서 연유한다. 당시에 한불 간, 북한과 프랑스 간 서로의 의도를 탐색하기 위한 인사교류가 부쩍 늘어났다. 1982년 2월에 노신영 외무장관이 프랑스를 방문하여 미테랑 대통령을 예방하였다. 같은 해 10월에 프랑스 공산당 죠지 마르쉐Georges Marchais 사무총장이 평양을 방문하는 자리에서 북한을 승인할 것을 강력히 촉구하였다.

우리 정부는 1982년경 미테랑 대통령의 방한을 희망하였다. 그의 마음을 돌려보기 위해서였을 것이다. 미테랑 대통령이 어쩌면 1983년 5월경에 한국을 방문할지도 모른다는 이야기가 있었으나 무산되었다. 한불관계는 매우 경색되었고, 우리 정부도 프랑스 측의 행동에 대해 일종의 보복조치를 취하였다. 먼저, 1983년 4월 알스톰Alsthom사에 맡겨졌던 핵발전소 건설계약을 취소하였다. 1983년 6월에 예정되어 있었던 이범석 외무장관의 파리방문도 취소해 버렸다. 그리고 프랑스 회사가 장기간 눈독을 들였던 부산 지하철 건설사업과 서울의 하수처리시설

건설 계약을 일본회사와 맺었다.

프랑스로서는 북한승인을 통해 얻을 실익보다도 잃어버릴 이익이 더 많았다. 당시 우리나라는 경제발전이 한창인 시절이었고 인프라 구축을 위한 대규모 공사가 진행되어 외국계 기업들의 한국 진출이 점중하고 있던 시기였다. 프랑스 정부는 "남한과 좋은 관계를 유지해서 계속 경제적 실리를 챙길 것인가, 북한을 승인해서 국제사회에서 '원칙을 견지하는 국가'라는 프랑스의 이미지를 내세울 것인가?"라는 중요한 딜레마에 봉착하였다. 결국 1984년 4월 프랑스 정부는 파리를 방문한 강석전 북한 외무부상에게 프랑스가 북한과 외교관계를 수립하지 않을 것임을 통보하였다.

대신에 프랑스 정부는 1984년 12월 파리주재 북한 통상대표부를 일반대표부로 격상시켜주는 조치를 취하였다. 북한과 수교하지 않는 대가였다. 일반대표부는 통상, 홍보활동만 할 수 있었고, 영사 및 정무활동은 할 수 없었다. 통상대표부를 일반대표부로 격상시킨 조치도 우리 정부로서는 매우 받아들이기 어려운 조치였다. 따라서 우리 정부는 당시 윤석헌 주불대사를 서울로 소환하였고, 1985년 1월로 예정된 에디트 크레송Eidth Cresson 대외무역장관의 방한도 무기한으로 연기시켰다.

1983년 10월 버마(현 미얀마) 아웅산 테러사건, 1987년 11월 대한항공 폭파사건 등이 북한에 의해 자행되자 국제사회의 여론은 북한에 등을 돌렸다. 이에 따라 프랑스 정부도 더 이상 북한 승인 문제를 이야기할 수 없는 상황이 되었다. 미테랑 대통령도 막상 대통령이 되고 보니 남한과의 관계를 껄끄럽게 만들어서는 한반도에서 프랑스가 취할 실익이 거의 없음을 알게 되었을 것이다. 그때 한번 크게 당해서였을까? 현재 유럽의 대부분의 국가들이 북한과 수교했음에도 불구하고 프랑스는 아직도 북한과 미수교상태이다.

만약에 프랑스가 좋은 의도로 추진하려 했던 북한 승인이 실제적으로 이루어졌다면, 한반도 통일이 더 빨리 이루어질 수 있었을까? 하는 의문이 남는다. 역사에 있어서 가정은 쓸모없는 일일 수도 있지만, 프랑스의 그와 같은 결단이 한반도의 장래에 중요한 영향을 미칠 수도 있을 뻔 했던 사건이었다. 그동안 '조용한 관찰자'의 입장에서 벗어나 남북문제에 보다 실질적인 영향력을 미칠 수 있었을지도 모른다.

□ 1995년 3월 김영삼 대통령 프랑스 방문시 일부행사가 진행된 뫼리스 호텔(Hôtel Le Meurice)에서의 필자의 모습. 뫼리스 호텔은 2차세계대전 당시 독일군 사령부가 있던 곳이다.

12. 박정희 대통령이 프랑스를 방문하지 못했던 이유

박정희 대통령은 재임기간 중 한 번도 프랑스를 방문하지 못했다. 박정희 대통령은 프랑스를 좋아하지 않았던 것인가? 우리나라 대통령으로서 최초로 프랑스를 방문한 것은 전두환 대통령이었다. 한불 간 수교 이후 최초로 양국 간 수교 100주년을 축하하기 위해 1986년 4월 14일~16일간 방문하였다.

박정희 대통령은 1964년 12월 6일~15일간 독일(서독)을 국빈 방문하여 뤼부케 대통령, 에르하르트 독일 수상 등 독일 주요 정부 인사들과 면담하고, 서독에 파견된 우리 광부들 및 간호사들과 눈물의 상봉을 하였다. 또한, 독일의 아우토반을 보고 고속도로를 건설할 필요성을 절감하였으며, 독일로부터 1억 5천 9백만 마르크(약 4천만 달러)의 차관을 들여와 나주비료, 인천 중공업, 기계공업, 인쇄용지 공업, 광산기계 등 산업개발에 필요한 재원을 마련하였다. 이렇듯 독일과는 밀접한 관계를 유지하였는데, 왜 프랑스에는 한 번도 가지 않았을까?

결론부터 말하자면 박정희 대통령은 프랑스를 여러 번 방문하고자 하였으나 이런저런 사정으로 성사되지 않았을 뿐이었다. 특별히 프랑스를 방문하지 않을 이유는 없었다. 프랑스 외교부 사료에 따르면 큰 영애 박근혜 양에게 불어를 배우도록 하였으며, 주한 프랑스대사이자 주한 외교사절단 단장이었던 로제 샹바르 대사와도 매우 친밀한 관계를 유지하였고, 프랑스 자본을 끌어들여 팔당댐 건설을 추진하는 등 프랑스에 대해 매우 우호적인 입장을 가지고 있었다.

1964년 12월 박정희 대통령이 독일을 방문할 당시 우리나라는 참으로 가난한 나라였다. 오늘날 우리나라가 세계경제력 10위를 자랑하는 중진국의 대열에 들어섰지만, 당시만 하더라도 보릿고개를 어떻게 하면 넘길 수 있을지를 걱정하던 시기였다. 국내에도 비행기가 있었지만 한국에서 독일까지 장거리 비행을 해 낼 기종은 없었다. 당시에 박 대통령이 타고 갔던 비행기는 독일의 루푸트한자Lufthansa 항공기였으며 본Bonn-동경 간 운항되던 상용기로서 독일방문을 위해 특별히 서울에 기착하였다. 관련 비용은 독일이 무료로 제공하였다. 남북으로, 그리고 동서로 분단된 국가들끼리의 동병상련의 정 때문이었을 것이다.

처음에는 독일정부가 소형 비행기 2대를 제공할 계획이었으나 장거리 비행에 적합지 않았고, 군용기를 제공하는 방안도 검토되었으나 정비 및 연료관계로 빈번한 착륙을 해야 했기 때문에 부적합하다는 결론이었다. 루푸트한자 일반여객기를 일주일간 전세 내는 방안도 검토했으나 비용이 무려 50만 불이나 소요되어 이 방안도 취소되었다.

당시 독일 방문 계획초기에는 독일 방문을 마치고 오는 귀로에 프랑스와 이집트를 방문할 계획이었다. 프랑스는 독일과 함께 유럽공동시장(EC) 추진의 양대 축이었고, 이집트는 우리의 대중동외교에 도움이 될 것이라는 판단에서였다. 프랑스의 경우 독일만 방문하고 바로 이웃인 프랑스를 방문하지 않을 경우 자존심 강한 드골 대통령의 기분을 불편하게 만들 가능성이 있었다. 이집트의 경우 카이로에 들러서 나세르Nasser 대통령을 만난다면 우리의 대중립국 적극 외교전개에 일대 전환기가 될 수 있을 것이라는 판단이 있었다. 통일아랍공화국[14]의 나세르

---

14) 1958년 2월 1일 이집트의 가말 압델 나세르 대통령과 시리아의 슈크리 알쿠와틀리

대통령은 중동지방 아랍 14개국 단결의 중추를 이룩하고 있었고, 당시 북한이 적극적으로 중립국 접근정책을 펼치고 있었기 때문에 박 대통령이 나세르 대통령과 만난다면 중요한 외교적 '행위'가 될 수 있었다.

독일 방문계기에 프랑스에 대한 공식방문 문제를 제기하는 중요한 이유는 다음과 같았다.[15]

첫째, 독일과 프랑스 관계는 현재 과거 역사상 어느 때 보다도 좋은 처지에 있고, 구주대륙의 단결(예, 유럽 공동시장)은 독불 양국의 우호관계에 좌우되고 있음.

둘째, 프랑스는 국제정치면에서 현재 거대한 영향력을 발휘하고 있음.

셋째, 드골(de Gaulle) 대통령의 자존심은 대단한 것으로서 프랑스를 독일보다 경원한다는 인상을 주는 것은 외교효과상 현명치 못할 것임.

넷째, 일반적으로 유럽과의 외교관계를 고려할 때에는 특별한 비밀정치목표(예, 일본이 과거 독일과 이탈리아와 동맹조약을 체결한 것과 같은 비밀외교)가 없는 한, 독불 양국 및 영국의 삼각관계에 균형을 두어야 함.

이러한 이유로 독일 방문시 프랑스도 연계하여 방문하는 방안을 청와대 대통령비서실에서 적극적으로 검토하였다. 이를 위해서 유럽지역

대통령이 카이로에서 두 나라의 합방조약에 서명함으로써 통일아랍공화국이 탄생하였다. 그러나 1961년 9월 시리아에서 쿠데타가 일어나 통일아랍공화국에서 탈퇴함으로서 3년 반 만에 해체되었다.
15) 박정희 대통령 독일 방문, V.1 기본문서집, 외교통상부, 37~38쪽.

공관장회의를 본Bonn이 아닌 파리에서 개최하는 방안도 고려하였다. 그러나 1964년 9월 23일 국무총리실에서 개최된 '대통령각하 내외분 방독에 관한 각료급 회의'에서 *"대통령 방독에 있어서 독일 이외의 국가는 방문 또는 기착하지 않는다"*로 결정이 났다. 어떻게 해서 이렇게 결정이 났는지에 관한 문서가 없기 때문에 내막은 알 수 없으나, 상식적으로 볼 때 독일에서 무료로 제공해 준 비행기로 프랑스와 이집트를 방문한다는 것이 부담이 되었을 것이다. 당시 대통령 전용기도 없었던 가난한 나라의 비애라고 생각된다. 우리 국적기로 우리 대통령 전용기로 간다면 어디를 가든지 부담이 없었겠지만 남의 나라에서 무료로 제공해 주는 비행기로 이곳저곳 간다는 것은 호의를 베풀어 준 독일에 대해서도 미안한 노릇이었을 것이다.

이렇게 해서 프랑스 방문계획이 1차적으로 불발되었다. 박 대통령은 재임17년 기간 중 외국방문을 그렇게 많이 하지 않았다. 평균적으로 계산해서 잘해야 1년에 한두 번 정도였다. 그것은 국제적인 현안보다 국내적인 현안이 많았다는 의미일 것이고, 또한 우리나라가 국제사회에서 그렇게 활약할 수 있을 정도로 국력이 성장하지 못했다는 증거일 것이다. 1964년 12월 독일 방문은 우리나라 국가원수로서는 사상 최초의 유럽방문으로 기록되었다.

그 이후 우리나라가 1965년부터 월남전에 본격적으로 참전하게 되면서 한불관계는 다소 냉랭한 상태를 유지하였다. 1968년 파리주재 북한 민간무역대표부 설립을 허락하면서 한불관계는 더욱 악화되었다. 드골 대통령은 월남전쟁이 전 세계적 핵전쟁으로 번질지 모른다고 우려하였으며, 미국이 주도하는 월남전에 한국이 군대를 파병하는 것에 대해 못마땅하게 생각하고 있었다. 드골 대통령은 당시 해외식민지 장관이었던 레노가 '인도차이나는 태평양을 향한 프랑스의 발코니'16)라고 묘사한 것처럼 과거 프랑스의 식민지였던 월남에 대한 미련을 버리지 못하였다. 이에 비해 미국은 가급적 월남, 나아가 인도차이나 반도에서 프랑스의 영향력을 배제하고자 하였다.

이에 대응하여 1963년 3월 드골 대통령은 '동남아 중립화'를 선언하였다. 드골 대통령은 이 선언을 통해 미국은 인도차이나에 어떠한 권리도 없으며, 이 지역에서 새로운 침략 세력으로 나타나고 있다 밝혔다. 1964년 1월 프랑스는 서구 국가 중 최초로 중국(당시 '중공'이라 명명)과 수교를 맺었다. 프랑스가 중공과 국교를 맺자 우리나라로서는 당혹스러웠다. 6·25전쟁 때 참전하여 남북통일을 가로막은 결정적 역할을 한 중공이 프랑스와 국교를 수립한 것은 당시 미국과 소련을 중심으로 하는 냉전시대 국제정치질서에 중대한 파문을 일으켰다. 미국으로부터 대부분의 경제원조와 군사원조를 받고 있던 우리나라로서는 드골의 독자적인 제3외교, 비동맹외교가 부담스러웠다.

1965년 7월 '월남전쟁의 미국화'가 공식적으로 결정되었다가 세계여론의 월남전 반대와 미국의 막대한 경제적, 군사적 지출로 1971년 1월 '월남전쟁의 월남화'가 추진되면서 한국과 프랑스는 그간의 소원한 관계를 청산하고 대화를 할 수 있는 물꼬가 트였다. 1971년 1월 11일 박정희 대통령은 연두 기자회견에서 주월 한국군의 단계적 감축을 검토하고 있다고 밝혔다. 이틀 후인 1월 13일 우리 외교부(당시 이름은 '외무부') 정무국장은 프레데릭 막스Frédéric MAX 주한대사를 접촉하여 박

---

16) 허만 지음, 『드골의 외교정책론』, 1997, 178쪽.

대통령이 1971년 3월중 프랑스를 공식 방문할 경우 이를 받아줄 수 있는지를 문의하였다. 아울러, 프랑스를 방문할 경우 유럽의 다른 나라 방문도 고려하고 있지만 이번 방문은 박 대통령이 오랫동안 희망했던 프랑스 방문이 주목적이라고 밝혔다.[17]

이에 대해 프랑스 측은 매우 호의적인 반응을 보였다. 첫째, 1970년 11월 9일 드골 대통령이 사망했을 때 극동지역에서는 유일하게 한국과 일본만이 조문사절로 외교장관을 파견하는 등 프랑스에 대해 우호적인 행동을 보여주었다. 한국은 아시아지역에서 일본, 중국 다음으로 프랑스의 3번째 교역국가로서 양국 간 무역액(프랑스 → 한국 수출 2억 6백만 프랑, 프랑스 → 한국 수입 1천 8백만 프랑)이 점증하고 있었다. 셋째, 한국에서 불어가 제1위의 제2외국어로서 가르쳐 지고 있었다. 고등학교에서 제2외국어를 배우는 학생들의 80%가 불어를 선택하였고, 독어는 20%를 차지하였다.

프랑스 정부 관계자가 판단하기를 박 대통령의 프랑스 방문은 1972년 제8대 대통령선거를 앞두고 - 거의 대통령 당선이 확실하지만 - 선거에 유리한 국면을 조성하기 위한 목적인 것으로 분석하였다. 같은 취지에서 1970년 9월 당시 야당인 신민당 대통령 후보로 지명된 김대중 후보가 미국, 영국, 프랑스를 1971년 1월 26일~2월 21일 기간 중 방문하기로 이미 예정되어 있었다. 김대중 후보가 3개국 방문을 통해서 국제적인 관심을 끌게 되는 것을 희석시키기 위한 목적도 있었을 것으로 분석된다. 보통 국빈방문은 적어도 1년 전에는 서로 교섭을 해서 준비

---

17) (…) le Président Park ajouterait peut-être un autre pays occidental à son itinéraire, mais que sa visite en France, où le Chef de l'Etat coréen désirait se rendre depuis longtemps, serait l'objet essentiel de son déplacement(Paris, le 14 janvier 1971).

하는 것이 관례인데, 약 2개월 남겨두고 방문타당성을 논의한 것에 대해 프랑스 측은 조금 난감하게 생각하였다. 그럼에도 퐁피두 대통령이 1971년도 일정이 매우 바쁘게 짜여 있기는 하지만 가능성을 한번 검토하는 것으로 결론지었다.

이와 관련된 후속 문서를 보지 못하여 왜 박 대통령의 프랑스 방문이 이루어지지 못하였는지 알 수 없다. 우리 측 사정이었을까, 프랑스 측 사정이었을까? 1971년 4월 27일 제7대 대통령선거가 곧 실시되었기 때문에 선거일을 한 달 남겨두고 프랑스를 방문하기는 쉽지 않았을 것 같다. 선거 결과 634만 2,828표(득표율 53.2%)를 얻은 박정희 후보가 당선되었고, 539만 5,900표(득표율 45.2%)를 얻은 김대중 후보가 낙선하긴 하였지만 매우 아슬아슬한 표 차이로 패배하였다.

그 이후의 역사는 모두가 잘 아는 바와 같이 1972년 7월 4일 남북 간의 정치적 대화통로 마련과 한반도 평화정착정책 추진의 계기를 마련하기 위하여 7 · 4 남북공동선언이 발표되었다. 그리고 3개월 후인 1972년 10월 17일 박정희 대통령은 장기집권을 목적으로 초헌법적 비상조치인 10월 유신을 단행하였는데, 지금 와서 생각해보면 당시 7 · 4 남북공동성명을 통해 한반도에서의 긴장상태를 완화할 수 있는 물꼬가 트였고, 경제발전도 매년 10%씩 잘 성장하고 있었던 안정적인 상황에서 왜 이와 같은 비상사태를 선언했는지 잘 이해가 되지 않는다. 하여간 박 대통령은 1972년 12월 23일 유신헌법에 의해 대통령 후보에 단독 출마하여 통일주체국민회의에서 100% 득표율로 제8대 대통령으로 당선되었다.

역사란 가정은 없지만 만약 이때 박 대통령이 제7대 대통령을 마지막으로 정치에서 물러났더라면 아마 지금쯤 이순신 장군 못지않게 일부 국민이 아닌 모든 국민들로부터 존경을 받는 역사적 인물로 평가되었을 것이다. 그리고 1979년 10월 26일 김재규 중앙정보부장에 의해 총탄에 쓰러진 10 · 26 사건도 없었을 것이다.

13. 주한 프랑스대사관과 민씨 일가

현재 프랑스대사관과 대사관저가 들어서 있는 '서울 서대문구 합동 30번지'는 구한말 명성왕후를 배출한 민씨 집안의 소유였다. 정확한 주인은 1905년 11월 일제가 강제로 을사조약을 체결하자 비분강개하여 '2천만 동포에게 경고하는 글'[18]을 남기고 자결한 시종무관 민영환이었다. 민영환의 집은 종로구 견지동에 있었는데 전원생활을 즐기기 위해 4대문 밖에 있는 이곳에 초가집을 한 채 지었다. 당시 여유가 있는 사대부들은 요즘의 전원주택 같은 별도의 집을 소유하였으며[19] 민영환은 주로 여름에 이곳에 들르곤 하였다고 한다.

---

18) 警告大韓二千萬同胞遺書(1905.11.30).
19) 조선시대 세도가들의 별장을 별서(別墅)라고 불렀으며 주로 세검정, 홍제동, 부암동에 위치하였다.

민영환은 그의 호를 따라서 이 '여름 집(maison d'été)'의 이름을 '계정桂庭의 산속 초가집'으로 명명하였다. 명성황후가 러시아세력을 불러들여 일본세력을 견제하는 인아거일책引俄拒日策을 전개하자 한·러 관계가 긴밀하게 되었다. 민영환은 중국이 우리나라에 대해 종주국 행세를 하는 것을 거부하였다. 또한 일본의 한반도에 대한 세력확장에 대해서도 경계하여 명성황후의 친러정책을 지지하는 입장이었다.

1896년 2월 아관파천으로 친일 김홍집 내각이 무너지고 친미, 친러 내각이 들어서자, 민영환은 그 해 4월 특명전권공사로 임명되어 러시아 황제 니콜라이 2세(Nicolas II) 대관식에 참석하였다. 니콜라이 2세 대관식은 5월 26일 모스크바 크렘린 궁에서 개최되었는데 민영환은 러시아로 가기 전에 미국과 유럽의 여러 나라들을 방문하였다. 1896년 4월 초

순경 인천에서 러시아 군함을 타고 상해, 나가사키, 동경을 거쳐 캐나다 밴쿠버에 도착한 이후 여기서 기차 편으로 북미대륙을 횡단하여 뉴욕으로 갔다. 미국 뉴욕에 3일간 머물렀던 민영환은 미국의 근대화된 도시와 선진 문물을 보고 크게 감명을 받았다고 한다.

민영환 일행(윤치호, 김득련, 김도일 등)은 뉴욕에서 상선을 타고 대서양을 건너 런던에 도착하였고, 유럽 대륙의 네덜란드, 독일, 폴란드를 거쳐 러시아로 들어갔다. 민영환을 수석대표로 하는 우리 대표단은 5월 26일 크렘린 궁에서 거행된 러시아황제의 대관식에 참석한 뒤, 약 3개월 동안 러시아에 머물면서 선진 문물과 제도 등을 견문하였다.

민영환은 미국과 유럽의 여러 도시들을 구경하고 서양문물을 접한 뒤 서대문구 합동에 있는 이 여름 초가집을 헐고 서양선교사들의 집을 모방하여 2층으로 된 벽돌집을 지었다. 이 벽돌집은 한국인에 의해 지어진 최초의 서양식 건물로 기록된다. 일본 동경에 있었던 정부 고관이나 내외 신사 숙녀의 사교장이었던 로쿠메이칸(鹿鳴館)처럼 이곳에서 최초로 유럽 스타일의 리셉션이 개최되었다고 한다. 민영환이 그렇게 했던 이유는 당시 열강들에게 한국이 국제관계를 중요시하고 개화를 통해 발전과 번영을 지향하고 있다는 것을 보여주기 위해서였다고 한다.

1910년 8월 일본이 한국을 강제병탄하고 나서 한 달 후인 1910년 9월~10월경에 프랑스 정부가 이 땅을 매입하였다. 1910년 한일 강제병탄이 이루어질 때 중국 천진에 망명해 있던 민영찬이 사망하였고, 이에 따라 일본정부의 소유로 이 땅이 넘어가게 될 운명에 처하였다. 프랑스 정부는 일부 훼손이 되기는 하였지만 당시 서울에서 가장 주목받는 외교적인 건물로 인식되는 이 건물을 아주 좋은 조건으로 구매하였다.

참고로, 명성왕후 민비를 배출한 여흥骊興 민씨 집안은 고종 · 순종 치세에 많은 고관대작들을 배출하였다. 1902년 주프랑스 특명전권공사로 임명된 민영찬(민영환의 동생) 등의 유명한 사람들이 있었다. 민씨 집안은 프랑스와도 인연이 많은데 1897년 1월 민영익이 프랑스를 포함한 주유럽 6개국 특명전권공사에 임명되었고, 1898년 10월 민영돈이 주불 겸임공사로 임명된 바가 있다.

그런데 이 건물은 너무 대담하게 지어졌기 때문에 이곳에 거주했던 프랑스 외교관들이 살기에는 불편한 점이 많았다. 1959년 프랑스 정부는 새로운 건물을 짓기로 하고 현상공모를 실시하였다. 이때 7명의 장안의 유명한 건축가들이 응모하였는데 최종적으로 일본과 프랑스에서 유학한 경험이 있는 김중업 선생의 작품이 선정되었다. 1961년 완공된 이 건물은 『조선일보』에서 실시한 한국 50년 걸작 건축물 20선에서 김수근 선생이 설계한 공간사옥과 함께 1위로 선정되었다.

김중업 선생은 한국의 얼이 담기면서도 프랑스다운 우아함을 동시에 나타내는 건축물을 만들려고 노력하였고 '빛과 그림자의 교향시'라는 그의 철학을 건물에 투영하고자 하였다. 김중업 선생은 이 작품으로 1962년 서울시문화상을 수상하였고 1965년에는 프랑스 국가공로훈장과 슈발리에 서훈되었다.

□ 1961년 완공당시의 주한 프랑스대사관 건물 전경(Roger Chambard 초대
　주한 프랑스대사 소장 사진)

이 건물에 최초로 거주했던 사람은 다름 아닌 초대 주한 프랑스대사였던 로제 샹바르Roger Chambard 대사였다. 샹바르 대사는 1959년 4월 14일 주한 프랑스대사로 신임장을 제정하였는데 1969년 6월 한국을 떠날 때까지 이 건물에서 집무도 하고 생활도 하였다. 10년간 한국에서 근무하였기 때문에 이 건물에 가장 오래 살았던 주한 프랑스대사로도 기록될 것이다.

새로운 건물이 지어짐으로써 과거 민영환이 세웠던 2층의 벽돌 건물은 흔적도 없이 사라졌다. 1972년 10월 제3대 주한 프랑스대사였던 피에르 랑디Pierre LANDY 대사는 과거 이 집의 주인이었던 민영환을 기억하여(in memoriam) 대사관저 정원에 다섯 글자로 된 민영환의 친필('계정(桂庭)의 산속 초가집')을 강화도에서 가져온 화강암에 새겨서 기념표

석을 만들었다. 랑디LANDY 대사가 이 기념표석을 세운 이유는 구한말
의 애국지사였으며, 시인이자 이곳을 사랑했던 민영환과 주불공사로 근
무했던 그의 동생 민영찬을 기리기 위해서였다.

기념표석 설립 행사는 1972년 10월 11일 왕립아시아학회 한국지부
(Royal Asiatic Society-Korea Branch) 연례모임을 프랑스대사관에서 개
최하는 계기에 개최되었다. 이 행사에는 주한외교사절, 한국정부인사,
민영환의 친손자인 민병회 선생, 그리고 민씨 종친회 회원 등 약 300여
명의 인사들이 참석하여 성황리에 개최되었다. 아울러, 고려대학교 박
물관이 소장하고 있는 민영환의 유품이 함께 전시되었다.

□ '계정(桂庭)의 산속 초가집' 기념표석(1972년 주한 프랑스대사관저 정원에
  설치). 다섯 글자로 된 민영환의 친필을 표석에 그대로 옮김.

14. 큰 영애 박근혜 양, 불어를 배우다

박근혜 대통령은 영어, 불어가 매우 유창하고 중국어와 스페인어도 현지인과 소통을 하는데 전혀 무리가 없을 정도라고 알려져 있다. 그렇게 된 데에는 1974년 8월 15일 육영수 여사가 서거하면서 퍼스트레이디 역할을 하면서부터라고 언론과의 인터뷰에서 밝힌 바 있다. 이후 국회의원으로서 의정활동을 하면서 외국에 의원 외교활동을 위해, 또는 과거 정부의 대통령 특사로 파견되어 외국의 주요 인사들을 자주 만나면서 외국어를 활용할 기회가 많았기 때문에 외국어 실력이 향상되었을 것이다.

무엇보다 박근혜 대통령의 불어 공부와 관련한 역사는 제법 오래되었다. 프랑스 외교문서에 따르면 박정희 대통령이 박근혜 영애에게 불어를 배우도록 하였다는 기록이 나온다. 박정희 대통령은 1971년 4월 27일 제7대 대통령선거를 몇 일 앞두고 프레데릭 막스Frédéric MAX 당시 주한 프랑스대사를 청와대로 초청하여 면담을 가졌다. 약 30분간의 면담에서 이런저런 이야기가 오갔는데 박정희 대통령이 프랑스 역사에 대해서 많은 이야기를 하였고, 프랑스의 문화와 기술을 한국에 더욱 많이 도입하고 싶다는 의견을 피력하였다.

1971년 4월 19일 박정희 대통령은 대구로 선거유세를 위해 떠나기 바로 전에 막스MAX 대사를 만났으며, 막스 대사에 따르면 선거에 임하는 박 대통령은 차분한 가운데 자신감 있는 태도를 보였다고 한다. 박 대통령은 앞으로 추진할 여러 가지 계획을 설명하면서 프랑스를 포함한 유럽방문 계획을 밝혔다. 박 대통령은 웃으면서 막스 대사에게 본인이 어렸을 때부터 일본인 선생들의 뜻과는 다르게 프랑스 역사를 공부하였다는 옛날 일을 회상하였다. 막스 대사의 평가에 따르면 박 대통령은 프랑스 역사에 대해서 해박한 지식을 가지고 있었다.

박정희 대통령은 어린 시절부터 장군이 되는 것을 동경하였다고 하는데 그 이유는 그가 어렸을 때 탐독하였던 나폴레옹 전기가 많은 영향을 미친 것으로 알려져 있다. 박 대통령은 프랑스가 한국에서 하고 있는 역할에 만족감을 표명하면서 앞으로 한층 더 많은 프랑스의 문화와 기술이 도입될 수 있기를 희망하였다. 막스 대사가 당시 한불문화 관계 발전상에 대해 간략히 설명하자, 박 대통령은 딸(큰 영애 박근혜)에게 불어를 배우게 하였다고 밝히면서 서울에 더욱 많은 프랑스 문화관련 행사들이 전개되기를 희망하였다. 막스 대사가 면담을 마치고 청와대를 떠날 때 박 대통령은 다시 한 번 프랑스에 대한 선망의 뜻을 표하면서 특별한 호의를 막스 대사에게 베풀었다.

외국어 공부와 관련하여 박근혜 대통령은 "영어와 프랑스어는 학교에서 좀 배웠고, 대학 시절 방학 때마다 선생님들을 찾아다니며 공부했다"고 털어놓았다.[20] 외교부와 정관계를 통틀어 박 대통령만큼 4개 국어를 능통하게 말하는 인물도 없을 것이라는 평가도 있다. 실제로 2000년도에 우리 국회대표단이 유럽을 순방하였을 때 함께 참석했던 당시 여당의 문희상 의원이 귀국 후 입에 침이 마르도록 당시 박 의원의 외국어 실력과 화술에 대해 칭찬을 하였다고 한다.

1974년 대학 졸업 후에 큰 영애 박근혜 양은 교수가 되기 위한 청운

---

20)『세계일보』2007년 1월 3일.

의 꿈을 안고 프랑스 유학길에 올랐다. 1974년 8월 15일 육영수 여사가 저격을 당하였다는 소식을 친구들과 여행도중 대사관 측으로부터 전해 들었다. 급히 짐을 챙겨 귀국하면서부터 평범한 한 개인으로서의 생활 은 마감하게 되었다. 교수를 꿈꾸다 22세에 퍼스트레이디가 되어 육영 수 여사의 빈자리를 대신하게 되었다 : "*지금 나의 가장 큰 의무, 그것은 아버지로 하여금, 국민으로 하여금 아버지가 외롭지 않으시다는 것을 보 여드리는 것이다. 소탈한, 한 인간으로서의 나의 꿈, 이 모든 것을 집어던 지기로 했다*(1974년 11월 10일)."[21)]

2013년 1월 14일 박근혜 대통령 당선인은 최근에 주한 프랑스대사로 부임한 제롬 파스키에Jérôme PASQUIER 대사를 통의동 집무실에서 접견 하였다. 파스키에 대사에 따르면 박 대통령 당선인의 불어 억양이 매우 정확하였으며 불어를 매우 잘하는 것으로 평가하였다. 주한 프랑스대사 가 공증하는 불어이니 달리 이의를 제기할 사람은 없을 것이다. 이런저 런 사정으로 박정희 대통령은 프랑스를 방문하지 못하였지만 박근혜 대 통령은 꼭 EU의 중심국가인 프랑스를 방문하여 한불관계가 한 단계 격 상되는 계기를 만들기를 희망해 본다.

---

21)『중앙일보』영문판 기사 *"A life that revolves around the Blue House"*(2012.8.21)에서 인용.

□ 2008년 5월 19일 뉴질랜드 정부초청으로 웰링턴 방문시 대사관저에서 만찬 후 기념
   촬영(왼쪽부터 필자, 이준규 대사, 김월순 서기관, 박근혜 당시 의원님, 홍진욱 참사관)

FR/cb
AMBASSADE DE FRANCE
EN CORÉE

ASIE-OCÉANIE
[1 1 MAI 1971]

E 42.23.4

Séoul, le 19 avril 1971.

N° 171/AS

FRÉDÉRIC MAX
AMBASSADEUR DE FRANCE EN CORÉE
A SON EXCELLENCE
MONSIEUR LE MINISTRE DES AFFAIRES ÉTRANGÈRES
- Direction d'Asie-Océanie -

A/s: Audience de congé du
     Président de la République.

      Le Président de la République m'a accordé une audience d'adieu qui a duré près d'une demi-heure. M. Park Chung-Hi, qui partait ensuite pour Taegu où il allait tenir une importante réunion électorale, m'a paru détendu et sûr de lui. Sa réélection ne fait à ses yeux aucun doute et, en énumérant ses projets, il a abordé celui du voyage en Europe qui pourrait le conduire en France, à une époque qu'il souhaiterait "assez proche". Il s'agit là, m'a dit le Président, d'une idée caressée depuis longtemps; il m'a rappelé à ce propos que, depuis sa jeunesse, il avait étudié l'histoire de la France, -contre le gré de ses maîtres japonais, m'a-t-il précisé en souriant- et il en possède en effet une bonne connaissance.

Communiqué à:

  - PR
  - PM
  - CM

  - CE
  - SGL
  - DP

AS/Bar-

□ 박정희 대통령과 프레데릭 막스 주한 프랑스대사의 면담내용(1971년 4월 19일, 서울) (자료 : 프랑스 외무부 자료실)

15. 한국에서 가장 오래된 프랑스 기업,
FTO(French Trading Office)

1945년 해방 이후 한국에 설립된 프랑스 회사는 거의 손에 꼽을 정도로 였다. 우리나라 경제가 보잘 것 없었기 때문에 프랑스 기업들이 직접 투자해서 기업을 경영할 만한 형편이 되지 못하였다. 그럼에도 1950년 대부터 프랑스와의 무역을 위해 회사가 설립되기 시작하였는데 제일 시초가 '튀니지 무역상사(la Compagnie marchande de Tunisie)'였다. 이름은 '튀니지 무역상사'였지만 주로 프랑스와의 무역을 담당하였다.

튀니지 무역상사는 1950년 12월 설립된 '국제연합한국재건단(UNKRA)'에서 발주하는 여러 가지 입찰에 참여하였다. 주로 취급했던 품목은 인조섬유, 아스팔트, 인조견사 등이었으며, 미국회사인 슈리로SHRIRO사의 한국대리점 역할도 수행하였다. 튀니지 무역상사의 대표는 르네 맥 키스레이René Mac KISRAY 씨 이었으며 국적은 영국이었지만 프랑스에서 교육을 받았고 프랑스를 좋아하는 사람이었다. 그러나 이 회사는 우리나라의 재건사업이 완료되면서 한국에서의 영업을 철수하였다.

두 번째 프랑스 기업은 앰버새더Ambassador 호텔이다. 1955년에 금수장 호텔을 설립하면서 한국에서의 사업을 시작하였다. 지금은 프랑스의 유명한 호텔 체인인 소피텔 아코르Sofitel Accor가 인수하여 소피텔 앰버서더 호텔, 노보텔 앰배서더 강남, 노보텔 앰배서더 독산, 이비스 앰배서더 서울 등 4개 호텔로 한국에서의 사업을 확장하였다. 아코르Accor 그룹은 전세계에 4,000개가 넘는 호텔을 보유한 세계적인 호텔 그룹이며, 연간 매출액 1,000억 원 이상으로 한국 호텔업계에서 3~4위의 위치를 차지하고 있다.

세 번째 회사는 '프랑스 무역회사(FTO: French Trading Office)'이다. 프랑스인이 직접 경영하였고 지금도 사업의 명맥을 유지하고 있는 회사로서 아마 한국에서 가장 오래된 프랑스 회사로 기록될 것이다. 1960년에 설립된 FTO의 설립자는 프랑스 예비역 대령 장 마피올리Jean Maffioli 씨이다. 필자가 1990년대에 한불무역관계를 연구하기 시작하면서 FTO에 연락을 한 적이 있었는데, 당시 마피올리 대표는 이미 은퇴하여 프랑스에 살고 있었다. 한불무역관계의 생생한 증인이었던 마피올리 대표를 만나고 싶었지만 만나지 못하고 나중에 이메일로 몇 차례 연락이 된 바 있다. 지금 살아있다면 92세 정도가 되었을 것이지만, 프랑스에서 타계한 것으로 알고 있다.

마피올리 씨는 한국전쟁 당시 프랑스 육군 대위로 참전해 무공훈장까지 탔던 인물이다. 종전 후 주한 유엔군 사령부 프랑스 대표(중대장)로 복무하다 1959년 전역하였다. 당시 유엔군 사령부 프랑스 중대에는 총 35명의 프랑스 군인들이 복무하고 있었다. 마피올리 씨는 잠시 본국으로 복귀했다가 이듬해인 1960년 다시 서울로 돌아와 'FTO'라는 무역회사를 차렸다. 전후 경제개발이 본격화되는 한국에서 비즈니스 기회가 많을 것이라는 판단에 따른 것이며, 설립초기 사무실은 서울 소공동 반도호텔(현 롯데호텔) 1층에 있었고 현재는 경기 분당 디자인센터에 소재하고 있다.

마피올리 씨는 프랑스 군수업체나 유럽내 민간기업의 한국 내 대리인 등으로 활약하며 무역중개(군수물자 도입, 한국산 제품 해외수출)와 차관 알선·대규모 정부 프로젝트 소개 등의 일을 맡았다. 그는 75세가 되던 해인 1995년 은퇴하면서 프랑스로 귀국하였다. FTO는 이후 이사로 일하던 박신(73) 현 사장이 인수했다.

□ 마피올리 FTO 대표 사진
(자료원 : 조선닷컴 2007.4.9)

2004년도 조사결과 한국에 투자한 프랑스 기업은 198개사, 총 투자액 60억 달러, 한국내 고용창출 2만 5천 명이었다. 지금은 어림잡아 250여 개사, 한국내 고용창출이 5만여 명 정도 되는 것으로 추산되고 있다. 이제는 한국 사람들이 입고, 타고, 자고, 마시는 소비생활부문에서 알게 모르게 프랑스 제품과 서비스에 익숙해져 있다. 자동차 분야에 르노삼성, 금융에 BNP파리바, 방위산업에 삼성탈레스, 산업용 가스에 에어리퀴드, 화학에 삼성토탈 등이 대표적인 프랑스 기업들이다.

패션의 대명사인 프랑스계 명품 브랜드로는 샤넬, 랑콤, 루이비통, 까르띠에, 크리스찬 디올 등으로 모두 여성들이 선호하고 즐겨 찾는 브랜드이다. 롯데백화점 본점 샤넬 화장품 코너는 전 세계 샤넬 화장품 매장 가운데 가장 매출이 높다고 한다. 루이비통 청담동 직영점은 프랑스 루이비통-모에헤네시(LVMH)그룹이 임차가 아닌 직접 사들인 전 세계에 몇 안 되는 건물 중 하나이다.

와인, 코냑, 바게트, 퓨전 요리 등 음식료 부문에서도 프랑스 기업은 한국의 고급문화를 선도하고 있다. 햇 포도로 담근 프랑스 와인 '보졸레 누보'는 일반대중들에게 별로 낯설지 않은지 오래되었고, 프랜차이즈 베이커리의 대명사로 떠오른 '파리바게트'는 우리나라 음식문화를 바꿀 만큼 전국 방방곡곡에 체인점이 없는 곳이 없을 정도이다. 1960, 1970년대에 '허리띠 졸라매기' 운동을 펼치면서 산업화를 이룩해 온 우리나라가 경제성장이 고도로 발달하면서 소위 '명품'에도 눈을 돌리게 되었다. 한중일 3국이 영토분쟁 문제로 서로 떠들썩하게 불협화음을 내고 있지만, 프랑스산 명품 구입에는 앞 다투어 달려간다는 점에서 서로 공통점을 보이고 있다.

우리나라 국민들의 소득수준이 높아가면서 고급소비재 제품(produits de haute gamme)에 대한 수요도 늘어나고 있으며, 프랑스 기업들의 입장에서는 한국과 중국은 이제 떠오르는 황금 시장으로 투자를 확대해야 하는 국가가 되고 있다.

□ 1957년도 한국 거주 프랑스인들에 대한 주한프랑스 영사관
   (Légation de France en Corée) 보고문서

***....

M. Costes , ingénieur des mines , consultant ;

M. Mariaud, ingénieur des mines , en charge de l'école des mines métalliques de Yangjiri ;

M. Presiosi, *en charge du visa de l'"absorption" du pays* ;

mademoiselle Yver, comptable , détachée du secrétariat de l'organisation des nations unies à New York.

Leurs contrats ou détachements arriveront en principe à expiration le 30 juin prochain.

3° Missionnaires :

a) 26 prêtres de la société des missions étrangères de Paris, attachés aux chrétientés ou paroisses de Séoul, Taejon, Taegu, Kungju, Yesan, Nonsan, Pohang, etc., dont deux évêques , NN. SS. Mousset , évêque titulaire d'Irenopolis, supérieur des prêtres des missions étrangères en Corée ; Larribeau , *administrateur du vicariat* vicaire apostolique de Taejon ;

b) 6 religieuses de St Paul de Chartres , réparties entre Séoul , Inch'on et Taegu, dont soeur Eugénie , supérieure provinciale ;

c) 3 petites soeurs de Jésus , attachées à la mission de Waikwan, au Kyungsang nord ;

d) 2 carmélites , à Séoul .

4° Militaires : un "détachement symbolique" de 35 sous-officiers et hommes , sous le commandement du capitaine Maffioli, ancien combattant de la guerre de Corée.

5° Particuliers :

M. Dassonville , ancien soldat du bataillon belge des forces des nations unies , français par naturalisation, et madame, d'origine coréenne ;

madame Chang , née Fuan , d'ascendance coréenne, née en France et française par option , et un bébé ./.

□ 마피올리 중대장에 대한 프랑스 외교부 기록(1957년)

16. 팔당댐, 프랑스의 자본과 기술지원으로 건설되다

1974년 5월 24일 박정희 대통령과 육영수 여사가 참석한 가운데 팔당댐과 시설용량 8만 킬로와트(Kw)의 수력발전소 준공식이 개최되었다. 팔당댐과 수력발전소는 프랑스의 자본과 기술지원으로 설립된 한불경협의 기념비적 프로젝트였다.

프랑스는 한국에 대해 정치적 이해관계도 크지 않았고, 한국의 경제발전 정도가 낮았기 때문에 경제적 관심도 그다지 크지 않았다. 그러던 프랑스가 대규모의 차관 지원을 통해 팔당댐 건설 완공을 보게 된 것은 박정희 대통령과 매우 친밀한 관계를 유지했던 샹바르Chambard 주한 프랑스대사의 역할이 컸었다. 샹바르 대사는 1959년부터 1969년까지 무려 10년 동안이나 주한 프랑스대사로 재임하면서 한국을 매우 사랑하였던 분이다. 죽어서까지 한국에 묻히기를 원했을 정도였다.

팔당댐 건설은 한전(KEPCO)의 전신인 한국전력주식회사(KECO)가 1961년 7월 1일 출범하면서 검토되었고, 프랑스 소프렐렉(SOFRELEC : Société française d'Etudes et de Réalisation d'Equipements électriques)사와 1963년 5월 설계 및 시공에 대한 기술용역을 체결하면서 본격화 되었다. 프랑스 전력공사(EDF : Electricité de France)는 1963년 서울에 설립된 전기직업훈련소를 '전기 및 전기공학 직업훈련원'(일명 '랑베르 센터 Centre Lambert')으로 확대 개편되는 것을 지원하였다.

팔당댐 건설은 프랑스와 1963년 기술용역이 체결되어 1973년 완공되기까지 약 10년의 기간이 소요되었다. 1965년 12월 팔당댐 건설을 위한 프랑스 차관 5,625만 프랑의 계약이 체결되었고, 1966년 2월 팔당댐 건설 사무소가 발족되었다. 같은 해 6월부터 팔당댐 수력발전기 1, 2, 3, 4호기(각 2만 Kw) 건설이 착공되어 착착 진행이 잘 되다가 1969년 7월 30일 집중호우로 팔당댐 건설현장이 수몰되는 어려움을 당하였다.

여러 가지 어려움을 극복한 가운데 1972년 11월 팔당댐 1차 담수가 시작되었다. 이듬해 12월 31일 팔당댐 수력발전기 1, 2, 3, 4호기도 설치가 완료되었다. 시험가동을 거쳐 1974년 5월 24일 박정희 대통령 참석 하에 공식적인 준공식이 개최되었다. 착공한지 8년 만에 대규모 공사가 종결된 것이다.

우리나라에서 가장 전형적인 다목적 댐의 하나인 팔당댐은 내·외자모두 합해서 총 190억 원이라는 당시로서는 대규모 예산이 투입되었으며, 댐의 완공을 통해 1973년에 완공된 소양강 댐과 함께 거의 매년 홍수로 피해를 입고 있던 서울과 한강 하류 경인지역의 홍수를 방지할 수 있게 되었다.

박정희 대통령은 5·16 이후 수많은 댐을 건설하였다. 1974년 전에 완공된 것 중 가장 대표적인 것으로 섬진강댐, 춘천댐, 의암댐, 남강댐, 소양강댐 등이 있었고, 댐은 아니지만 아산만 방조제, 남양만 방조제 등도 건설하였다. 박 대통령은 1973년에 안동댐 건설에 착수하였고 1981년까지 대청댐, 합천댐, 여주댐 등 대소 8개의 새로운 댐을 건설할 계획을 세웠다. 이와 같은 대규모 댐건설을 추진한 이유는 1980년대 초에 이룩할 중화학 공업 시대에 대비해 필요한 전력 에너지를 확보하기 위한 것이 첫 번째 목적이었다.[22]

---

22) 1974년 5월 24일 박정희 대통령 '팔당 수력 발전소 준공식' 치사.

팔당댐의 총저수량은 2억 4,400만 톤으로서 연간 2억 5,600킬로와트 (Kw)의 전력생산이 가능해졌으며, 서울 및 수도권 지역에 하루 260만 톤의 물을 공급하는 취수원으로서 큰 역할을 담당해 오고 있다. 총저수량 29억 톤, 발전용량 20만 킬로와트(10만 킬로와트 발전기 2대), 연간 전력생산량 3억 5천만 킬로와트의 섬진강댐에 비해서는 작은 규모이지만 우리나라 산업화 초기에 수도권에 대한 용수 공급과 경제발전에 끼친 영향은 과소평가 할 수 없을 것이다.

　팔당댐이 다목적인 또 다른 이유는 건설당시부터 팔당댐 주변 한강 지역을 관광자원으로 개발하여 수도권 관광객들을 유치할 계획이 고려되어 있었다는 점이다. 또한 인공호수에서의 내수면 양어 등 다양한 개발계획을 통하여 지역개발을 촉진하고자 하였다.

　요즘 팔당댐 하류 강변 쪽으로 즐비한 카페와 음식점 등은 관광객들이 많이 찾고 있는 명소가 되었다. 서울 근교에 청춘남녀들이 데이트하거나 드라이브할 때 자주 찾아가는 곳인 팔당댐이 프랑스의 지원으로 건설되었다는 것을 알고 있는 사람은 거의 없을 것이다. 팔당댐 데이트 코스로 추천받는 음식점 겸 카페 이름이 '봉주르Bonjours'인 것은 팔당댐 건설이 프랑스와 관계된 것이라는 사실을 우연히도 알려주고 있다.

17. 프랑스가 세운 한국의 MIT, 아주대학교

팔당댐이 프랑스의 자본지원으로 건설된 것은 아는 사람이 많지 않은 것처럼, 아주대학교가 프랑스의 자금과 기술지원으로 설립된 것을 아는 사람도 많지 않다.

아주대학교는 1965년 '대한민국 정부와 불란서 정부 간의 문화 및 기술협력에 관한 협정(Accord de coopération culturelle et technique entre le gouvernement de la République de Corée et le gouvernement français)' 제4조[23]에 근거하여 설립되었다.

실질적인 설립은 1971년 12월 서명되고 1972년 12월 발효된 '대한민국 정부와 프랑스 정부 간의 한불기술초급대학 설립에 관한 협정(Accord entre les gouvernements français et coréen portant sur la création d'n collège technique franco-coréen d'nseignement supérieur)'이 체결된 이후 1973년 3월에 유신고속관광주식회사 박창원 사장이 아주대학교의 전신인 '아주공업초급대학(ISTA : Institut Supérieur Technique Ajou)'을 설립하면서 이루어졌다.

아주대학교가 수원에 설립된 이유는 위의 협정 제2조에 '대학의 위치는 대한민국 경기도 수원으로 하며, 이의 설립 및 운영은 한국정부의 책

---

23) "각 체약당사국 정부는, 자국 영역 내에 타방 당사국이 설립하기를 원하는 기관으로서, 연구원, 문화센터, 문화협회, 조사센터와 교육기관 같은 문화 및 과학 기관의 설립과 그 운영을 촉진한다. 이러한 기관은 그 운영에 있어서 설립되어 있는 나라의 국내법률의 범위 내에서 최대한의 편의를 부여 받는다."

임하에 사립학교의 법인이 행한다'라고 되어 있었기 때문이다.

아주대학교는 개교당시 전자공학, 정밀기계공학, 발효화학공학, 공업경영학 등 4개학과로 구성되어 있었으며 신입생은 총 280명을 모집하였다. 아주대학교 설립목적은 위의 협정 제1조에 나타난 바와 같이 '2년 동안에 유능한 기술인력을 배출하여 한국의 산업발전에 이바지 하도록 함'에 있었다.

아주대학교의 장점은 초기에 프랑스의 유능한 현지인 교수들이 직접 파견와서 우수한 기술을 전수하였으며, 프랑스의 과학기술 기자재 지원을 통해 높은 수준의 실험과 실습을 할 수 있었다. 또한, 졸업생들은 프랑스 현지에 파견되어 심화학습과 실무를 익힐 수 있었다.

1974년 4월 개교 1주년 기념행사가 있었고, 1977년에는 제1회 졸업생이 배출되었다. 입학식과 졸업식 등 주요행사에 주한 프랑스대사가 참석하였으며, 프랑스의 정관계 인사 및 주요 교육기관장이 한국을 방문할 때 꼭 한번 둘러보는 필수 코스이기도 하였다. 그만큼 아주대학은 프랑스 정부의 관심과 지원이 많은 곳이다.

1977년에 대우실업의 김우중 사장이 대우학원을 설립하면서 아주대학교를 인수하였다. 우리나라 기업중 프랑스와 관련이 많은 기업을 꼽으라면 단연코 대한항공과 대우그룹이 될 것이다. 대우그룹은 알자스로렌지역에 TV 및 전자레인지 공장을 설립하여 유럽진출의 교두보로 삼았고, 세계적 전자회사인 톰슨멀티미디어(TMM) 인수를 시도하는 등 한불 경제관계 증진에 많은 기여를 하였다.

김우중 회장은 아주대학을 인수하였지만 '지원은 하되 간섭은 하지 않는다'는 원칙하에 대학의 자율성을 최대한 보장하였다. 그리고 인수 후 '외국어에 능한 엔지니어와 매니저를 양성하는 아시아의 MIT'라는 대학발전의 비전을 제시하였다. 이러한 노력의 결과 당시 졸업생중 한 국과학기술원에 입학하는 학생 수가 서울대학교에 이어 전국 2위를 차 지하였다. 이후 공학계열의 학과뿐만 아니라 경영학과, 불어학과, 영어 학과 등 인문사회계열 학과도 신설되어 명실공히 종합대학으로서의 면 모를 갖추었다.

□ 아주대학교 로고(출처 : 아주대학교)

IV. 제5공화국 이후의 한불관계
(1981~오늘날)

1. 대우-톰슨 사건 : 단돈 1프랑에 프랑스의 자존심을 팔다

1996년 프랑스 정부가 우리나라 대우그룹에 프랑스의 간판급 전자
회사인 톰슨멀티미디어(이하 줄여서 '톰슨' 또는 'TMM')를 단 1프랑(당
시 환전기준 약 160원)의 상징적인 돈으로 매각하기로 하자, 프랑스 언
론과 국민들이 그동안 들어보지도 못한 한국기업에 그들의 간판기업
을 팔아넘긴다고 맹비난 하면서, 매각결정 철회를 이끌어낸 사건을 '대
우-톰슨 사건'이라고 한다. 톰슨Thomson사는 얼핏 들으면 발음상으로
미국이나 영국계 회사로 생각될 수 있지만 엄연히 프랑스 회사였다.

톰슨 그룹은 크게 방위사업 부문과 가전부문으로 구성되어 있었고,
당시 가전부문을 담당했던 톰슨멀티미디어는 적자투성이어서 프랑스
정부가 민영화를 계획하고 있었다. 당시 대우그룹(정확히 말하면 '대우
전자')은 미국시장에서 TV 판매를 획기적으로 늘리는 방안을 강구하고
있었는데, 미국시장에서 대우전자가 만든 TV 판매가 저조한 이유가 '대
우'라는 브랜드 인지도가 매우 낮기 때문이라는 용역결과가 나왔다. 아
울러 이러한 낮은 인지도를 높이기 위해서 톰슨사를 인수하는 것이 좋
겠다는 제안이 있었다.

이에 따라 1996년 4월 대우그룹과 이해관계가 맞아 떨어진 프랑스의
라가르데르Lagardère 그룹은 공동으로 톰슨 그룹 인수에 뛰어들었다. 즉,

라가르데르 그룹은 톰슨 그룹의 방위사업 부문을 인수하고, 대우그룹은 가전부문인 톰슨멀티미디어(Thomson Multimedia: TMM)사를 인수키로 하였다. TMM은 당시 유럽 제2위, 세계 제4위의 가전회사였기 때문에 대우전자가 인수할 경우 가전부문에서 대우전자가 세계 1위가 될 수 있는 절호의 기회였다.

1996년 10월 프랑스 정부 총리실은 톰슨 그룹 민영화 계획에 따라 동 그룹 인수자로 라가르데르 그룹을 선정했음을 발표하였다. 라가르데르 그룹은 알스톰Alsthom사와 치열한 경합을 펼친 끝에 톰슨 그룹 인수를 성사시켰다. 당시 대우전자의 배순훈 회장은 TMM 노동조합 등의 반대를 무마하기 위해 "대우는 향후 4년간 유럽에 26억 달러를 투자하여 9,000명을 고용할 계획이며, 이중 프랑스에 15억 달러를 투자하여 5,000명의 고용을 창출할 계획"임을 강조하였다.

대우 그룹의 TMM 인수조건은 다음과 같았다. 첫째, TMM의 총부채 1백69억 프랑(약 2조 6천 8백억 원)중 99억 프랑을 프랑스 정부가 갚아주면 나머지 부채를 대우가 안고 톰슨을 1프랑에 인수한다. 둘째, 대우는 톰슨의 현재 고용수준을 유지하고 프랑스 내에서 5천 명의 신규고용을 창출한다. 셋째, 향후 5년간에 걸쳐 10억 달러를 프랑스에 투자한다는 것이었다.

그러나 르몽드, 리베라시옹 등 프랑스의 유력 일간지들이 단돈 1프랑에 프랑스 최대의 국영기업인 톰슨을 넘기기로 한 점을 부각시키면서 반대여론을 주도하였다. 또한, 민영화로 인한 근로조건변경 등을 우려한 톰슨의 노조가 이에 가세하여 반대 움직임이 본격화 되었다. 프랑스 노동총동맹(CGT)은 대우전자가 톰슨의 미래 첨단기술을 획득하게 해 주기 위해 프랑스 납세자가 110억 프랑을 부담하는 결과를 초래하게 될 것이라면서 민영화를 극렬 반대하였다.

사태가 심상치 않게 돌아가자 프랑스 총리실 및 통상장관이 정부결정에 변화가 없음을 재차 밝혔고, 대우도 여론을 의식하여 프랑스 현지 언론매체를 통해 '난쟁이 대우를 아십니까?'라는 이미지 광고를 시작하였다. 그러나 프랑스 민영화 위원회는 정부의 톰슨 그룹 민영화 방침에 동의할 수 없다는 의견을 정부에 통보하였다. 그 이유는 첫째, TMM을 외국기업에 양도시 정부가 오랜 기간 동안 지원하여 개발한 기술을 포기하는 결과가 될 수 있다. 둘째, 대우가 약속한 고용창출 및 투자계획을 이행하도록 할 구속력을 가진 수단이 없다. 셋째, 대우가 라가르데르 Lagardère 그룹에 대해 은행지급보증을 하겠다고 약속했지만 이행여부는 대우에게 달려있다는 점 등이었다.

민영화 중단을 건의한 외관상의 이유는 프랑스의 선진기술이 외국(한국)으로 빠져나간다는 우려 때문이었으나, 이와 같은 우려는 전 세계의 웃음거리가 되었다. 왜냐하면, TMM이 내세우는 기술의 대부분은 1987년 미국의 제너럴 일렉트릭사로부터 사들인 미국 자회사(RCA사)의 기술이었기 때문이다.

프랑스 정부는 정말 그 인수자가 누구이던지 관계없이 톰슨 그룹을 매각하고 싶었다. TMM이 비록 세계 4위 가전업체로 미국 TV시장 점유율이 40%에까지 달하였지만, 1996년 말 기준 누적적자가 170억 프랑(2조 7천억 원) 정도였고, 프랑스 정부가 지원하기로 한 108억 프랑에 자산평가액 62억 프랑을 합해도 남는 것이 없는 기업이었다. 민영화가 예정대로 잘 진행되지 않자 당시 알렝 쥐페 총리가 홧김에 "톰슨멀티미디어는 한 푼의 가치도 없는 회사"라고 폭탄성 발언을 한 것이 프랑스 여론을 자극하였다.

프랑스 언론들은 톰슨 민영화 문제에 집요할 정도로 매달려 1996년 12월 4일 프랑스 정부가 결정을 뒤집을 때까지 거의 두 달 가까운 기간 하루도 이 문제를 다루지 않은 날이 없을 정도였다. 프랑스 언론이 이렇게까지 한 이유는 시오노 나나미가 『로마인 이야기』에서 "프랑스 사람들은 일종의 중화中華사상을 갖고 있다"라고 언급한 바와 같이 프랑스인들의 '대국주의'적 심리에 기인한다. 즉, 국민의 자존심이 걸린 기업을 프랑스에 비해 까마득히 뒤져있다고 생각하는 한국기업에 넘길 수 없다는 생각이 기저에 깔려있었다. 미국이나 일본이면 몰라도 지구상 어디에 붙어있는지도 모르는 조그만 한국의 이름 없는 기업에 자신들의 간판기업을 헐값에 넘긴다는 것이 그들의 자존심을 구기게 만들었다.

이와 관련한 미국 언론들의 입장을 살펴보면 좀 더 객관적인 상황이 파악가능하다. 워싱턴 포스트 1996년 12월 6일자 기사는 프랑스 언론의 대우그룹에 대한 부정적 묘사 등은 매각에 대한 반대가 인종적인 측면도 있음을 보여주는 것이라고 지적하였다. 미국 경제전문가들은 프랑스 정부의 매각중지 결정이 프랑스인의 외국인 혐오감(xenophobia)에 기인하며, 영·미식 자본시장 개방방식을 프랑스가 수용하지 못함으로써 해외투자 유치에 어려움을 초래할 가능성이 있음을 지적하였다.

비슷한 시기의 월스트리트 저널 기사에는 프랑스인의 태도가 외국인 혐오감까지는 아니더라도 "프랑스 쇄국정신(Fortress-France Mentality)"을 나타내는 것이라고 평가하였으며, 프랑스 정부의 매각중단 결정은 프랑스가 여전히 지방적 수준에 머무르고 있음을 보여주는 것이라고 꼬집었다. 아울러, 프랑스 민영화 위원회의 매각중단 결정은 유럽국가의 전자기술이 동아시아국가의 기술보다 앞섰음을 전제로 하고 있으나, 톰슨사의 기술이 사실상 동사가 1980년대 매입한 미국회사 RCA에 의하여 개발되었다는 사실을 통해서 볼 때 매우 우스운(laughable) 것이라고 언급하였다.

한국인들의 격앙된 여론을 달래기 위해 프랑스 정부는 OECD 사무총장을 역임한 바 있는 쟝 끌로드 뻬이Jean-Claude PAYE 대통령 특사를 한국에 보내었고, 뻬이 특사는 1997년 1월 14일 김영삼 대통령과 면담하였다. 이 자리에서 김 대통령은 "우리 국민들은 전적으로 차별을 받았다는 생각을 갖고 있다"며 프랑스 정부에 강한 유감의 뜻을 표시하였다. 또한, "우리 국민들은 그동안 프랑스에 대해 매우 호감을 갖고 있었으나 톰슨 멀티미디어 인수 백지화와 외규장각 도서반환 지연, TGV의 운행중단 사건 등으로 인해 프랑스는 믿을 수 없는 상대라는 생각까지 갖게 되었다"라고 강하게 프랑스에 대한 불만을 토로하였다.

공교롭게도 이 시기에 프랑스에서 운행중이던 TGV가 겨울철 혹한으로 인해 운행 중단되는 사태가 발생하여 도입예정국인 우리나라로서는 우려가 커질 수밖에 없었다. 프랑스 정부의 민영화 중단 발표에 맞서 일부 우리 여론은 프랑스로부터의 TGV 도입 문제를 취소하는 방안도 검토해야 한다는 의견이 비등하였다.

한불관계에 있어 몇 가지 고비가 있었지만 아마 이 정도로 관계가 험악하게 발전한 적은 없었던 것 같다. 우리 국민들은 "프랑스는 못 믿을 상대"라고 생각하고 있었고, 프랑스 국민들은 세계무대에 도약하기 시작하는 우리나라 기업과 우리나라에 대해 잘 알지 못하고 있었다. 1996년에 우리나라가 소위 "부자클럽"이라 불리는 경제협력개발기구(OECD)에 가입했었음에도 불구하고 우리나라의 인지도는 매우 낮았다.

2. 서래마을 영아유기 사건

서울시 서초구 반포동에 있는 서래마을은 한국에 있는 프랑스인 마을로 유명하다. 거기에는 프랑스식 제빵점, 카페, 레스토랑이 있으며, '서울 속의 작은 프랑스'로도 불려진다. 서래마을은 한남동에 있던 서울프랑스 학교가 1985년 서초구로 옮겨 오면서 학교를 중심으로 자연스럽게 형성된 프랑스 마을이다. 몽마르뜨 공원도 있어서 제법 프랑스 마을이라는 분위기를 더해주고 있다.

서초구청에서 실시하는 각종 외국인 관련 행사에 서래마을 사람들이 많이 참여하고 있다. 매년 말 실시하는 김장 담그기 행사에도 프랑스 주부들이 참여하고 있으며, 한불 음악축제가 개최되는 등 한불 간 민간 문화교류의 중요한 역할을 하고 있다.

이와 같은 마을에 2006년 7월 엽기적인 사건이 발생하였다. 프랑스인이 사는 서래마을 어느 빌라 베란다에 있는 냉동고 안에 갓 태어난 아기 시체 2구가 냉동상태로 발견되었다는 신고가 방배경찰서에 접수되었다. 그것을 발견한 사람은 집주인인 쿠르조Courjault 씨로서 냉동고에 고등어를 넣으려다 발견하였다고 하였다.

　결론부터 말하자면 그 아이들은 쿠르조 씨 부부의 아이들이었다. 각각 2002년, 2003년에 쿠르조 씨의 아내 베로니크가 낳은 후 질식사 시킨 뒤 냉동고에 넣어두었다. 베로니크의 정신적인 문제로 그와 같은 엽기적인 사건이 벌어졌고, 처음에는 부부가 모두 2명의 살해된 영아에 대해 전혀 모르는 일이라고 발뺌하였다. 우리 경찰이 DNA 검사를 통해 친자관계를 확인하였음에도 불구하고 쿠르조 부부는 "냉동고 속 아기는 우리 자식이 아니고, 아는 바도 없다"고 혐의를 전면 부인했다. 베로니크는 아예 "임신한 적도 없다"고 강력히 반발했다.

　나중에 프랑스로 귀국한 쿠르조 부부는 "한국 경찰을 신뢰할 수 없다. 프랑스에서 조사를 받겠다"며 한국 입국을 거부했다. 변호사를 고용해 기자회견을 열고 서래마을에 사는 프랑스인 공동체에 호소 편지까지 보내는 등 결백을 주장하였다. 어떻게 보면 이 사건은 프랑스인들이 한국을 바라보는 잘못된 편견의 일단을 보여주는 사건이기도 하였다. 즉, 한국은 프랑스 보다 열등한 과학수사 기술을 가졌으니 못 믿겠다는 인식이 깔려있었다. 우리나라 국립과학수사연구소의 실력과 권위가 세계적 수준임을 잘 모른 결과였다. 서래마을 영아살해 유기 사건은 프랑스에서도 큰 충격이었다. 2006년 10월 프랑스에서 DNA 검사 결과가 나오자 르몽드지와 르 피가로지는 각각 종합 1면과 사회면 톱 기사로 이를 속보로 보도하였다.

냉동고 아기 사건 일지

2006년
6월 29일 쿠르조씨 가족 모두 휴가차 프랑스로 출국

7월 18일 쿠르조씨 회사 회의 참석차 입국
　　23일 쿠르조씨 집 냉동고에서 갓난아기 시신 2구 발견, 경찰 신고
　　26일 쿠르조씨 프랑스로 다시 출국
　　28일 국립과학수사연구소(국과수), 쿠르조씨 두 갓난아기 아버지임을 공식통보
　　31일 경찰, 쿠르조씨 집에서 수거한 칫솔 등 국과수 분석 의뢰

8월 7일 두 갓난아기 산모, 쿠르조씨 아내 베로니크씨로 확인
　　17일 경찰, 베로니크씨 조직 샘플 DNA분석 후 베로니크씨가 두 갓난아기 산모 재확인
　　22일 쿠르조씨 부부 프랑스 툴롱에서 공식 기자회견 "갓난아기 부모 아니며, 한국으로 돌아가지 않겠다"

9월 11일 한국 검찰, 출석요구서와 함께 사건 기록, DNA 검사보고서 등 수사자료 프랑스측에 전달
　　26일 프랑스 경찰, 쿠르조씨 부부 DNA 재검사
　　28일 한국에서 보관하던 두 갓난아기 DNA샘플 프랑스측에 전달

10월 10일 프랑스 당국 "DNA검사 결과 두 갓난아기 부모는 쿠르조씨 부부 맞다" 공식 통보
프랑스 경찰, 쿠르조씨 부부 조사 직후 체포

　□ 서래마을 냉동고 아기 사건 일지(출처 : 네이버)

　결국 프랑스 경찰이 한국 경찰로부터 DNA 샘플과 사건 서류 일체를 넘겨받아 재수사에 들어갔으며, 쿠르조 씨 부부가 죽은 영아들의 친부모임을 확인하였다. 프랑스 경찰은 2006년 10월 "DNA 검사 결과 죽은 아기들이 집주인인 쿠르조 부부의 자식이 맞는 것으로 최종 확인됐다"고 밝혔다. 그날 프랑스 경찰은 쿠르조 부부를 영아살해 유기·공모 혐의로 긴급 체포했다.

　2007년 5월 프랑스에서 심리학자와 정신과 의사 4명이 베로니크와 남편 장 루이 쿠르조를 상대로 6개월간 조사를 벌인 끝에 정신 감정 결과가 나왔다. 이들 전문가 가운데 일부는 베로니크에 대해 "임신 뒤 임신을 부정하는 정신 상태에 빠진 것으로 보인다"는 소견을 냈다. '임신을 안 했다'고 생각한 본인이 갑작스럽게 출산을 하게 되자 당황한 나머지 아기를 살해하는 데까지 이르렀다는 것이다.

프랑스 경찰의 수사결과 베로니크는 1999년 7월에도 프랑스에서 한 명의 유아를 출산한 후 살해한 전력이 있었다. 쿠르조 부부에게는 1995년과 1997년에 출산한 두 명의 아들이 있는 상태였다. 이후 출산한 아이들을 살해한 것은 산후 우울증과도 관련이 있는 것으로 추정된다.

아내 베로니크는 8년형을 선고받았지만 4년간 복역한 후 2010년 5월에 출소하였다. 남편인 쿠르조 씨는 2010년 파리에서 이 사건과 관련된 내용을 책으로 출간하였는데, 그 제목은 『나는 그녀를 버릴 수 없었다 (Je ne pouvais pas l'abandonner)』였다. 총 248페이지로 구성된 책자이다. 이 사건은 프랑스에도 엄청난 충격을 준 사건으로서 '베로니크 쿠르조 사건(affaire Véronique Courjault)' 또는 '냉동유아사건(affaire des bébés congelés)'으로 프랑스 사회에도 잘 알려져 있다. 이 사건을 전후해서 프랑스에 이와 유사한 유아 살해사건이 더 있었음이 알려져 충격을 더해주었다.

베로니크 쿠르조 씨가 한국에서 범행을 저질렀음에도 불구하고 우리나라 사법당국이 구체적인 조사를 하지 못하였던 것은 이들이 사건직후 프랑스로 귀국하여 버렸기 때문이다. 1997년에 발효된 한국과 프랑스 간 형사사법공조조약은 체포 및 범죄인 인도에 관한 내용을 규율하지 않고 있었다. 또한, 한국과 프랑스 간 범죄인 인도 조약은 2006년 6월에 서명되었으나 사건당시에는 발효가 되지 않은 상태에 있었다.

☐ 기자들의 질문에 답하고 있는 쿠르조(Courjault) 부부(출처 : 연합뉴스)

3. 브리짓 바르도(Brigitte Bardot)와 보신탕

　1995년 3월 김영삼 대통령 프랑스 방문시 프랑스의 유명 여배우이자 동물 보호 운동가인 브리짓 바르도가 한국이 개고기 먹는 나라임을 내세워 강력히 항의하는 플래카드를 본 적이 있다. 그녀는 틈만 있으면 한국의 보신탕 문화에 대해서 비난하였기 때문에 우리나라 사람들에게도 배우로서뿐만 아니라 동물보호 운동가로도 잘 알려져 있다.

　우리나라와 중국은 오랜 옛날부터 개고기를 식용으로 했던 것 같다. 토사구팽兎死狗烹, 양두구육羊頭狗肉이라는 말도 있고, 조선시대 혜경궁 홍씨의 회갑연 상차림에 구증狗蒸, 즉 개고기 찜이 올랐다는 것을 보면,

개고기는 임금님 수라상에도 올라가는 음식이었음을 알 수 있다. 아프리카에 건설노동자로 파견된 중국인들이 개고기를 좋아해서 아프리카에 개들이 모두 사라졌다는 이야기를 들은 적이 있는데, 과장된 이야기겠지만 중국 사람들도 어지간히 보신탕을 좋아하는 모양이다.

한 가지 분명한 것은 한국 사람들이 먹는 개고기는 식용 개, 즉 황구黃狗이지 애완용 개가 절대 아니라는 점이다. 여기에서 근본적인 오해가 발생하고 있다. 오늘날 서양의 '애완견 사고'가 들어와서 개고기에 대한 금기가 확산되고 있지만, 우리나라 사람들이 보양식으로 먹는 개고기는 단연코 애완견이 아님에도 서양사람들은 그렇게 유추해서 우리를 야만인으로 보고 있는 것이다.

심지어 미국인들은 1968년 일본 도쿄올림픽 때 일본 사람들이 생선을 야만스럽게 날 것으로 먹는다는 이유로 '스시(생선회)'를 문제 삼았지만, 스시는 지금 세계도처에 애용 받는 일본음식으로 자리 잡았다. 브리짓 바르도는 2011년 11월 24일 노다 요시히코 일본 총리에게도 한통의 서한을 보내어 일본의 고래잡이를 비난한 적이 있다. 그녀는 서한에서 2011년 일본이 포경선경비를 강화하는데 2700만 달러의 추가비용을 쓰기로 한 것을 지적하며 이는 적절치 못한 행위라고 주장하고, '동물을 한 마리라도 죽이는 것은 생물다양성에 반하는 범죄다. 더구나 고래는 멸종위기에 처해 있다'는 말로 일본 정부의 각성을 촉구하였다.

2001년 MBC 라디오 '시선집중' 진행자인 손석희 아나운서가 개고기를 먹는다는 이유만으로 한국을 비하한 프랑스 여배우 브리짓 바르도와 가진 전화 인터뷰에서도 그녀는 자신의 발언이 손 아나운서의 논리에 의해 철저하게 반박당하자 일방적으로 전화를 끊으며 극도의 불쾌감을 표시한 적이 있다.

그녀는 '한국인이면 몰라도 프랑스, 미국인이라면 결코 개고기를 먹지 않는다'라고 발언함으로써 인종차별적인 발언을 하였다. 실제로 그녀는 백인우월주의자이며 프랑스 극우민족주의 정치인인 장 마리 르펜 Jean-Marie Le Pen 국민전선(Front National) 창립자를 지지하여 프랑스내의 지식인들에게도 인정받지 못하고 있다.

르펜은 2010년 일본의 야스쿠니 신사를 참배한 자리에서 '전쟁은 이미 65년 전에 끝났다. 프랑스와 독일도 화해했다. 일본 지도자들의 야스쿠니신사 참배가 인근 국가와의 논쟁 대상이 되지 않는다'고 발언하여 우리 국민들의 감정을 자극한 적이 있다.

프랑스가 자랑하는 관용(tolérance)도 인종차별주의자들에겐 받아들여지지 않는다. 필자가 파리에 유학하던 시절에 '반유태주의는 죄악(Antisémitisme est un crime)'이라는 슬로건을 본 적이 있다. 이는 거꾸로 말하면 프랑스내에 아직도 반유태주의자들이 있다는 말이 된다. 아프리카와 아시아, 태평양지역에 수많은 식민지를 건설한 프랑스인들이 과거의 위대했던 식민지 시대의 영광을 그리며 피식민지인들을 열등국민으로 보고 있지는 않은지 걱정스럽기도 하다. 프랑스 혁명의 기치인 '자유, 평등, 박애'는 프랑스인들에게만 해당되는 말인가?

필자가 파리에 공부할 때 겉으로 드러나게 인종차별을 당한 적은 없다. 그렇다고 특별히 관심 있게 외국인 유학생에 대해 호의적으로 다가

온 사람도 많지 않았다. 프랑스적인 척도에서 다른 나라의 문화에 '감놓아라 대추 놓아라' 하는 것은 프랑스가 그렇게도 자주 표방하는 '문화적 다양성(diversité culturelle)'에도 벗어나는 행위이다. 앞으로는 자기의 잣대로 타인을 평가하지 말고, 타인의 입장에서 자기의 생각과 의견이 합당한지를 먼저 생각해보는 지혜를 발휘해야 할 것이다.

4. 조중훈 회장과 선짓국

한불관계를 이야기 할 때 대한항공 설립자이며 2002년에 작고한 조중훈 회장을 빼 놓을 수 없다. 고인은 1974년 3월 8일 설립된 한불경제협력위원회의 창립 회장을 역임하면서 한불경제관계, 나아가 한-유럽경제관계 증진에도 많은 기여를 하였다.

무엇보다 1973년에 대한항공(Korean Air) 구주중동지역본부를 설립하였고, 동년 10월 서울~파리 간 대한항공 화물기를 취항케 함으로써 양국관계 발전의 토대를 마련하였다. 1975년 3월 14일 서울~파리 간 민간항공기가 첫 취항을 하게 되어 양국 국민들 간의 활발한 교류가 촉진되었다.

대한한공은 1975년 3월 중단거리용 민항기인 에어버스Airbus A300을 3대 도입하여 아시아지역 항공사중 에어버스를 구매한 최초의 항공사가 되었다. A300 비행기는 1975년에 최초로 개발되어 안정성이 입증되지 않아 어떤 항공사도 눈길을 돌리지 않았었는데 조중훈 회장이 구매를 결정하여 보잉과 맥도널 더글러스(MD) 등 미국 항공기 제작사와 고독한 경쟁을 하고 있던 에어버스사의 체면을 살려주었다. A300 기종은 연료 및 인력절약형 비행기로서 한일노선, 동남아 노선에 투입되어 대한항공에도 많은 영업이익을 가져다주었다. 그 후 대한항공은 에어버스 항공기를 지속적으로 구매하여 중요한 고객으로 대접받고 있다.[1]

조중훈 회장은 한불관계 증진에 기여한 공로로 1982년과 1990년 두 차례에 걸쳐 레지옹 도뇌르 훈장을 서훈 받았다. 1990년 수여받은 '레지옹 도뇌르 그랑도피시에Légion d'Honneur Grand Officier'는 레지옹 도뇌르 2등급 훈장으로서 우리나라에는 수장자가 조중훈 회장 1명밖에 없다. 조중훈 회장은 1996년 11월 프랑스 최고 훈장인 '오르드르 나쇼날 뒤 메리트(Ordre national du Mérite, National Order of Merit)'를 수여받았는데, 그 훈장은 1963년 12월 드골대통령에 의해 제정된 것으로 레지옹 도뇌르 훈장보다 하위의 훈장이다. '오르드르 나쇼날 뒤 메리트Ordre national du Mérite'는 장관급 이상 고위 공무원과 프랑스 발전에 기여한 인사들에게 수여되는 훈장이다. 상복이 많으신 분이다.

2004년 7월 조양호 회장도 당시 쟈크 시락 대통령으로부터 레지옹 도뇌르La Legion d'honneur—코망되르Commandeur 훈장을 받음으로써 한국에서 최초로 부자父子가 프랑스 최고훈장을 받는 영예를 가졌다.

필자가 파리에 있을 때 가끔 갔던 한식집으로 레스토랑 '우정'이 있

---

[1] 2013년 4월 기준 대한항공은 총 146대의 항공기를 보유하고 있으며, 이 중 보잉 모델은 114대, 에어버스는 32대이다.

다. 이곳은 파리에 있는 한인 식당 중에서 최고급 식당에 해당된다고 할 수 있다. 따라서 유학생 시절에는 한 번도 못가 보았고, 파리 출장때 공식 행사로 몇 번 갔었다. 나중에 필자의 논문 지도교수였던 마르세이 교수 내외분을 초청해서 한식을 대접해 드린 적이 있었다. 이곳은 위치도 에펠탑 근처에 있어서 찾아오는 관광객들이 많고, 나름대로 역사가 오래되어서 아는 사람도 많은 레스토랑이다. 이곳의 조만기 사장(지금은 이상윤 사장)은 예전에 강귀희 씨가 운영하던 르-쎄울Le Séoul 식당에 주방장으로 있던 분이었는데 르-쎄울이 문을 닫으면서 1994년 한국식당 '우정'을 개업하였다고 들었다. 조만기 사장은 예전에 청와대 뒤편에 있는 삼청각에서 근무하다가 1974년 강귀희 씨의 초청으로 파리에 도착한 최초의 한국인 주방장이다.

조중훈 회장이 살아있을 때 파리에 출장만 오면 꼭 이 집에 들러서 선짓국을 즐겨 드셨다고 들었다. 사실 파리에서 선짓국을 맛보기는 어렵다. 재료 자체가 프랑스에서 나지 않기 때문이고, 프랑스로 여행 오는 관광객이 파리에서까지 선짓국을 찾지 않기 때문이다. 하지만 파리에서 선짓국을 먹으면 갑자기 이곳이 한국인 것처럼 편안하게 느껴질 수 있을 것이라는 생각이 들었다. 아무리 머나먼 타국이라도 한국에서 먹던 반찬을 먹게 되면 멀리 떠나온 객창감을 달랠 수 있는 좋은 방법이 될 것이다.

□ 우정 레스토랑 전경(2009년 11월 세계박람회기구(BIE) 총회 참석시 촬영)

5. 고속전철(KTX) 건설 :
TGV의 동아시아 진출 교두보를 열다

2004년 4월 1일은 한국의 고속전철이 공식적으로 운행된 날이다. 소
위 프랑스의 "떼제베(TGV)"가 도입된 것이다. 우리나라가 고속전철 도
입계약을 체결한 것은 1994년이다. 독일의 이체(ICE), 일본의 신칸센,
프랑스의 떼제베가 치열한 경합을 거친 끝에 경제성, 금융조건, 계약조
건, 기술이전성, 운영경험 등을 종합적으로 검토하여 '떼제베'가 선정
되었다.

선정과정에 불법선거자금이 거래되지 않았나 하는 의혹도 있었지만, 필자가 아는 바로는 김영삼 전 대통령이 이야기 한 바와 같이 "한 푼의 비자금도 받은 적이 없다"고 판단된다. 초대 미스코리아 진眞이었던 강귀희 씨가 쓴 책자 「로비스트의 신화가 된 여자」를 보면 고속철도 기종 선정시 프랑스 떼제베보다는 독일의 이체(ICE)가 정치권에서 더 선호한 것으로 되어 있다. 당시 고속철도공단 최고위층과 여당, 야당 할 것 없이 독일 이체(ICE)를 염두에 두고 있었으나, 객관적인 평가에서 프랑스 떼제베가 계속 우위를 보이자 4차례나 입찰을 유찰시킨 것으로 기록되어 있다.

1990년대의 프랑스 고속전철건설 및 차량 도입은 한불 경제 및 기술 협력의 상징으로, 또한 5조 8천억 원(약 80억 불)을 상회하는 계약금액으로 인하여 '세기의 계약(contrat de siècle)'으로 일컬어졌다. 이로써 우리나라는 아시아 국가 중 최초로 에어버스Airbus를 도입한 국가라는 타이틀 외에 아시아 국가 중 프랑스의 떼제베를 최초로 도입한 국가라는 타이틀을 또 가지게 되었다.

고속전철 건설을 최초로 제안한 것도 프랑스였다. 그것도 아주 오래 전인 1973년이었다. 1973년 12월 세계은행(IBRD)의 의뢰를 받은 프랑스 국철國鐵 조사단과 일본 해외철도기술협력회 조사단이 방한하여 서울~부산 간 수송현황 타개를 위한 조사 실시 후 장기대책으로 경부 측에 고속전철을 건설할 것을 제안한 바 있다. 이후 1981년 6월 제5차 경제사회발전 5개년 계획(1982년~1986년)에 서울~대전 간 1백60km 구간에 대한 고속전철 건설계획이 반영되었다.

초기의 건설계획은 1991년 8월에 착공하여 7년 후인 1998년에 완공을 목표로 하였다. 여러 가지 우여곡절 끝에 1993년 8월에 프랑스 떼제베 제작사인 GEC-Alsthom이 우선협상대상자로 선정되었고, 1994년 6월 차량도입계약 체결, 1999년 12월 시험운행, 2004년 4월 1일 상업운행을 시작으로 소위 '레일위의 시간혁명'이 시작되었다. 기존철도인 새마을호로 서울~부산 간 4시간 30분이 소요된 데 비하여, 2004년 4월 우선 개통시에는 2시간 40분, 2010년 완전개통 이후에는 1시간 56분 만에 주파하여 전국 반나절 생활권시대가 도래하였다.

2006년 서울~목포 간 호남고속철도가 착공되어 2017년에 완공될 예정이어서 전국 반나절 생활권이 호남지역으로도 확대될 것이다. 최종적으로 목포~부산 간 고속전철이 건설되고, 2018년 평창 동계올림픽을 계기로 평창 고속철도가 개통될 경우 우리나라는 '고속철도 르네상스' 시대를 맞이하게 될 것이다. 언제가 될지 모르나 나중에 동해안을 따라 동해안 고속철도(속초, 강릉~부산)가 개통되면 우리나라는 전국 어디든지 2시간 내에 도달이 가능한 꿈의 시대가 도래 하고, 명절이나 휴가철에 고속도로에 몇 시간씩 지체되는 현상도 '옛날이야기'로 남게 될 것이다.

우리나라는 현재 도로포장율이 80%를 넘고 있다. 장래에 더 이상 건설할 고속도로 노선도 없어질 것이고, 환경친화적이고 에너지 절감에 획기적인 기여를 하게 될 고속철도 건설이 마지막 대안이 될 것이다.

한국과 프랑스는 우리 국민들이 생각하는 것 이상으로 생활 깊숙이 연관되어 있다. 우리나라의 정치, 경제관계는 한미관계, 한중관계, 한일

관계에 주로 집중되어 있지만, 우리의 일상생활 곳곳에는 프랑스의 영향이 알게 모르게 배어있다. 조금 극단적인 예가 될지 모르겠으나 우리나라의 웬만한 주요도시에 '파리바게뜨'가 없는 곳이 거의 없다는 것도 한 예가 될 것이다. 또한 모든 여성용 화장품은 불어로 표기되지 않은 것이 없을 정도이다.

이제 KTX 고속전철은 우리 생활에 너무나 익숙해져서 대부분의 국민들은 프랑스 기술로 시작된 것이라는 것을 잘 모르고 이용하고 있을 것이다. 우리 국토의 대동맥을 달리는 KTX는 분명히 업그레이드 된 한불관계를 잘 나타내주고 있다.

6. 외규장각 도서반환문제 : 145년 만의 귀향

1866년 프랑스군의 강화도 침략시 약탈된 외규장각 의궤(총 297권)가 약탈당한지 145년 만에, 한불 간 반환협상이 개시된 지 20년 만에 우리나라에 돌아왔다. 그동안 외교통상부, 문화체육관광부 등 정부 관계 부처, 언론, 학계, 민간단체들이 프랑스 정부를 상대로 지속적으로 반환을 요구한 결과로서 우리 외교 교섭상의 중요한 기념비적인 사건이었다.

1993년 9월 프랑스 대통령으로서는 최초로 미테랑Mitterand 대통령이 방한하였으며, 당시 김영삼 대통령과의 정상회담 때 외규장각 의궤 1권(휘경원원소도감)을 우리 측에 전달함에 따라 우리국민들의 외규장각 의궤 반환가능성에 대한 기대감을 한껏 고조시켰다. 일부 우리 언론에서는 프랑스 측이 고속전철(TGV)을 한국에 팔기 위해 외규장각 의궤 반환을 약속하는 제스처를 한 것으로 보도하였으나 이는 사실과 다르다.

1993년 한불 정상 간에 외규장각 의궤를 '상호 교류와 대여원칙'에 입각하여 처리하기로 합의하였다. 즉, 외규장각 의궤를 임대형식으로 우리나라로 가져오는 대신에 이에 상응하는 다른 우리 문화재를 프랑스 측에 대여하는 것을 의미한다. 이는 소위 제1차 정부 간 협상(1992년 7월~1999년 2월) 시기의 주요 논의내용으로서 외규장각 의궤의 불법적인 유출문제를 전제로 하지 않은 것이기 때문에 우리 학계가 받아들이지 않았다. 정부 간 협상을 통한 타결책이 나올 기미가 없자 1998년 ASEM 회의에서 한불양국 정상은 외규장각 의궤반환 문제를 민간 전문가간 협상으로 전환하기로 합의하였다.

정부 간 협상에서 민간협상체제(1999년 3월~2004년 8월)로 넘어간 주요 취지는 정부인사보다는 자유롭고 창의적인 의견을 교환할 수 있는 민간전문가들 사이의 대화를 통해 해결해보자는 것이었다. 1999년 1월 프랑스 정부는 쟈크 살르와Jacques Sallois 회계감사원 최고 심의위원(차관급)을 프랑스 측 대표로 선정하였고, 우리 정부는 한상진 정신문화연구원장을 선임하였다. 양측은 4차례에 걸쳐 전문가 회의를 개최하여 '의궤 대 의궤 맞교환(등가교환)' 원칙에 합의하였다. 다시 말하자면, 프랑스 측 어람용 의궤와 우리 측 비어람용 의궤를 일괄·동시대여 형식으로 교류한다는 것이다. 이와 같은 합의사항에 대해 국내학계와 전문가들은 '빼앗긴 인질을 데려오기 위해 다른 인질을 내어 줄 수 없다는 이유'로 강력히 반대의사를 표명하였다.

이에 따라 협상은 다시 정부 간 협상(제2차 정부 간 협상 : 2004년 9월~2011년 3월) 체제로 넘어갔다. 제2차 정부 간 협상기에 '외규장각 도서 디지털화 사업', 국내 학자 등의 외규장각 의궤 열람절차 간소화, 양국 학자와 사서 등의 교류 확대 문제 등이 논의되었다. 이와 같은 과정을 거쳐 2010년 11월 서울에서 개최된 G20 정상회의 계기에 이명박 대통령과 니콜라 사르코지Nicolas Sarkozy 대통령 간 의궤를 '5년 단위 갱신가능 일괄대여' 형식으로 우리 측에 실질적으로 반환하기로 합의하였다.

그동안 프랑스는 비록 의궤가 1866년 프랑스 군대의 무력 침략에 의해 약탈된 문화재라 하더라도 이제는 세월이 많이 흘러 프랑스 문화재의 일부가 되었기 때문에 되돌려줄 수 없다는 주장을 하였고, 우리 측은 의궤가 불법적으로 약탈되었기 때문에 국제법상의 시효취득 대상도 되지 않고, 불법 점유상태에 있기 때문에 완전한 반환만이 정의를 회복하는 길이라고 논박하였다. 그러나 현실적인 소유국인 프랑스가 돌려주지 않을 경우 도덕적인 책임을 질 수는 있어도 반환을 강제할 방법은 사실상 존재하지 않았다. 이와 같은 이유로 외규장각 의궤 반환협상은 지지부진하였고 해결의 실마리는 보이지 않았다.

이러한 난제가 이명박 정부에서 해결될 수 있었던 이유로는 협상관련 주요행위자들의 변화, 우리 정부의 외교역량 강화, 서울 G20 정상회의 개최를 통한 국격제고 등이 협상의 유리한 외적 요인으로 작용하였다. 첫째, 2007년 프랑스 사르코지Sarkozy 대통령 당선과 2008년 이명박 대통령 취임으로 협상타결에 돌파구가 생기게 되었다. 강력한 업무추진력으로 소문난 양국 대통령은 한불 정상회담시 외규장각 도서반환

문제가 더 이상 한불양국 간의 걸림돌로 남아서는 안 된다는 데에 인식을 같이 하였다. 사르코지 대통령은 프랑스 국립도서관(BNF) 등 프랑스 내 강력한 반발을 정치적 리더십으로 무마하였다. 또한 주불대사에 프랑스 국립행정학교(ENA) 출신의 박홍신 대사가 임명됨으로써 프랑스 최고위층에 대한 반환여론 조성이 용이하게 된 점도 간과할 수 없다.

아울러, 쟈크 랑Jacques Lang 전前문화부장관과 같은 여론 주도층 인사가 외규장각 도서반환을 적극적으로 지지함에 따라 프랑스 내 여론이 우호적으로 변하였다. 프랑스 대북정책 대통령 특사로 활동 중이던 자크 랑 의원은 사르코지 대통령에게 외규장각 도서를 한국에 돌려주어야 할 필요성을 역설한 바 있다. 벵상 베르제Vincent Berger 파리 7대학 총장은 프랑스 지식인으로 구성된 '외규장각도서 반환 지지협회'를 결성하고, 프랑스 학계 · 문화계 · 정계인사들을 지속적으로 설득하여 프랑스 내 외규장각 의궤반환에 우호적인 분위기를 조성하였다.

둘째, '외규장각도서 반환 문제 전담대사' 임명, '프랑스 외규장각 반환협상 태스크 포스(TF)' 구성, 관계부처협의회(문화체육관광부, 문화재청, 국립중앙박물관 인사로 구성) 운영, 학계 · 문화계 · 언론계 · 시민단체 인사 총 30명으로 구성된 외규장각도서 자문포럼 · 연구회 운영 등 우리 정부의 외교역량이 강화되었으며, 한불 간 각종 회담계기에 거의 20년 동안 지속적으로 반환문제를 제기하여 프랑스 측이 반환문제를 회피할 수 없는 현실로 받아들이도록 하였다. 셋째, 2010년 서울 G20 정상회의 개최 국가로서 한국의 위상이 높아진 점과 우리 다음으로 G20 정상회의 개최 국가였던 프랑스가 우리나라로부터 성공적인 G20 회의개최를 위해 협조를 받을 사항이 많아진 점 등을 열거할 수 있다.

외규장각 도서반환 협상은 무려 20년 동안 진행되었다는 점에서 최장기간 동안 진행된 외교협상 사례 중의 하나로 기록될 것이다. 그리고 다른 반환대상 문화재와 마찬가지로 '한국 국민의 정체성의 일부이며, 한국의 얼의 근본적 요소를 구성'하고 있는 조선왕실 의궤반환을 통해 문화민족으로서의 우리의 자긍심을 고취하고 우리나라의 국격을 높일 수 있는 계기가 될 것으로 전망된다.

향후의 과제는 반환 받은 외규장각 도서를 단순히 보존만 할 것이 아니라 그동안 집중된 국민적 관심과 학계의 염원을 감안하여, 반환 받은 외규장각 도서 전체에 대한 상세한 해제, 학술적 가치평가, 유네스코 세계문화유산 등재 등 문화민족으로서의 우리의 위상을 높일 수 있는 방안을 강구하여야 할 것이다. 그렇게 하는 것만이 외규장각 도서반환의 역사적 의의를 제고하고, 민족의 얼이 담긴 우리 문화재의 효용성을 높일 수 있는 방안이 될 것이다.

외규장각 도서와 일본소재 조선왕실 도서반환이 20개국에 산재해 있는 14만점에 이르는 우리의 해외유출 문화재 환수활동에 긍정적인 영향을 미칠 것으로 전망된다. 아울러, 그동안 한불관계의 최대 걸림돌로 작용해 온 외규장각 도서반환 문제가 해결된 만큼, 2016년 한불수교 130주년을 맞이하여 한불 양국 간의 미래지향적인 관계가 정치, 경제분야뿐만 아니라, 문화, 예술분야로도 확대되기를 기대해 본다.

상천에게

보내준 매리장 신부에 관한 책을 잘 받고 우선 고모가 열심히 보면서 내용을

이야기 다 해 주셨다. 자료를 수집하느라 수고하고 고생했다. 그 책의 내용 중에

강화의 사건 – 병인양요 - 에 관해 약간의 언급이 있다는 말을 고모에게 들어서

관심이 있을 것 같아 내가 연구하고 쓴 글을 보내니 열심히 보고 평가해 주어라.

거기에 내 견해를 발표했으니 관계자들에게 그 내용을 얼마든지 알려도 된다.

나는 그 문서와 문화재가 도둑을 맞아 불란서에 들어온 지가 오래 되어서 소위

불란서 문화재가 되었다는 이론은 날도둑의 이론에 지나지 않는다고 생각한다.

강대국들이 제 멋대로 하는 세상은 역시 약육강식의 세상 밖에 될 수 없다.

고모는 네 글을 읽고 <절절> 동감이 간다면서 칭찬이 대단하다!

여튼튼 고맙다.

가족과 함께 기쁘고 행복한 성탄과 연말을 보내고 더욱 행복이 많은 새해를

기원한다.

고모와 고모부

□ 외규장각 도서 반환에 대한 여동찬 교수의 글(2009년 12월 20일)

7. 법정 스님과 파리 길상사(吉祥寺)

1993년 10월 10일(불기 2537년) 파리에서 동쪽으로 20Km 떨어진 토르시Torcy시에 한국사찰인 송광사 파리분원 길상사가 건립되었다. 주택

가에 세워졌고, 일반 가정집을 내부 수리하여 사찰로 꾸몄기 때문에 겉으로 봐선 한국 절인지 잘 알 수가 없다. 재불 화가 방혜자 화백을 비롯한 파리교민들의 모금으로 1억 5천만 원의 기금이 마련되었으며, 그 돈으로는 파리 시내에 건물을 구입할 수 없어 파리에서 좀 떨어진 전원도시인 토르시에 대지 2백 평 건평 80평의 아담한 사찰을 마련하였다.

프랑스는 국민들의 85%가 가톨릭 신자이고, 예전부터 가톨릭 교회의 맏딸(Fille Aînée de l'Eglise)이라고 불렀다. 이렇게 불리게 된 이유는 프랑크 왕국의 초대 국왕인 클로비스 왕이 서기 496년에 랭스Reims에서 세례를 받고 가톨릭으로 개종하면서 프랑스가 공식적인 가톨릭 국가가 되었기 때문이다. '교회의 맏딸'이라고 불리는 것은 프랑스가 공식적으로 가톨릭 국가가 된 최초의 나라였기 때문이다.

이러한 국가에 우리 한국 불교의 사찰이 주택가 한 가운데 들어섰으니 주변의 프랑스 사람들이 매우 호기심 있게 바라보았다. 길상사의 프랑스 명칭은 '명상의 집(maison de méditation)'이었기 때문에 불교 사찰로 생각하기 보다는 명상센터 정도로 생각했을 것이다. 가끔씩 프랑스인들이 법회에 참석하기도 하였다. 스님께서 우리말로 법회를 하는 게 보통인데, 가끔 유학생 중에 불어 잘하는 불자가 일부 법회 내용을 불어로 통역해 주기도 하였다.

필자도 파리 유학시절 매달 둘째, 넷째 주 일요일에 있는 법회에 참석하였다. 법정 스님께서 회주2)로 계셨는데 가끔씩 파리에 오셔서 법문을 해주시고 가셨다. 2005년 6월 14일~26일간 길상사에 계시다 떠

---

2) 한 법회나 불사, 모임 또는 단체나 문도의 대표를 가리키는 말.

나셨다. 법문 중에 한 가지 말씀이 아직도 기억난다 : "속세의 일이 바쁘면 매 주말마다 절에 올 필요가 없습니다. 부처님 말씀 중 어디에도 주말마다 절에 와야 된다고 말씀하신 적이 없습니다. 우선 속세의 바쁜 일이 있으면 그것부터 해결하고 시간이 날 때 절에 와도 됩니다." 이 말은 바쁘게 학위를 따기 위해 공부하고 있는 유학생들에게는 많은 위안이 되었다. 그 말씀만 들어도 마음이 편안해지고, 오히려 스님 법문 듣기 위해 더 길상사를 찾게 되었다.

법정 스님은 법회 중에 파리 길상사가 토르시와 인연이 있었다는 사실을 다음과 같이 이야기 하였다 : "여러분이 길상사에 오려면 버스를 타고 Les Tilleuls(보리수)역에서 내려 rue des Tilleus(보리수 길)을 200미터쯤 걸어와야 합니다. 그리고 길상사가 있는 도로명이 rue du petit bois(소림로)입니다. 이것은 부처님께서 법을 깨달으신 것이 보리수 나무 아래라는 것을 생각하면 무슨 인연인지를 알 수 있습니다."[3] 우연히 선택한 곳이었지만 길상사의 주소는 불교와 인연이 많았다. 이것은 마치 해외거주 교회 목사님들이 사시는 집주소가 대부분 91(구원)번지인 것과 비슷하다.

법정 스님은 법회 후에 불자들과도 편안하게 담소도 하시고, 아이들과 공차기도 하시는 등 소탈한 모습을 보여주셨다. 법우들로부터 들은 일화 한 토막을 소개하려고 한다. 스님께서 승복을 입으시고 여름에 밀짚 모자를 쓰고 파리 시내의 번화가에 나타나시자 예쁘장한 파리지엔느parisienne들이 동양의 미남 스님의 뺨에 비즈(bise 볼 키스)를 해주셨다는 이야기를 들었다. 비즈는 보통 남녀 불문하고 서로 친한 사이에 의례

---

3) 길상사 주소는 'KIL SANG SA 32 rue du petit bois 77200 TORCY, FRANCE. 전화는 (33-1) 60 17 39 59.

적으로 하는 인사법이다. 파리의 아가씨들이 법정 스님께 친근함을 느꼈는가 보다.

어떤 한국의 보살님이 법정 스님께서 파리에 가신다고 하니 염주를 30개 가량 시주를 하셨다. 그중에 하나가 나에게도 돌아와서 자동차 거울 있는 곳에 걸어놓고 호신부로 여기고 아꼈다. 2007년 뉴질랜드 근무 때에도 가져갔는데 2009년 1월 1일 뉴질랜드 북부 해안가 모래사장에서 아이들이 가지고 놀다가 잃어 버렸다. 참으로 안타까웠지만 나와 인연이 다해서 떠나버린 것으로 마음정리를 하였다. 공교롭게도 그날 필자는 바닷가 해류에 휩쓸려 죽을 고비를 넘겼다. 부처님의 가피로 겨우 목숨을 부지하였으니 염주를 잃는 대신 나의 육신을 구할 수 있었다. 스님께 다시 한 번 감사드릴 따름이다.

1993년 창건 당시 초대 스님은 청학 스님이셨다. 1995년 3월 5일 일요일 길상사 법사 스님으로 지묵 스님이 오셨다. 지묵 스님은 수제비를 매우 기막히게 잘 끓이시는 스님이셨는데, 예전에 원주 스님[4]이셨기 때문에 가능한 일이라고 알고 있다. 스님께서 퀴즈 문제를 하나 내셨는데, '삼장법사'라는 말이 무엇을 의미하는지에 관한 것이었다. 삼장법사는 '간장, 된장, 고추장'의 3가지 장을 관리하는 스님이라고 알려주셨다. 그것은 곧 원주 스님이셨던 본인에 관한 말씀이었다. 스님께서 알려주신 수제비 잘 끓이는 비결은 펄펄 끓는 물에 수제비를 넣기 전에 간장을 미리 넣는 것이라고 한다. 지묵 스님은 현재 서울 성북동에 있는 길상사에 계신 것으로 알고 있다.

---

4) 절에 살고 있는 대중들의 숫자를 파악하여 짧게는 하루, 길게는 결제기간에 소요되는 식량과 반찬. 부식 등 대중 스님들이 필요한 모든 물자를 조달 관리하는 일을 맡는 스님.

길상사 건립에는 재불 및 국내화가들이 기금마련 전시회를 열어 후원하였다. 방혜자 화백과 부군인 한국학 연구소 알렉상드르 기예모즈 Alexandre Guillemoz 교수도 많은 기여를 하였다. 기예모즈 교수는 서울대학교에서 한국무속연구소 박사학위를 받았으며, 한국명은 김효신金孝信이다. 프랑스로 귀국 후 프랑스 국립 사회과학고등연구원(ESESS)의 교수로 오랫동안 재직하였다.

법정 스님이 뿌린 씨앗은 이역만리 프랑스에서도 꽃을 피우고 있다. 2011년 10월에 파리 길상사 개원 18주년 기념법회가 100여 명의 불자들이 참석한 가운데 성대히 열렸다.

◻ 파리 길상사 개원 18주년 기념 법회 봉행 사진(출처 : 『법보신문』)

□ 파리 길상사 개원 18주년 기념 법회 봉행 사진(출처 :『법보신문』)

8. 프랑스에 오신 한국 스님들

　가톨릭 국가인 프랑스에 한국인 스님들이 와서 생활하였거나 공부를
하고 갔다면 모두들 의아해 할 것이다. 하지만 오래전부터 우리나라 스
님들이 프랑스 거주하였으며, 수도원 또는 프랑스 대학에서 공부를 한
기록들이 있다. 프랑스에 한국 스님이 처음 온 것은 1921년으로 기록되
어 있다. 그때 범산 김법린梵山 金法麟 스님이 한인친목회를 조직하였고,
이 모임이 오늘날 파리 한인회의 모태가 되었다. 범산 스님은 1923년
11월에 소르본 대학 문학부 철학과에 입학하여 1926년에 졸업하였고,
동 대학원에 입학하여 근세철학을 전공하였다. 1928년 1월 조선불교 재

건을 위한 종단의 부름을 받고 귀국할 때까지 7년간 프랑스에서 공부하였다.

1980년경 미국 LA 달마사에서 시작된 관음선종(회주는 숭산 행원 선사)이 유럽 사람들에게 전해지면서 각처에 선禪 센터의 분원이 설립되기 시작하였다. 1981년 호진浩眞 스님(본명 : 윤병식)이 소르본 대학에서 원시불교사상 연구로 박사학위를 받고 귀국하여 동국대학교에서 후진양성에 노력하였다. 이것이 스님이 프랑스에서 공부하여 박사학위를 받은 최초의 일이었다. 곧 이어 함께 프랑스에 공부하러 간 법경 스님(본명 : 서송원)이 박사학위를 받았다. 재미있는 사실은 두 스님의 프랑스 유학을 주선한 사람은 다름 아닌 당시 여동찬 신부였다. 프랑스 외무부 자료에 따르면 1972년 2월 22일 피에르 랑디Pierre Landy 주한 프랑스 대사가 당시 여동찬 신부의 부탁으로 두 스님의 프랑스 유학을 위한 비자발급을 외무부 본부에 요청한 사실이 있다.

두 스님은 먼저 파리에 있는 알리앙스 프랑세즈에서 3개월간 불어를 배운 다음 베네딕트회 소속 '삐에르 끼 비르Pierre-qui-Vire' 수도원에서 약 3년간 생활할 예정이었다. 랑디 대사는 한국의 스님들이 프랑스에서 공부하게 되는 것은 종교적으로뿐만 아니라 문화적으로노 매우 흥미있는 일이며, 프랑스 수도원 생활에 대해서도 알게 되고 나중에 한국에 귀국하게 되면 아직까지 프랑스에 잘 알려져 있지 않은 한국불교관련 서적을 불어로 번역할 수 있게 되기를 기대하였다.

호진 스님과 법경 스님 두 분의 여동찬 신부와의 만남은 1992년 12월에 발간된 『월간 해인』에 잘 나타나 있다.[5] 동국대 대학원 과정에서 만난 세 사람은 서로에게 튼튼한 울타리가 되어 주었다. 여동찬 교수는 한 국 불교의 단점으로 조직성과 체계성의 결여를 지적하면서, 프랑스에 있는 수도원에 들어가서 불교와 카톨릭을 비교 연구해 볼 것을 권유하였다. 이에 두 사람은 '함께'라는 데 힘과 위안을 삼아 낯선 이국땅에서 새로운 학문의 길을 가게 된 것이다. 당시 승단에서는 곱지 않은 시선을 보내었다고 하는데, 그도 그럴 것이 한국의 승려가 절친하게 지내던 신부가 추천하는 수도원으로 들어간다니 오해가 있을 법한 사건이었다. 어쨌든 두 사람은 여동찬 교수의 도움으로 간 파리에서 어렵고 힘겨운 세월을 오래도록 보내야만 했다.6)

베네딕트 수도원은 프랑스 여러 수도원 가운데서 가장 조직적이고 적극적인 수도생활을 하는 곳이다. 하루 일과는 규칙적으로 일곱 번 기도하고, 잠자는 시간을 제외하고는 하루가 노동을 위해 쓰인다. 인쇄소, 목장, 목공소 등 모든 것이 신부들의 손과 노력을 통해서 운영된다. 그들은 자급자족을 철저하게 지켜서 수도 생활을 치밀하게 꾸려갔다. 바로 이곳에서 스님은 2년 반 동안 수도원 생활을 익혔고 무언지 미진한 생각에 폭넓게 공부해보고 싶어서 그 곳을 나왔다. "공부를 해 보고 싶어 파리에 있는 대학 도서관에 갔다가 불교 연구의 방대함에 감동을 받았습니다. 그 당시 한국에는 원시 불교에 대한 연구가 거의 없었는데 그곳에서는 이미 매우 깊게 연구가 이루어진 상태였습니다."

한국에서 아직 개척되지 않은 분야를 공부하기로 마음먹고서 법경 스님과 호진 스님은 각각 역사와 교리를 중심으로 인도 불교를 공부하

---

5) 출처 : 인터넷 『월간 해인』(海印) 제130호(1992년 12월).
6) 이하 내용은 『월간 해인』 제130호 인터뷰 내용을 재구성한 것임.

기 시작하였다. 75년부터 소르본 대학에서 박사 과정의 불교 청강을 허락받아 수업에 참여하게 된 것이 그 첫걸음이었다. 책만 읽고 사람들과 별로 말을 하지 않아서 불어 회화에 많은 어려움이 있었다. 학교에서 받는 장학금 말고 수입처라고는 한 곳도 없는 열악한 상황에서 마침내 81년 호진 스님이 종교학 박사 학위를 먼저 받았다. 논문은 불교의 무아 사상과 윤회 이론이 합치되지 않는 모순점이 있다고 보아 신앙이 아닌 학문으로서 이를 연구한 '나선비구경에서의 무아 윤회 문제'였다. 통과만 되면 만족하겠다고 했는데 예상 밖으로 최고의 평점을 받았다고 한다.

"돈만 조금 더 있었다면 훨씬 많이 공부할 수 있었을 것 같아요. 불어 회화가 특히 아쉬워요. 그리고 십 년 동안 파리 외엔 별로 가보지 못했거든요." 십 년이란 세월이 결코 짧은 세월은 아니었을 것이다. 호진 스님은 십 년이나 지내고 온 사람이 그 나라 말을 잘하지 못하는 사실이 못내 아쉽다고 하였다. 그곳에서의 생활이 짐작되고도 남는 대목이다. 옆을 돌아볼 여유도 없이 낯 설은 이국땅에서 수행정진 하듯이 공부만 하였다고 한다. 그래서 스님은 "참 외로웠습니다. 어느 누구도 안부 한 번 묻지를 않아요. 썰렁한 카톨릭 단체의 건물에 여름이면 혼자 남아 있고 크리스마스 때면 떠들썩한 사람들 소리에 더욱 외로웠으니까요."

호진 스님은 현재 경주에 있는 기림사 암자에서 계속 수행정진하고 계신다. 필자가 호진 스님 계신 곳을 수소문하여 1972년 2월 22일 피에르 랑디 주한 프랑스대사가 본국 외무성에 장기체류 비자발급 협조를 요청하는 전문과 필자와 여동찬 교수와의 관계를 설명하는 편지를 보내드렸다. 이에 대해 스님은 "뜻 밖의 편지 받고 놀랐습니다. 감사하게

*생각합니다. 이와 같은 작은 서류가 40년이 넘도록 보관되어 있다는 것이 신기하기도 합니다. 주신 글도 흥미로웠습니다. 여동찬 교수님에 대한 이야기는 제법 많지만 개인적인 것일 뿐입니다'*라고 답장을 보내셨다. 사실은 스님으로부터 여동찬 교수에 대해 좀 더 흥미 있는 이야기를 듣고, 이 책에 소개할 요량으로 편지를 보내었던 것이다.

이후 인연이 또 인연을 만들어 1989년 12월 호진 스님과 법경 스님의 소개로 가야산 해인사의 향적 스님이 1년간 프랑스 삐에르-끼-비르 Pierre-qui-vire 수도원에서 생활하였다. 이때의 경험담은 2009년 『향적스님의 가톨릭 수도원 체험기 - 프랑스 수도원의 고행(Un pèlerinage dans un monastère de France)』라는 책으로 출간되었다.

JM/cb
AMBASSADE DE FRANCE
EN COREE

Séoul, le 22 février 1972.

N° 102/AA

PIERRE LANDY
AMBASSADEUR DE FRANCE EN COREE
A SON EXCELLENCE
MONSIEUR LE MINISTRE DES AFFAIRES ETRANGERE
DIRECTION DES CONVENTIONS ADMINISTRATIVES
ET DES AFFAIRES CONSULAIRES
- Circulation des Personnes -

A/s: Séjour de deux moines bouddhistes en France.

　　　　　　J'ai l'honneur d'adresser au Département, par
cette Valise, deux demandes de visa de longue durée en
faveur de deux moines bouddhistes coréens, M. YUN Pyong-
Sik et M. SYE Song-Won.

　　　　　　Le séjour en France, quelque peu insolite, de ce
deux religieux mérite de retenir l'attention. A l'origine
de ce voyage se trouve le R.P. Roger LEVERRIER, prêtre des
Missions Etrangères de Paris, qui exxrce son ministère en
Corée depuis 1956. Ayant acquis une parfaite connaissance
de la langue locale, ce missionnaire a entrepris, dans

Communiqué à : - AS
　　　　　　　　- CAR
　　　　　　　　- DOACT

□ 프랑스 외무부에 호진 스님과 법경 스님에 대한 장기유학 비자를 요청하는 피에
르 랑디(Pierre LANDY) 주한대사의 전문

l'esprit des travaux du Concile Vatican II, de promouvoir
une meilleure compréhension entre les fidèles de la foi
chrétienne et les tenants de la croyance bouddhiste. Lui-
même s'est spécialisé, sur le plan intellectuel, dans l'é-
tude de cette dernière religion : diplômé de l'université
"Tong Kuk" de Séoul, ce prêtre après avoir obtenu la maî-
trise coréenne avec un mémoire sur les "cérémonies bouddhi-
ques au Royaume de Koryo" prépare actuellement entre autres
une thèse en français en vue du doctorat du 3ème cycle.

Afin de développer dans un esprit oecuménique
les contacts entre chrétiens et bouddhistes, le R.P. Lever-
rier a entrepris d'envoyer en France, à l'Abbaye bénédic-
tine de la Pierre-qui-Vire, dans l'Yonne, deux bonzes.
Après avoir été accueillis à Paris par les soins de l'Al-
liance Française où ils développeront durant trois mois
leur connaissance du français encore précaire, ils séjourne-
ront environ trois ans à l'Abbaye pour y étudier la vie
monastique chrétienne et être capables, après leur retour
en Corée, de traduire en français des ouvrages coréens
encore méconnus traitant du bouddhisme.

Cette expérience, à la fois d'ordre spirituel et
d'ordre culturel, ne paraît fort intéressante. C'est pour-
quoi je me permets de demander au Département de bien vou-
loir accorder aux intéressés le maximum de facilités compa-
tibles avec notre législation./.

□ 출처 : 프랑스 외무부 문서(Asie 1613, Corée du Sud, 1968~1972)

□ 호진 스님이 기거하시는 경주 기린사의 눈내린 암자 모습

9. 노무현 정부의 '프랑스 코드'

우리나라 사회현상 중 재미있는 사실은 사회 각 부문에 미국의 영향력이 상당하다는 점이다. 해방 이후 상당부분 미국의 원조와 군사적 지원으로 우리나라가 경제성장과 국방을 지켜 온 만큼 어떻게 보면 당연한 현상인지도 모른다. 모든 국민이 이제는 초등학교 때부터 영어배우기에 전력투구를 하고 있고, 유학을 가더라도 미국에만 편중되게 몰려있으며, 국내 대학에 교수자리라도 하나 얻으려면 유럽 대학 출신 박사보다는 미국출신 박사가 우대받는 것이 현실이다.

오죽했으면 필자가 프랑스에서 공부할 때 우연히 발견한 프랑스 외무부 문서에 "*한국 사람들은 뉴스위크와 타임지를 통해서 세상을 본다*"라고 어느 프랑스 외교관이 꼬집었을까? 중동문제에 대해 그동안 우리들은 우리의 관점에서 정책을 입안하기 보다는 미국이 바라보는 중동문제에 대한 시각을 그대로 답습한 경우가 많았다. 중동문제를 CNN 보도를 통해 보는 것도 중요하지만 아랍의 '알자지라' 방송을 통해서 바라보는 것이 보다 객관적이고 균형 잡힌 정책을 만드는데 도움이 될 것이다.

우리나라가 정치, 경제, 사회, 문화 각 분야에 미국의 절대적인 영향을 받고 많은 부분 미국의 제도를 모델로 삼았음에도 불구하고 딱 한 가지 답습하지 않은 것이 있다. 그것은 바로 대통령 임기이다. 초대 대통령 이승만은 처음에는 미국의 예를 따라 대통령 임기를 4년, 중임이 가능하도록 하였으나, 나중에 헌법 개정을 통해 초대 대통령에 한하여 종신 집권할 수 있는 길을 열어 놓았다. 1960년 4·19 혁명으로 제1공화국이 무너지자 윤보선 대통령, 장면 국무총리의 제2공화국이 채택한 정치체제는 '영국식 의원내각제'였다. 이때에도 대통령 임기는 4년 임기에 중임이 가능한 상태였으나 5·16 혁명으로 단명한 정부로 끝났다.

제3, 4공화국의 박정희 대통령도 4년 임기에 한차례 더 재임할 수 있는 정치체제를 만들었으나 1968년 3선 개헌과 1972년 유신헌법으로 영구집권할 수 있도록 바꾸었다. 이승만 대통령과 박정희 대통령 모두 처음에는 미국 제도를 따랐으나 나중에는 '한국적 민주주의 토착화' 차원에서 우리식의 대통령 종신 임기제를 만들었다.

1979년 10 · 26 사태 이후 집권한 전두환 대통령의 5공화국 정부는 대통령 임기만큼은 철저하게 프랑스식으로 따랐다. 우연히도 드골 대통령 이후 강력한 대통령 중심제를 유지하고 있는 프랑스도 제5공화국이었고 전두환 대통령의 신군부도 제5공화국 정부를 수립하였다. 당시 신군부는 프랑스에 관련 학자들을 파견하여 프랑스의 정치체제를 집중적으로 연구한 것으로 알고 있다.

신군부는 철저하게 프랑스의 대통령 임기제를 모방하여 프랑스의 소위 '셉뜨나Septennat', 즉 7년 임기제를 채택하였으나 프랑스가 7년 임기에 중임이 가능한데 비하여 우리나라는 7년 단임제를 채택하였다. 신군부가 14년 통치의 유혹을 어떻게 뿌리쳤는지는 모르지만 대단한 자제력을 발휘한 것으로 평가된다.

프랑스 대통령 중 14년의 임기를 마친 사람은 미테랑 대통령(1981~1995) 한 사람 밖에 없다. 초대 드골 대통령(1958~1969)도 재선되어 14년의 임기를 마칠 수 있었지만 1968년 학생운동과 총파업으로 인해 하야하면서 10년 동안만 재임하였고, 시락 대통령(1995~2007)은 2000년 9월 24일 국민투표에 의해 대통령 임기가 기존의 7년에서 5년, 소위 '껭끄나Quinquennat'로 바뀌면서 12년만 재임하였다. 어떻게 보면 짓궂은 생각이지만 프랑스가 거꾸로 우리나라의 5년 임기제를 모방한 것이 아닌가 하는 생각이 든다.

하여튼 우리나라는 노태우 대통령의 제6공화국 이후 줄기차게 5년 단임제를 잘 지켜오고 있고 이제 어느 정도 안정화 단계에 접어든 것 같다. 가끔 개헌논의가 나오고 있지만 국민들이 과거 장기집권에 넌더리가 났는지 4년 중임의 개헌발의에 대해 그리 동조적인 것 같지 않다. 프랑스는 5년 중임, 우리는 5년 단임으로 일단 대통령 임기가 5년이라는 사실에 공통점이 있다. 아마 성질 급하고 다혈질적인 양국 국민성이 일맥상통한 정치 시스템을 만들지 않았나 생각된다. 양국 국민들의 국민성이 비슷하다는 점은 2005년 5월 첫 한국계 한불상의(FKCCI) 회장으로 취임한 이준 필립 변호사의 *"성질 급한 한국과 프랑스 사람 이해 높이는 다리 역할 할 것"*이라는 표현에도 잘 나타나 있다.[7]

우리나라 역대 정부 중 노무현 정부만큼 정치, 국방, 과거청산 문제에 있어서 프랑스의 해법을 따른 정부는 없었다. 노 대통령은 당선자 시절부터 프랑스식 분권형 대통령제 도입 의사를 밝혔으며, 이해찬 국무총리를 책임총리로 하는 분권형 국정운영을 하였다. 2005년 4월 28일 당시 윤광웅 국방부 장관은 노 대통령에게 프랑스식 국방개혁, 즉 '미국으로부터 홀로서기'를 할 수 있는 자주국방 개혁안을 추진하겠다고 보고하였다. 전시 작전권을 미국으로부터 이양 받는 등 '자주국방'을 내세웠다.[8]

2004년 5월 27일 연세대 특강에서 노무현 대통령은 일제 잔재 청산과 관련하여 프랑스의 제2차 세계대전 후 과거청산 방식을 거론하였다. 현재까지 한일 간의 독도 문제, 위안부 문제가 지속되고 있는 것은 일본 패망 이후 천왕제를 폐지하지 않고 일본 전범들에게 면죄부를 준 맥아더 사령부의 잘못에 있는 것처럼, 한국 근현대사의 좌우이념 등 우리 사회의 여러 가지 갈등 요인들은 과거 친일청산을 제대로 하지 못한 데 있

<hr>

7) 『매일경제』, 2005년 5월 10일 화요일.
8) '노무현 정부 「프랑스 코드」', 『동아일보』 2005년 4월 30일.

었다. 드골의 프랑스 해방정부는 신속한 부역자 처리 방침을 통해 독일에 부역했던 민간인, 언론인, 문인, 정당정치인, 비쉬Vichy 정부에서 복무했던 공무원 등 약 1만여 명을 처형하고 3만~4만 명의 사람들을 부역의 죄목으로 재판을 통해 구금하였다.

그러나 우리나라는 친일부역자에 대해 단 한명의 유죄판결이나 실형 선고를 내린 적이 없었다. 해방이 된지 64년이 지나서인 2009년 11월에야 겨우 친일인명사전을 출간한 정도였다. '민족정기'를 바로 세우자는 말은 한낱 허공의 메아리로 울릴 뿐이었다. 우리나라의 많은 지도자급 인사들이 일제시대 때 친일행위를 하였고 현재에도 그 후손들이 미국 등 해외유학을 통해 지도층으로 남아있는 상황이다.

친일 인명사전은 2001년 편찬작업이 본격적으로 시작된 이래 무려 8년 만에 이뤄졌다는 것은 친일후손들의 집요한 방해공작이 있었기 때문이었다. 2003년 12월 친일단체 인물연구사업의 일환으로 국회 예산으로 2004년 펴낼 예정이었던 '일제하 지방 친일단체 편람사업'에 책정된 5억 원 전액이 국회에서 삭감된 것이 이를 잘 증명하고 있다.

세월이 너무 많이 흘러서 친일부역자들이나 그 후손들에게 쇠를 물을 수 없는 상황이기 때문에 독립유공자 만이라도 더 많이 발굴해서 포상하는 수밖에 없다. 2004년 8월 25일 독립유공자 초청 오찬에서 노무현 대통령은 '프랑스는 2차대전 후 30만 명이 레지스탕스로 공식 인정돼 포상을 받았다'며 독립운동사 발굴을 강조하였다.

노무현 대통령은 13대 국회의원 시절부터 주한 프랑스대사관 관계

자와 프랑스문화원에 근무하는 한국인과 자주 어울렸다고 한다. 노 대
통령이 프랑스에 관심이 많은 것은 이상적으로 생각하는 정치경제 모
델이 사회민주주의가 가미된 유럽식 자본주의 모델이었기 때문이라고
한다.9) 노 대통령은 미국에 대해 할 말은 하였고 '위대한 프랑스 건설'
을 주창한 드골 대통령을 존경하였던 것 같다. 2004년 6월 '드골의 리더
십과 지도자론'10)을 저술한 외교통상부 이주흠 심의관을 청와대 '대통
령리더십 비서관'이라는 새로운 자리를 만들어 발탁한 것에서도 잘 알
수 있다.

2004년 12월 5일~7일간 노무현 대통령이 프랑스를 국빈방문하여
12월 6일 소르본 대학에서 '유럽통합과 동북아시대'라는 주제로 강연을
할 때였다. 한 프랑스 학생이 '*한국에서는 미국의 영향이 지대한데 프랑*
스의 자리는 있는지?'에 대한 질문을 받고 "*우리가 프랑스에 대해 보다*
더 매력을 느끼는 이유는 추구하는 가치가 미국과 다르기 때문"이라고
대답하였다. 이 대답은 그 전날 다른 행사에서 "*한국이 너무 미국식 이*
론에 강한 영향을 받고 있어 걱정"이라고 말한 것과 같은 맥락이었다.
"*어느 누구도 친구를 독점하려 해서는 안 되며 한 친구만 계속 사귀고 교*
류하는 것은 교류하지 않은 것과 비슷할 수 있다"고 답변하며 우리나라
의 미국 편향성을 다시 한 번 비판하였다.11)

9) '노무현 정부「프랑스 코드」',『동아일보』2005년 4월 30일.
10) 1999년 11월 25일 비매품으로 일본 오오사카에서 발간.
11) '노대통령의 프랑스 찬가',『문화일보』2004년 12월 7일.

□ 2004년 12월 프랑스 공식방문 중 소르본 대학에서 '유럽통합과 동북
아시대'를 주제로 강연하는 노무현 전 대통령(출처 : 『문화일보』 2004
년 12월 7일)

10. 어느 프랑스인 가족의 한국고속철(KTX) 탑승기[12]

2004년 4월 17일 토요일 오후, 우리 가족(나의 남편과 두 자녀)은 우
리들이 살고 있는 릴Lille에서 TGV를 타고 파리의 샤를 드골 공항으로
향하였다. 내가 회원으로 있는 프랑스 경제사학회(ADHE)에서 금년에
계획한 8박 10일(4.17~28) 동안의 한국 방문이라는 대장정에 오르기

---

12) 이 글은 프랑스 릴 교육구 인문교육감사 및 파리 소르본 대학 교수인 프랑스와즈 토
메-고메즈 부인(Mme Françoise Thomé-Gomez)이 불어로 작성한 글을 필자가 번역
하였다. 이 기고문은 2004년도 KTX 매거진 6월호에 게재되었다.

위해서였다. 참고로, 프랑스 경제사학회는 파리 1대학 역사학과 쟈크 마르세이Jacques Marseille 교수가 1989년 창립하였으며, 프랑스의 대학과 고등학교에서 역사를 가르치는 교수와 교사들 및 역사 연구에 관심이 있는 아마추어 역사가들로 구성되어 있다. 총 회원 수는 약 500명이며, 이번에 한국을 방문한 회원 수는 총 80명이었다.

금년에 한국을 방문한 이유는 무엇보다도 한·불 간 경제협력의 상징이 되고 있는 고속철도(KTX) 운행을 기념하기 위해서였다. 프랑스 경제사학회는 매년 학술교류 및 역사탐방을 위하여 매년 1회 외국을 방문하고 있으며 지난해에는 유럽연합(EU)의 새로운 회원국인 헝가리를 방문하였고, 올해에는 마르세이유 교수의 지도로 박사학위를 받은 외교안보연구원의 정상천 외무행정관의 제안으로 한국방문이 성사되었다. 여기에는 물론 주한 프랑스대사관과 한국관광공사 파리지사의 전폭적인 후원과 긴밀한 협조가 있었다.

우리 가족들에게 극동極東의 먼 나라 한국으로의 여행은 이번이 처음이었으며, 그동안 1988년 서울 올림픽과 2002년 월드컵 등으로 한국의 발전상은 간간이 들어서 알고 있었지만 프랑스로부터 10,000킬로미터이상 떨어진 한국을 실제로 방문한다는 것은 평소에는 생각해보지 못한 일이었다. 지리적으로도 멀기도 하지만 어떠한 문화적, 역사적 전통이 있으며, 어떠한 관광자원이 풍부한지 우리 프랑스인들에게 잘 알려져 있지 않기 때문이었다. 다시 말해서, 전반적으로 관광국가로서의 한국의 이미지가 유럽인들에게는 약하게 느껴지고 있기 때문이다.

그럼에도 불구하고, 프랑스인들이 상대적으로 자주 방문하기 어려운 한국을 방문한다는 것은 오히려 우리들에게 더욱 큰 흥분과 기대감을 안겨주었다. 더구나, 프랑스가 국제적인 경쟁력을 가지고 있는 TGV가 처음으로 아시아지역, 그 중에서도 지난 30년간 가장 역동적인 성장을 이룩한 한국에 도입되었다는 것은 한ㆍ불 양국 간 미래지향적인 협력 관계의 시작을 알리는 역사적인 사건이었기에 프랑스 경제사학회 회원 모두 한국방문을 열망하였다. 100% 자비 부담으로 여행함에도 불구하고 80명이라는 대규모 인원이 참석할 수 있었던 데에는, 단순한 한국관광뿐만이 아니라 한국경제의 발전상과 한국의 문화와 역사를 직접 체험해보고자 하는 강한 열의가 있었기 때문이었다.

4월 18일(일요일) 인천국제공항에 도착하여 한국과의 첫 대면을 시작하였다. 이튿날 아침 경복궁, 인사동 방문 및 서울대에서의 마르세이 교수의 강연을 시작으로 「아름답고 정다운 나라, 한국」에서의 우리들의 숨 가쁜 8일간의 일정이 KTX처럼 고속으로 진행되었다. 냉전의 마지막 종착지인 판문점, UNESCO가 세계문화유산으로 지정한 수원 화성, 불국사 석굴암, 해인사 장경판전과 인쇄술의 극치를 보여준 팔만대장경, 산세 수려한 해인사에서의 잊지 못할 하룻밤의 Temple Stay, 포항제철, 삼성반도체 수원공장 방문, 경북대학교 및 부산대학교와의 공동학술회의 개최 등등 한국의 문화와 경제발전의 진수를 단기간에 어느 누구도 우리들처럼 흠뻑 느껴 보지 못하였으리라 생각된다.

서울에서 경주까지는 관광버스로 이동하였으나, 부산에서 서울까지는 KTX를 탑승하기로 예정되어 있었다. 4월 25일 오전 10시! 드디어 한국방문의 마지막 피날레를 장식할 KTX 탑승이 이루어졌다. 부산~ 서울 간을 논스톱으로 2시간 23분 만에 주파하였다. 8일간의 여행이었지만 3개월은 지난 것 같은 느낌이었으며, 그동안의 우리들 한국방문의 일정이 파노라마처럼 차창가로 스쳐지나갔다. 우리 일행은 가이드를 포함하여 총 85명이어서 열차 한량을 모두 채우고도 다음차량의 절반까지 차지하였다. 모두들 서울역에 도착하기 전에 프랑스에 있는 친구나 친지들에게 보낼 엽서들을 작성하느라 펜을 꺼내들고 갑자기 야단법석을 떨기 시작하였다. 손을 턱에 괴고 창밖의 풍경을 감상하기도 하고, 터널이 나타날 때마다 숫자를 세어보기 위해 표시를 하기도 하고, 옆 사람과 담소를 나누기도 하고, 스쳐지나가는 한국의 이국적인 모습을 사진으로 찍어보기도 하고……. 그러나 그 시간도 순간으로 느껴질 정도로 우리들을 실은 KTX는 서울역에 12시 23분 정시에 도착하였다.

탑승시 소감을 간단히 적어 본다면, 한국에서는 역방향 좌석이 문제가 되고 있다고 들었다. 그러나 프랑스의 모든 TGV는 역방향 좌석과 정방향 좌석을 갖추고 있다. 심지어 대부분의 시내버스들도 역방향 좌석과 정방향 좌석으로 배치되어 있다. 이것은 한국과 프랑스 사람들 간의 습관의 차이로 보인다. 역방향 좌석에 앉아 있다고 멀미가 더 난다던가, 또는 더 피곤하게 느껴진다던가 하지는 않다. 정방향으로만 앉아 있던 습관 때문에 다만 그렇게 믿어질 뿐이다. KTX가 통과하는 터널이 많다고 들었으나, 생각보다 터널통과시 소음이 크게 느껴지지는 않았다. 한국에서 운행 중인 KTX는 프랑스 TGV 차량을 그대로 들여오거나, 똑같이 제작하였기 때문에 프랑스에서 우리들이 탑승했던 TGV와 비교하여 승차감, 좌석 공간 등에 있어서 별다른 차이점을 느끼지 못하였다. 차창에 스치는 풍경을 제외하고는 마치 파리－릴Lille 간 TGV 안에 있는 것과 똑같은 느낌이었다.

□ 토메−고메즈 교수(2004년 4월 25일)

□ 토메−고메즈 교수와 KTX 여승무원(2004년 4월 25일)

□ KTX 객실내에서 포즈를 취한 토메-고메즈 교수(2004년 4월 25일)

11. 1900 파리박람회,[13] 2012 여수박람회

1900년에 파리에서 개최된 세계박람회에 우리나라가 참가한 이후 112년 만에 여수 세계박람회가 2012년 5월 12일부터 8월 12일간 '살아 있는 바다, 숨쉬는 연안'을 주제로 남해안의 아름다운 도시 여수에서 개최되었다.

우리나라가 역사상 최초로 세계박람회에 참가한 것은 1893년 미국 시카고박람회 때부터이다. 당시 우리나라는 기와집 모형 안에 나전칠

---

13) 1900년 4월 15일부터 11월 15일까지 8개월간 파리에서 개최되었다.

기와 방석, 대포와 갑옷 등을 전시하였다고 한다. 시카고 박람회에는 부라부랴 무질서하게 수집된 전시품을 가지고 소규모로 참가하였지만 1900년 파리박람회 때는 독립된 '한국관'을 건립하여 제법 큰 규모로 참가하였다. 이렇게 참가할 수 있었던 데에는 조선정부의 관심과 재정 지원도 있었던 것이 사실이지만 프랑스 정부와 프랑스 후원자들의 협조가 있었기 때문에 가능하였다.

L'EXPOSITION CORÉENNE — Vue d'ensemble du Pavillon.

□ 파리박람회에 건립된 '한국관' 전경

박람회에 출품될 전시품과 참가할 인원들의 수송비용 20만 프랑은 한국정부가 부담하였다. 1900년 파리박람회 참가문제는 1893년도부터 논의되기 시작하였다. 우리 정부는 프랑스 측의 박람회 참가 권유를 받고 1889년 박람회 홍보물을 요청하였다.

'세계 박람회' 또는 '만국 박람회'는 1851년 영국 런던에서 최초로 개최되었다. 세계 각국의 중요한 생산물을 소개하고 각국이 이룩한 문화와 새로운 산업기술의 성과를 전시할 목적으로 시작되었다. 파리에서는 1855년에 최초로 개최되었으며, 1867년 · 1878년 · 1889년에 개최되었다. 1889년 박람회에는 프랑스혁명 100주년을 기념하고 프랑스 철강산업과 건축기술을 소개할 목적으로 에펠탑이 건립되었다.

1900년 파리박람회에 공식전시관을 확보하려는 나라가 많아서, 좋은 자리는 선진국들이 차지하고 한국관은 샹드 마르스 서쪽 쉬프렌 Suffresne 대로大路 구석진 곳에 자리를 잡았다. '은둔의 나라'라는 이미지에 맞게 그렇게 된 것인지도 모르겠다.

박람회 조직위원회 위원장에 민병석 의정부 의원(정2품), 부위원장에 민영찬 법부협판(종2품), 위원에는 고영근 중추원 의관(종2품), 윤덕영 봉상사 부제조(정3품), 이인영 군부 외국과장(정3품), 이근배 중추원 의관(정3품), 정영두6품 관원이 임명되었다. 민영찬 부위원장은 대한제국 정부대표로 파리박람회 현장에 직접 파견되었다. 민영찬 정부대표는 명성황후의 4촌으로서 영어를 아주 잘했고 프랑스어도 공부한 것으로 기록되어 있다.

프랑스에도 한국관 운영을 위해 '파리위원회'가 조직되었다. 위원장에는 다이아몬드상인 룰리나Roulina 파리주재 한국 총영사, 위원에는 의사인 멘느Mène 동양전문가, 모리스 쿠랑Courant 전 주한프랑스 공사관 통역서기관, 포병소령 비달Vidal, 총무대원(Commissaire général)으로는 들로르 드 글레옹DELORD de GLEON 남작, 총무로는 레옹 보Leon BEAUP

씨가 임명되었다.

한국관 건립비용을 후원하고 있던 들로르 드 글레옹DELORD de GLEON 남작이 준비도중 사망하면서 원래의 계획은 수정되었으며, 미므렐 MIMEREL 백작이 그 후임으로 임명되었다. 비달 소령도 사임을 함에 따라 서울에서 왕립 광산학교 교장으로 일하고 있던 알레베끄Alévêque 씨로 교체되었다. 모리스 쿠랑 서기관이나 비달 소령은 한국에 근무한 경험이 있기 때문에 임명되었을 것이나, 나머지 사람들은 어떻게 선발되었는지는 알 수 없다. 미므렐 백작이 한국관 건립을 위한 프랑스 측 위원장이 된 이유는 대한제국에서 광산채굴권을 따내고 싶어서였다.

파리박람회에는 총 58개의 물품이 출품되었는데 몇 가지 예를 들면 다음과 같은 물품들이었다 : 옛날 전쟁무기와 포병기구, 가죽과 피혁, 명주와 명주실, 색칠된 종이, 곡물과 씨앗, 농기구, 전통 악기, 책과 그림책 등. 이때 전시된 대부분의 물품들은 박람회 종료후 현지에서 판매되거나 기증되었다. 민영찬 정부대표가 대한제국 정부의 이름으로 기증한 일부 품목들[14]은 현재 프랑스 공예예술박물관(Musée des arts et métiers)이나 동양학 박물관인 기메박물관(Musée Guimet)에 소장되어 있다.

우리나라가 파리박람회에 출품한 물품 중에는 콜랭 드 플랑시 공사가 수집한 책도 전시되었는데, 그중에『직지(백운화상초록 직지심체요절)』도 있었다.『직지』는 1377년 금속활자로 인쇄된 세계에서 가장 오래된 책자이다. 박람회 기간 중 많은 기자들이『직지』진열대 앞으로

---

14) 목록번호 13283-0001부터 13283-0043까지 총 43개 품목.

몰려들었다고 한다. 2001년 9월 유네스코 세계기록유산으로 지정되었으며, 현재 프랑스 국립도서관에 소장되어 있다.

플랑시 공사의 노력으로 우리나라는 1902년 하노이박람회에도 참가하여 흥미로운 전시품들을 전시하였다. 아울러, 1903년에는 만국박람회를 서울에서 개최하려고 하였으나 일본의 등장으로 좌절되었다. 만약 이때 만국박람회가 서울에서 개최되었다면 세계 각국의 참가자들이 바라본 20세기 초의 한국의 모습은 어떠하였을까 자못 궁금하다.

우리 조상들이 국가 재정도 넉넉지 않은 상황에서 힘겹게 파리박람회에 참가한 이후 112년 만에 전세계 100여 개 국가와 5개 국제기구가 참여하는 여수박람회가 성공적으로 우리나라에서 개최되었다. 국가적 차원에서의 여수박람회 비전은 해양에너지 활용기술, 차세대 해양 바이오기술, 해양오염제어 · 환경기술 등 창조적 해양과학기술 개발과 해양레포츠, 해양관광업 등 신新 해양산업 육성을 목표로 하고 있으며, 신 해양산업 육성을 통해 국가발전 비전인 저탄소 녹색성장(Green Growth)을 지향하고 있다.

100년 전에 농기구과 전통악기, 곡물씨앗, 갑옷 등 전쟁무기를 전시품으로 내놓은 파리박람회와 비교하면 기술적 측면이나 지향하는 주제 측면에서 2012 여수박람회는 하늘과 땅만큼 차이가 남을 실감할 수 있다. 더구나 국제적인 행사를 우리나라가 성공적으로 개최하였다는 것은 우리 국민과 정부의 역량이 19세기와는 비교할 수 없을 정도로 성장하였음을 입증하는 것이었다.

□ 대한제국관 포스터(출처 : 2006년 '서울의 추억' 전시회, 고려대학교)

□ 2012 여수박람회 전시관 모습

□ 로세르탈레스 BIE 사무총장으로부터 1900년 대한제국관 포스터 사본 액
  자를 선물로 받고 있는 강동석 여수박람회 조직위원장(2009년 11월 세계
  박람회기구(BIE) 총회 참석시)

V. 에필로그

1. 어쩌다 불어를 전공하게 되었나요?

필자는 경북대학교 사범대학 불어교육과를 졸업하였다. 졸업 후 대구시내에 있는 고등학교 중 불어를 가르치는 학교에서 '선생님'이 되고 싶었다. '교직을 천직'으로 여기고 한평생 교단에 서는 것도 아름다운 일이라 생각되었다. 할아버지, 아버지 모두 교편을 잡은 경력이 있었던 것도 많은 영향을 미쳤다. 할아버지는 지금 연세대학교의 전신인 '연희전문' 상과를 졸업하였지만 서울 배화여고에서 약 2년간 영어교사로 재직하였고, 아버지도 연세대 영문과를 졸업한 후 동화통신사 외신부 기자로 잠시 근무하다가 경주고등학교 등에서 영어교사를 역임하였다.

경북대학교 사범대학은 대구사범학교가 전신으로서 대구 · 경북지역에서는 나름대로 역사와 전통이 있는 학교였다. 박정희 대통령이 대구사범을 졸업하였기 때문에 우리나라의 근대화를 이룩한 훌륭한 선배를 배출한 대학이라는 자부심도 있었다. 사범대학 입구에 박정희 대통령 흉상이 있기 때문에 매번 학교 수업 갈 때마다 "농민의 아들로 태어나 (…)"로 시작되는 문구와 흉상을 보곤 하였다.

당시 대학입학 때 계열별 모집을 하여 필자는 외국어교육계열로 입학하였고 1학년 때는 영어, 독어, 불어를 모두 공부하였다. 2학년 때 최종 전공이 정해지는데 영어교육을 전공으로 할 생각으로 공부하였다.

고등학교 3년 동안 독일어를 공부하였지만, 영어를 전공하면 대구시내에 교사 자리도 많기 때문에 모두들 선호하였다.

소위 '81 학번'인 필자는 졸업정원제(소위 '졸정제')에 해당하는 학번이다. 즉, 입학할 때 정원보다 많이 뽑아서 최종 졸업 시에는 일부를 탈락시키는 제도였다. 사범대학 학생들의 인적구성을 보면 여학생이 약 80%, 남학생이 약 20% 정도였던 것으로 생각된다. 여학생들은 남학생보다 경쟁력이 더 있었다. 대구·경북지역의 우수한 여학생들은 서울로 가기보다 대구에 남기를 더 선호하였다. 더 정확히 말하자면 '선호했다'는 표현보다는 보수적인 부모들이 감히 여학생 혼자 달랑 서울로 유학보내기를 꺼려했다는 표현이 더 정확할 것이다.

이 틈바구니 속에서 상대적으로 경쟁력이 떨어지는 남학생들은 대학교 입학과 동시에 공부보다는 대학생활의 낭만을 구가하는데 더 열심이었다. 각종 미팅 모임에 나가기도 하고, 학교 정문보다는 북문과 서문에 발달한 막걸리 집에서 대낮에 과음한 탓에 교문 근처 길 위에 털썩 주저앉아 인사불성인 적도 있었고, 싸이클링을 좋아하는 남학생 친구들끼리 대구 → 영천 → 경주 → 포항으로 자전거타고 어울려 돌아다니곤 하였다.

이렇게 열심히 놀다보니 강의 때마다 깨알 같은 노트로 때로는 교수님들의 따분한 수업까지도 진지하게 경청하는 여학생들을 따라갈 수 없었다. 2학년 전공선택 시 결정적인 변수는 1학년 때의 성적이었다. 1982년 1월 정도였던 것으로 기억나는데 1지망 영어교육과, 2지망 독어교육과, 3지망 불어교육과로 희망해 놓고 도서관에서 토플을 열심히 공부하고 있던 차에 친구 하나가 오더니만 "야! 너 불어교육과로 배정되었다"라는 청천벽력 같은 소리를 들었다.

1학년 동안 기초불어를 배우긴 했지만 전공으로 하기에는 아는 것이 너무 없었기 때문이었다. 차라리 고등학교 3년 동안 배웠던 독어로 전공이 되었으면 덜 걱정이 되었을 것이다. 이렇게 해서 불어와 떼려야 뗄 수 없는 관계를 맺게 되었다. 얼굴이라도 좀 잘 생겼으면 불어하는 멋진 남자로 대접을 받았을지도 모르는데, 경상도 남자에게 불어가 습득되어지면서 불어도 상처받고, 나 자신도 상처받았는지도 모르겠다.

외교통상부에 15년 동안 근무했었지만 불어를 사용할 기회도 거의 없었고, 대세가 중국어, 일본어를 배우는 것이니 세월이 제법 흘렀음을 실감한다. 그나마 한때는 우리나라에서 불어배우는 학생 수가 고등학교, 대학교, 일반인 등을 모두 포함하여 연간 50만 명 정도였던 화려한 시절이 있었다는 사실을 아는 사람들도 많지 않다. 공무원 시험 준비하면서 독학으로 헌법, 행정법, 행정학 등을 공부하였으니 전공하지 않은 과목을 혼자 공부해야 하는 고통이 컸다. 한 가지 덕 본 것은 공무원 시험을 칠 때 제2외국어로 불어시험을 준비할 때였다. 거의 공부하지 않고도 무난히 높은 점수를 받았던 것으로 기억된다.

불어를 전공함에 따라 나의 인생 항로가 완전히 바뀌었다. 불어를 전공한 덕에 프랑스에 유학을 가서 공부할 수 있었고, 지금의 아내도 불어교육과 은사이셨던 고故 이명숙 교수님의 소개로 만났고, 상공부에서 외교통상부로 전직하였던 것도 외교부에 오면 불어를 사용할 기회가 많을 것으로 생각되었기 때문이다. 우리가 대학교에서 무엇을 전공하느냐에 따라 인생이 확 바뀌어 버릴 수 있다는 사실을 실감하였다. 집사람이 교수님의 질녀이기 때문에 학교 은사님이 '처이모'님이 되셨다.

간혹 사람들이 나에게 '어쩌다 불어를 전공하게 되셨나요?'라고 물어온다. 불어를 전공하게 된 것은 정말 우연히 상황이 그렇게 되어 전공하게 되었다. 지금 생각해보면 요즘 시대에는 모두들 웬만큼은 영어를 잘하기 때문에 제2외국어를 전공하게 되었던 것이 다행으로 생각된다. 제2외국어 중에서도 역사와 문화가 살아 숨 쉬고, 발음이 아름다운 불어를 공부하게 된 것은 뜻하지 않았던 행운으로 생각된다.

2. 프랑스 유학

1994년 5월 국비장학생으로 드디어 프랑스 유학길에 올랐다. 넉넉하지 못한 가정형편으로 사범대학에 진학하였는데, 유학이란 꿈도 꿀 수 없었다. 사범대학 한 학기 등록금은 23만 원이었다. 당시 법대나 상경대의 한 학기 등록금이 50만 원대였으니 서의 절반 수준이었다. 사범대의 장점은 졸업과 동시에 교단에 설 수 있다는 것이었다.

등록금이 싼 대신에 국립대 사대생들은 졸업 후 의무적으로 교단에 서야 되는 의무조항이 있었다. 그러나 졸업정원제 실시로 입학인원이 대폭 늘어나면서 교사 자리도 상대적으로 줄어들었고, 결정적인 사실은 사립대학 사범대나 교직과목 이수자도 교원이 될 수 있는 '교원임용고시제'가 실시되면서 상황은 국립 사범대 출신들에게 불리하게 전개되었다. 사립대학교 사범대학들이 헌법소원을 제기하였고, 대법원은 국립대 사대생들에게만 교직발령을 내는 것이 헌법에 위배된다고 판시하였다.

필자가 1981년도 대학입학 후 1982년 8월에 군입대하여 군복무를 마치고 복학한 1985년은 사범대학생들에게는 어려운 시기였다. 졸업 후 자동으로 교사가 되는 길이 막혔기 때문에 너도나도 구명도생하여 다른 직업을 찾기 위해 노력하였다. 그러한 상황에서 언론사, 국민연금관리공단, 경찰간부후보생 등 여러 가지 시험을 보던 가운데, 졸업한 직후인 1988년 공무원 시험에 합격하여 1989년 7월 상공부로 발령받았다.

무더위가 한창이던 1989년 7월 15일 대구에서 서울로 올라왔다. 과천 상공부에서 공무원 생활을 시작할 때 모두들 "7급 공무원 하는 것보다 학교 선생이 좋을 텐데(…)"라는 질문 비슷한 코멘트를 하였다. 그렇게 공무원 생활은 시작되었고, 해외유학을 갈 수 있으리라고는 생각지도 못하였다. 1993년에 전체중앙부처 공무원을 대상으로 한 국비장기유학 시험에 합격하여, 프랑스에 총 7명이 파견되었는데 그중에 한 사람으로 선발되었다.

불어를 전공한 사람이 프랑스에 공부하러 가게 되었다는 것은 카톨릭 신자가 로마교황청 베드로 성당에서 미사를 보는 것만큼이나 감격스러운 일이다. 대학교에서 배웠던 불어뿐만이 아니라 프랑스 역사, 문화 등 말로만 듣던 것을 이제 직접 체험하고 느낄 수 있게 되었기 때문이다.

비행기도 난생처음 타보는 것이었다. 어릴 때 경상북도 예천군 소재 첩첩산골인 고향(풍양면 우망리)에서 자랄 때 깜깜한 밤하늘에 빨간 불을 번쩍이며 날아가는 비행기를 보고 미지의 세계에 대한 무한한 동경을 품었던 적이 있었다. 장장 12시간 비행기를 타고 도착한 파리의 모습은 지금도 생생하다. 그토록 동경하고 상상했던 파리에 도착해서 본 건물들과 풍경은 마치 내가 영화의 한 장면에 뛰어든 것 같은 착각을 일으키게 하였다.

그때 필자는 우리 나이로 서른 두 살의 노총각이었다. 메인 몸도 아니었기 때문에 오로지 공부만 할 수 있는 좋은 여건이었다. 당시 같이 갔던 7명의 유학생 동기 중 끝까지 공부해서 박사학위까지 마친 사람은 나 혼자인 것 같다. 가족이 딸린 사람들은 아무래도 신경 쓸 일이 많아 공부에만 전념할 수 없는 상황이었다.

양복입고 출근하던 공무원에서 청바지 입고 자유스러운 분위기의 대학교에서 공부하는 학생으로 바뀌었을 때의 기분은 참 좋았다. 다시 젊어지는 기분, 학창시절로 되돌아 온 기분을 만끽하며, 자유 · 평등 · 박애의 나라 프랑스에서의 유학생활은 무한한 자유와 문화적 충격, 경외감 속에서 시작되었다.

3. 역사(국제관계사)를 전공하게 된 이유

필자는 당시 상공부에서 근무하고 있었기 때문에 관심 분야는 주로 경제쪽이었고, 프랑스에서 경제학을 공부하고 싶었다. 비록 학부 때의 전공은 경제학이 아니었지만 앞으로의 쓰임새나 경력관리 측면에서 꼭 경제학을 공부하는 것이 좋을 것 같았다. 그러나, 학부 때 불어를 전공한 사람이 갑자기 대학원 과정에서 경제학 공부를 하겠다고 하니 입학원서를 낸 파리대학마다 반응이 신통치 않았다.

그러던 차에 파리 10대학 경제학과에서 연락이 왔다. 경제학 관련 시험에 통과하면 석사과정에 입학시켜 주겠다는 내용이었다. 일반적으로 우리 공무원이 해외에 나가서 학위를 할 때에는 몸담고 있는 부서가 어디냐에 따라 근무관련 경력을 인정해주고 시험 없이 받아주는 것이 일반적인 관례였다. 입학서류를 제출할 때에도 이와 같은 상황은 충분히 설명하였다. 비록 학부때 전공은 경제학이 아니었지만, 경제관련 부서인 상공부에서 5년간 근무한 경력을 명시하였음에도 불구하고 조건부 입학, 즉 시험에 합격하면 받아주겠다는 반응이었다.

파리 10대학 경제학과는 경제분야에 명성이 있는 대학으로서 우리 한국유학생들이 제법 많이 재학하고 있었다. 파리 10대학을 소위 '낭떼르 Nanterre'대학(Université Paris Ouest Nanterre La Défense)이라고 하며, 파리10대 경제학과 출신들을 '낭떼르 학파'라고 한다. 시험을 보는데 큰 주제의 문제 1문제, 작은 주제의 문제 2문제가 나온 것으로 기억된다. 모두 주관식인데 한글로 기술해도 어려운 문제를 생소한 불어 용어로 쓰자니 참 어려웠다. 그동안 벼락치기로 불어로 된 경제학 원서를 읽어보기는 하였지만 시험에서 논리정연하게 설명하기는 더욱 어려웠다. 결과는 낙제였다.

1994년 9월~10월 학교등록이 얼마 남지 않았는데 비상이 걸렸다. 어학연수를 하는 동안에는 별 걱정이 없었으나, 어학연수가 끝나고 대학교에 등록하지 못하면 유학 자체가 성립될 수 없었기 때문에 초조해지기 시작했다. 그동안 파리 1대학부터 13대학까지 모든 대학 경제학과에 우편으로 나의 등록 서류를 보내었지만 연락 온 곳은 파리 10대학뿐이었다. 무더운 여름날씨에도 불구하고 발이 닳도록 파리 5대학, 7대학, 8대학, 13대학에 직접 찾아가서 관련 학과에라도 등록코자 하였다.

심지어 파리 7대학은 한국학과가 있는 곳으로 파리에서 한국학이라도 공부해보자는 심정이었다. 프랑스 사회과학고등연구원(EHESS)에 재직하고 있던 정성배 교수(Bertrand JUNG)에게도 편지를 보내어 그 밑에서 공부를 하고 싶다고 하였으나 아무런 회신이 없었다. 그러던 가운데 씨테(Cité universitaire, 국제학생기숙사) 도서관에서 알게 된 한국 유학생으로부터 경제학으로 입학이 어려우면, 파리 1대학 역사학부에서 경제사를 공부해 보는 것이 어떠냐는 제안을 받고 주임교수였던 쟈크 마르세이Jacques Marseille 교수에게 입학원서를 낸 결과 시험 없이 받아주겠다는 통보가 왔다.

이렇게 해서 경제학을 공부하려던 계획이 경제사 공부로 전환되었다. 당시 총무처에 제출한 유학계획서상의 유학목적은 'EC의 경제정책·제도를 연구하여 한·EC 간 경제협력증진방안을 강구하겠다'는 것이었다. 그래서 잠정적으로 훈련 과제도 'EC통합이 국제경제질서에 미치는 영향과 한·불 경제협력증진 방안 연구'로 잡았었다. 이 거창하고도 당시 매우 시의성 있었던 주제는 결국 논문으로 쓰여지지 못하였다.

필자는 파리 1대학 역사학부에서 DEA(Diplôme d'Etudes Approfondies) 과정을 마쳤는데, 그 과정명은 「19세기~20세기 산업국가들의 경제사 회사(Histoire économique et sociale des pays industrialisés(XIXè-XXè siècles)」였다. 박사학위 논문은 「한국적 관점에서 바라본 한-불 통상관계 : 1886년부터 오늘날까지」였다.

파리에는 파리 1대학부터 13대학까지 있는데, 숫자가 서열을 의미하는 것은 아니고 1970년에 파리 제일 중심부에 있는 대학을 1대학으로 해서 파리 변두리에 있는 대학을 13대학으로 번호로 매겼다. 파리 제일 중심부에 있는 대학이 당연히 역사가 오래되었으니 나름 명문대라고 할 수 있을 것이다. 필자가 다닌 파리 1대학은 팡테옹-소르본Panthéon Sorbonne 대학이다.

생루이St Louis의 고해신부였던 로베르 드 소르봉Robert de Sorbon이 1253년에 신학을 공부를 하는 학생들을 위해 대학을 설립한 것이 파리대학(Université de Paris)의 시초이다. 오늘날 소르본 대학이라고 하면 이름의 일부에 소르본이라는 명칭이 남아있는 파리 1대학, 3대학, 4대학을 가리킨다고 할 수 있다.

어쨌든 파리 1대학에 다닌다는 것은 나에게 약간의 자부심을 준 것이 사실이다. 요즘 인문학이 진가를 발휘하지 못하고 있는데, 문학·역사학·철학이 우리 삶의 근간이 되는 동시에 우리의 삶을 풍요롭게 만드는 학문이라는 것을 아무도 부인하지 못할 것이다. 인문학적 토대위에 과학기술, 정보통신 기술이 발달하면서 인문학의 르네상스가 다시올 것으로 기대해 본다.

4. 한국에서 불어를 배운다는 것의 의미

요즘 우리나라에서 외국어를 배울 때 영어는 필수가 되어 싫든지, 좋든지 간에 모든 학생들이 당연히 배워야 할 언어로 모두들 인식하고 있다. 제2외국어를 배울 때도 모두 선호하는 언어가 중국어 또는 일본어인 시대가 되었다. 하지만 과거 1960~1980년대에만 하더라도 고등학교에서 배우게 되는 제2외국어는 주종은 독어, 불어였다.

남학생은 대부분 독어, 여학생은 대부분 불어를 배우는 그런 시절이 있었다. 여학생들이 대부분 불어를 배웠기 때문에 불어는 여학생들의 언어(langue de filles)라는 말이 있을 정도였다. 1967년도에 불어를 가르치는 24개 학교 중 17개 학교가 여학교였기 때문이었다. 필자도 고등학교 3년동안 독어를 배웠고, 대학에 입학해서도 1년간 교양독어를 배웠기 때문에 총 4년간 독어를 배운 셈이다. 가만히 생각해보면 독어나 불어나 모두 우리와는 먼 나라인데 왜 배우게 되었을까? 하는 의문이 든다. 거기에는 나름 역사적 배경이 있었다.

1954년 8월 1일자로 이승만 대통령은 정부 공문서에 한문을 쓰는 것을 금지시켰고, 중학교때부터 영어를 가르치는 것을 의무화하였다. 6·25전쟁 직후 고등고육에 있어서 제2외국어 선택은 독어, 불어, 중국어 중에서 이루어졌다. 특히, 중국어는 상업고등학교에서만 가르쳐졌기 때문에 일반적으로 고등학생들이 선택할 수 있는 제2외국어는 독어와 불어밖에 없었다. 고등학생들의 약 2/3가 독어를 제2외국어로 선택하였는데, 그 이유는 일제시대 때 제2외국어로 독어만 가르쳤기 때문에 독어교사들이 많이 양성된 반면 불어교사는 거의 없었기 때문이다. 일제시대 때 경성제국대학(서울대)만이 불어를 가르쳤다고 한다. 반면에 대학교에서는 독어보다 불어를 배우고자 하는 학생들 숫자가 더 많았다고 한다.

해방 이후 공식적인 불어와 불문학교육이 시작된 것은 일제시대 때 일본에서 불어나 불문학을 공부한 한국인 유학생들이 귀국하면서 이루어졌다. 이휘영 교수가 서울대에 불어과를 신설하였으며, 또한 일반대중들을 위하여 '프랑스 연구센터'를 설립하였다. '프랑스 연구센터'는 1964년에 알리앙스 프랑세즈가 설립되면서 이에 흡수되었다. 손우성 교수가 성균관대에, 최완복 교수가 이화여대에 각각 불어과를 설립하였다. 여기에서 배출된 학생들이 나중에 교수와 교사가 되면서 불어교육이 확대되었다.

1967년 기준 전국에서 불어를 가르치는 대학교는 9개교, 고등학교는 24개교였다. 불어를 배우는 학생 수는 12,000명, 불어를 가르치는 교수는 50여 명, 교사는 30여 명 정도였다. 1964년 알리앙스 프랑세즈가 최완복 교수의 열정적인 노력으로 서울에 설립되게 되면서 불어를 배우는 학생들의 숫자가 대폭 늘어나게 되었다. 1966년 7월부터 1967년 6월까지 알리앙스 프랑세즈에 등록된 사람들의 숫자는 2,378명이나 되었다. 1966년도의 서울 인구는 약 4백만 명 정도였으며, 경제개발로 서울로 인구가 집중되면서 해마다 10만 명의 새로운 인구가 서울 시민이 되었다. 당시 알리앙스 프랑세즈가 역점을 두었던 것은 프랑스가 한국 사람들에게 예술과 문화의 나라로만 인식되는 편견을 불식시키고, 현대적이고 과학기술이 발달한 나라로 인식되도록 책, 잡지, 영화 등을 통해 한국의 젊은 세대들을 교육하는 것이었다.

1980년대와 1990년대에 이론적으로는 고등학교에서 6개 외국어중 2개를 골라서 공부할 수 있었다. 즉, 영어, 독어, 불어, 중국어, 일본어, 스페인어중 2개를 고를 수 있었다. 그러나, 현실적으로는 대부분의 고등학교가 영어와 독어(남자 고등학교), 불어(여자고등학교), 일본어(기술학교)를 가르쳤고, 중국어와 스페인어를 가르치는 학교는 매우 드물었다. 이를 도표로 분류하면 다음과 같다.

(단위 : 명, %)

연도 언어별	1983		1993	
독어	650,000	44.6%	505,000	43.2%
일어	460,000	31.5%	325,000	27.8%
불어	334,000	22.9%	288,000	24.6%
중국어	11,000	0.7%	42,000	3.6%
스페인어	4,000	0.3%	9,000	0.8%
총계	1,459,000	100%	1,169,000	100%

(출처 : 교육연보, 1983년 및 1993년)

10년간 학생수는 약 20% 줄어들었으며, 이는 독어, 일어, 불어를 배우는 학생들의 숫자 감소에도 영향을 주었다. 비중으로 보면 독어와 일어를 배우는 학생들은 5% 이상 감소하였으나, 불어는 1.7% 증가한 모습을 보였다. 중국어를 배우는 학생들의 숫자는 거의 4배로 증가하였고, 스페인어도 학생들 숫자는 늘었으나 여전히 전체적인 비중은 낮았다. 외국어를 배우는 남·여학생들의 비율을 보면 매우 재미있다. 아래 통계는 1994년 통계인데, 독어는 남학생들이 대부분이고(전체의 71%),

불어는 여학생들이 대부분이었다(전체의 67%). 반면에 일본어는 남·여학생 비율이 비슷하였다.

(단위 : 명)

	독어	불어	스페인어	중국어	일어
여학생	140,115	190,855	5,063	16,169	153,419
남학생	344,855	93,502	3,394	32,045	153,532
총계	484,970	284,357	8,457	48,214	306,951

(출처 : 교육연보, 1994년)

위의 도표를 보면 왜 불어를 '여학생의 언어'로 표현하는지 이해가 될 것이다. 1997년에는 불어를 배우는 고등학생 숫자가 321,000명, 대학생 숫자는 22,000명이었다. 따라서, 1997년 11월 14일자 프랑스 일간지 '라 드리뷴La Tribune'지는 당시 베트남 하노이에서 개최된 제7차 불어권 정상회의에 아시아지역에서 제1의 불어권 국가(LE PREMIER PAYS FRANCOPHONE D'ASIE)인 한국이 참석하지 않은 것에 대해 아쉬움을 나타내었다. 한국은 '기대하지 않았던 모범생 불어권 국가'라고 치켜세웠다.

이와 같은 화려한 전성시대가 있었으나, 1992년 중국과 국교를 수립하면서 대부분의 학생들이 중국어 배우기 열풍에 휩쓸렸다. '오직 우리의 살길은 중국어를 배우는 길이다'가 거의 모토가 되다시피 하였다.

한중일 3국 간의 관계가 긴밀화 되면서 중국어, 일본어에 대한 인기는 올라갔으나, 독어, 불어에 대한 인기는 하루가 멀다 하고 곤두박질

치기 시작하였다. 독어, 불어, 스페인어 등 이른바 유럽어 교육은 학생들의 외면으로 거의 고사 상태에 이르렀다. 학교에 재직 중인 필자의 학교 동창이나 선배들도 거의 전과를 강요당하였다. 불어선생이 하루아침에 일본어나 중국어를 가르쳐야 하는 상황이 발생한 것이다. 수능시험에서 독일어를 제2외국어로 응시한 비율은 2004년에 22%였지만 2006년에는 절반이 안 되는 9%로 떨어졌다. 불어의 응시율도 2004년 17%에서 2006년엔 7.6%로 급락하였다.

La Corée du Sud francophone absente à Hanoi

LE PREMIER PAYS FRANCOPHONE D'ASIE n'est pas présent au VII⁰ sommet des chefs d'État de Hanoi. Selon un rapport de l'Agence francophone pour l'enseignement supérieur et la recherche, la Corée du Sud, avec ses 321.000 lycéens et 22.000 étudiants suivant régulièrement des cours de langue française, est bien aujourd'hui un havre prospère et inattendu de la francophonie en Extrême-Orient. Compte tenu du poids de son économie, la francophonie aurait tout intérêt à se tourner vers ce bon élève. Au moment du rachat avorté de Thomson Multimédia par Daewoo Electronics en décembre dernier, le président coréen avait déclaré que « les Français ne sont pas dignes de confiance ». Depuis plusieurs mois, les dépassements de budget et les retards sur le chantier du TGV Séoul-Pusan nourrissent des polémiques qui injustement ternissent l'image de la France. Pourtant la récente commande à Matra de 1.294 missiles Mistral prouve à quel point Séoul veut sortir de sa relation de dépendance à l'égard des Etats-Unis et recherche les partenaires de sa nouvelle émancipation. JEAN-FRANÇOIS ARNAUD, À HANOI

인터넷의 보급으로 영어가 점점 더 국제무대의 절대강자로 군림하기 시작하였고 한때 외교어로서 화려한 명성을 떨쳤던 불어는 요즈음 위상이 많이 실추되었다. 불어에만 있는 독특한 기호('á, é, î'와 같은 악상 떼귀, 'à, è, î와 같은 악상 그라브 등)는 군더더기처럼 간주되어 컴퓨터 자판으로 칠 때 번거롭게 느껴지는 것이 사실이다. 이에 비해 영어자판은 불어자판보다 단순하여 정보화 시대의 필수요건인 간단명료함을 갖추고 있다.

외교의 현장에서는 아직도 영어만 잘하는 사람보다 불어도 잘하면 국제기구에서 표를 얻기가 쉽다. 아프리카 개도국의 상당수가 불어권이고 국제무대에서 한 표를 행사하기 때문에 기왕이면 영어보다 불어로 이야기 하면 훨씬 친밀해지는 것이 사실이다. 불어는 소위 칵테일 파티 언어(cocktail party language)라고 불리는데, 공식석상에서는 영어로 이야기 하더라도 파티나 리셉션에서 불어로 이야기하면서 얻어지는 플러스 알파를 무시하지 못할 것이다. 반기문 사무총장도 2006년 사무총장 후보일 때 열심히 불어로 연설하시고, 아프리카도 한 해에 6~7번 방문하셔서 아프리카의 지지를 얻는데 결정적인 도움을 받은 것으로 알고 있다.

중국어, 일본어 외에 다른 외국어를 배우고자 한다면 불어와 스페인어를 강력히 추천하는 바이다. 실용적인 측면에서 양 언어는 매우 유용하기 때문이다. 필자의 모교인 경북대학교 사범대학의 불어교육과가 유럽어문학부로 통폐합되었다는 소식을 몇 년 전에 듣고 조금 슬펐던 기억이 있다. 세월의 흐름에 따라 불어가 도태되어 가는 느낌을 받았기 때문이다. 머리가 좋아서 5개 외국어 정도를 배우면 이런 슬픔을 느끼지 않게 될까? 하지만 현실은 현실인 것이고, 외국어를 배우는 것을 장식용으로 배우지 않고 실질적인 필요에 의해 배운다면, 이런 슬픔과 고민은 사라질 것이다. 앞으로 누군가 나에게 "제2외국어는 어떤 것을 배우면 좋나요?"라고 물어온다면 "당신의 미래를 생각할 때 필요한 것을 배우세요!"라고 대답할 것이다.

5. 나의 프랑스인 고모부, 여동찬 교수

한국외대 불문과 교수를 오랫동안 역임하신 여동찬 교수(프랑스명은 로제 르베리에Roger Leverrier)는 한동안 한국에서 모르는 사람이 없을 정도였다. 워낙 방송출연과 언론에 노출이 많이 되셨기 때문에 '한국말 잘하는 프랑스 신부님 출신 외대 교수' 또는 '지구상에서 한국인을 빼고는 한국말을 가장 잘하는 외국인'으로 잘 알려져 있었다. 필자와는 촌수가 정확히 '진외종고모부'이시다. 쉽게 말해서 필자의 할머니(박정순 여사)는 상주고등학교를 설립하신 박인양(朴寅陽, 1883~1955) 선생(1995년 5월 대한민국 국민훈장 동백장 추서)의 장녀이시고, 할머니 바로 밑의 남동생(박원희 선생, 대학교수)의 사위가 여동찬 교수이다.

여동찬 교수는 1928년 프랑스 브르타뉴의 작은 마을인 멜레에서 출생하였다. 1953년 파리 외방전교회 신학대학을 졸업한 후 신부님이 되었고 1956년에 한국에 와서 1969년까지 경상도지방(안동, 청송, 영주 등)에서 주로 선교활동을 하였다. 한국 도착 후 바로 그 이듬해인 1957년 7월 안동성당 신부로 계실 때 성당에서 일하시는 아주머니의 남편(윤태이)이 성당 재산에 탐을 내어 여동찬(로제리오) 신부를 녹살하려던 사건은 프랑스 외무부 문서에도 남아있다. 한국에 도착해서 제일 먼저 있었던 곳이 대구이고 잠시 후 안동으로 가서 새로운 성당을 개척하고 나중에 청송 등지에서 사목활동을 하였다.

여동찬呂東贊이라는 이름도 '동쪽을 돕는 사람', 즉 '동쪽나라인 한국을 돕는 사람'이라는 뜻이라고 한다. 여동찬 고모부는 파리 외방전교회 신학대학과 릴 카톨릭대학을 마친 뒤 한국으로 발령이 났다. 그 당시는 비행기가 발달하지 않았기 때문에 여객선을 타고 한국에 왔는데, 프랑스 마르세유를 출발해 수에즈 운하 → 콜롬보 → 싱가폴 → 사이공 → 마닐라 → 홍콩 → 요코하마를 거쳐 부산까지 오는데 꼬박 31일이 걸렸다고 한다. 요즈음 같으면 서울-파리 직항노선을 타면 편도에 12시간이면 도착 가능한 거리이다. 거꾸로 생각하면, 여객선을 타고 31일간 여행을 하면 상당히 낭만적인 것이라는 생각이 들기도 한다. 빨리 가는 것보다 어떻게 가느냐가 더 중요할 수 있을 것이다.

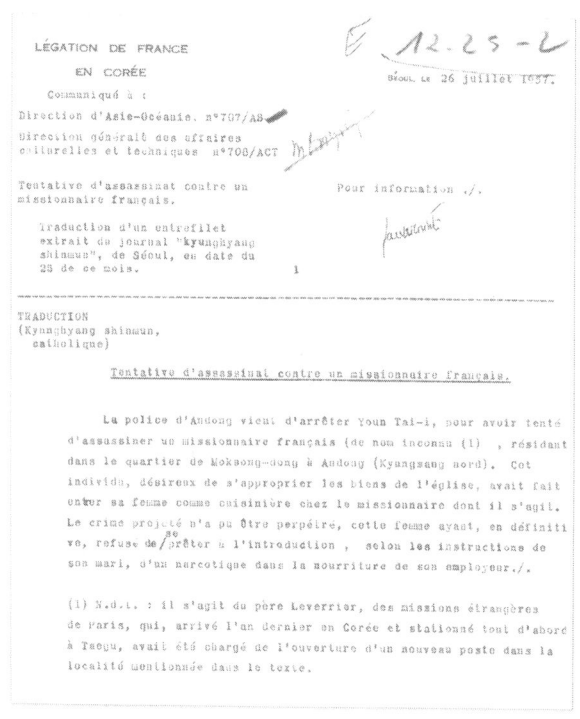

□ 여동찬 신부 독살 미수사건 보고(1957년 7월 25일자 경향신문 보도내용을 주한 프랑스대사관이 본국 정부에 보고)

31일간 배 위에서 미지의 땅, 한국에서 새로운 선교활동을 해야 하는 마음의 자세를 가다듬었을 것이다. 전혀 듣지도 보지도 못했던 나라, 6·25전쟁의 폐허에서 이제 막 일어서려고 발버둥 치는 나라, 국민소득이 아프리카의 가나 정도 밖에 되지 않는 나라, 기독교 보다는 불교가 더 융성했었던 나라……. 이런 나라에서 하느님의 말씀을 전해야 한다. 한국말도 전혀 못하는데 의사소통은 어떻게 하지……. 처음에 천주교 신자들을 만날 때 뭐라 이야기해야 하나……. 뭐 이런 생각들을 하였을 것으로 짐작된다.

□ 태극기와 프랑스 국기가 나란히 게양된 박정자 화백의 전시관(출처 : 네이버)

여동찬 교수를 생각하면 항상 두 가지 궁금증이 떠오른다. 첫째는, 왜 가톨릭 사제직을 버리고 한국외대 불문과 교수로 가셨나? 둘째는, 나의 진외종고모이신 박정자 화백과는 어떻게 결혼하시기로 마음을 먹으셨나? 이다. 예전에 여동찬 고모부를 프랑스 몽생미셸에서 만나 뵈었을 때, "고모부님 자서전 하나 쓰시지요!"라고 말씀드렸더니 "누구 좋으라고?"라고 퉁명스럽게 대답하신 적이 있었다. 한국외대에서 교수생활하실 때는 엄하기로 소문난 분이라는 이야기를 제자들로부터 들은 적이 있다. 한국말을 한국 사람보다 더 잘하셔서 여러 가지 에피소드들이 많았다고 한다. 한문을 잘 아셨기 때문에 어려운 문자들을 많이 섞어서 쓰셨다. 어느날 혼자서 포장마차에서 술을 마시는데 젊은이들이 *"외국놈 저녀석 누구야"*라고 말을 해서 *"외국놈 이녀석은 프랑스분입니다. 장유유서와 삼강오륜이 거꾸로 물구나무서기를 했느냐"*라고 말하자 건방떨던 젊은이들이 혼비백산해서 도망간 일화가 있다고 한다.

위에 열거한 나의 궁금증에 대한 해답은『동아일보』금동근 특파원이 2005년 3월 24일 인터뷰한 내용에 잘 나타나 있다 : ≪프랑스로 돌아오기 전까지 여 교수는 사실상 '한국인'이었다. 1956년 5월 파리외방전교회 소속 신부로 선교를 위해 한국에 건너간 뒤 줄곧 한국에서만 지냈기 때문이다.

여 교수의 한국어는 어느 한국인보다 유창하다. 여동찬呂東贊이라는 한국명은 한국에 처음 도착했을 때 대구의 한 신부가 동쪽(東)을 도우라(贊)는 뜻으로 지어준 이름이다.

1969년 한국외국어대에서 교편을 잡은 지 6년 만인 1975년 그는 성직을 버리고 교직에 매진하게 된다. "하나님을 잘 믿는 교인 노릇 하기도 힘든데 남을 인도하기는 더 힘들었어. 그래서 환속했지. 다른 이유는 없어."

신분이 자유로워진 여 교수는 사상의 자유를 만끽했다. 한국 불교에 관심을 갖게 돼 동국대에서 불교를 배웠다. '고려시대 호국 법회'를 주제로 석사학위를 땄고, '미륵신앙'을 주제로 박사 과정까지 수료했다.

여 교수가 박 화백을 만난 것은 환속한 지 6년째 되던 해. 대학에서 미술을 전공한 박 화백은 조선호텔 미술부에 근무하고 있었다. 회사에서 모범 사원으로 뽑힌 박 화백은 세계 여행을 부상으로 받았다. 그때 한 친구가 프랑스 여행을 준비 중인 박 화백에게 여 교수를 소개한 것이 인연이 됐다.

어느 날 저녁식사를 마치고 집에 바래다주던 길이었다. 박 화백이 "저기가 우리 집이에요"라고 하자 여 교수는 "'우리' 집이라고?"라며 농담처럼 대답했다. 박 화백은 "그때는 몰랐는데 곰곰이 생각해보니 그게 프러포즈였다"고 회상했다.

마침내 두 사람은 결혼을 했다.[1] 박 화백의 집에선 '드디어 노처녀 시집 보낸다'며 외국인 사위를 반갑게 맞아들였다. 그때 신랑 나이 쉰셋, 신부는 마흔셋이었다.≫

여동찬 교수는 1956년 한국에 와서 1997년 프랑스로 다시 돌아오기까지 41년간을 한국에서 생활하였다. 1969년부터 1993년까지 한국외대 교수로 재직하면서 한국인 보다 더 유창한 한국어 실력과 구수한 입담으로 방송과 강연 등을 통해 폭 넓은 활동을 벌였다. 수필집으로 '외국인이 본 한국과 한국인'(1978), '좋은 한국인 싫은 한국인'(1981), '이방인이 본 한국인'(1987) 등이 있다. 1981년 한국 영주권을 취득하였고, 안수길의 '통로', 손장순의 '한국인', '구상시집', '배비장전' 등 30여 편의

---

1) 1981년 10월 10일 쌍십절에 시인이신 구상 선생님의 주례로 결혼.

한국문학작품을 불어로 번역하였다.

불교에 심취해서 불교를 공부하였지만 여전히 가톨릭 신자였지 불교 신자는 아니었다. 굳이 말한다면 불교연구학자라고 할 수 있다. 불교를 공부하게 된 이유는 1994년 1월 17일자『동아일보』인터뷰 기사[2])에 잘 나타나 있다 : "*동양에 와서 근무를 하고 동양을 좀 공부해 보니까 불교를 모르고는 동양을 안다고 할 수가 없다는 것을 발견했습니다. 앙꼬 없는 찐빵이더란 말입니다.*"

여동찬 교수는 1994년 2월 한국외대에서 정년퇴임하고 외대의 첫 명예교수로서 주당 16시간의 강의도 하고, 책도 쓰고 문학작품의 불역에도 노력하였다. 한국땅에서 여생을 마치고 이곳에서 묻히고 싶다고 하셨지만 '수구초심'이랄까 1997년 고향인 노르망디에 안착하셨다.

여동찬 고모부는 2011년 10월 29일(토) 새벽에 별세하였다. 10월 31일 렌느Rennes 성당에서 영결미사가 진행되었으나, 필자는 참석을 하지 못하였다. 대신 정자 고모님께 전화로만 조문하였다. 다행히 10월 31일 한국외대에 빈소가 설치되어 퇴근길에 조문하였다. 2011년 8월에 가족들과 프랑스 여행을 하면서 몽생미셸에 찾아뵙고 인사를 드린 것이 마지막 만남이었다. 그때 고모부께서 미리 잡아놓은 민박집에 우리가 가지 않고 다른 곳으로 가서 조금 화가 나셨던 상태이셨다.

필자의 집안 사람 중에 불어하는 사람은 거의 나밖에 없는 것 같아서

---

2) 동아인터뷰, 「정년퇴직하는 여동찬 교수」, 대담 = 김만기 기자, 동아일보, 1994년 1월 17일, 월요일.

더욱 여동찬 고모부에 대한 감정이 남다르다. 1994년에 과학기술자문위원회에 파견 근무나가서 근무할 때 김호기 사무처장님의 어머니이신 고 한무숙 선생님과 여동찬 고모부를 서로 만나시게 주선하기도 하였다. 한무숙 선생님은 본인의 소설들이 불어로 번역되기를 기대하셨던 것 같았다. 여동찬 고모부가 돌아가시기 전에 나에게 마지막으로 준 불어 논문은 "1866년 프랑스 군대의 강화도 침략"에 대한 논문이셨다. 프랑스군의 강화도 외규장각 약탈, 소각을 비난하는 논조로 되어 있었다.

사제의 길을 걷기 위해서 미지의 땅 한국에 오셨다가 한국을 사랑하고 아꼈던 푸른 눈의 이방인, 한국 사람보다 더 한국적으로 살다가 가신 고인의 명복을 다시 한 번 빌어본다.

□ 1995년 여름, 에펠탑 밑에서(여동찬 고모부, 박정자 고모)

□ 여동찬 교수와 정자 고모의 결혼식 주례를 하신 시인 구상 선생님(출처 : 구상선생
　기념사업회)

□ 여동찬 고모부와 파리 샹드마르스(Champs de Mars)에서(1995년 여름)

6. 나의 논문 지도교수, Jacques MARSEILLE 교수

나의 파리 1대학 DEA(박사준비과정) 과정과 박사과정에서 논문을 지도해 주신 쟈크 마르세이 교수는 2010년 3월 4일 향년 64세를 일기로 별세하였다. 2009년 말에 은퇴한 후 조금 있다가 암으로 타계하였다. 불어도 그리 잘하지 못하는 동양인 학생을 박사과정에 받아주었고 8년이란 오랜 기간 동안 끈기 있게 인내심을 가지고 학위를 마칠 수 있도록 지도해 주셔서 언제나 감사하게 생각하고 있다.

마르세이 교수의 연구실은 소르본 대학 4층 역사학부에 있었다. 소르본 광장에서 보이는 길가 쪽에 있다. 소르본 대학 정문 옆과 주위에 복사하는 가게와 철학, 역사책들을 파는 서점들이 옹기종기 모여 있다. 논문지도로 찾아가면 언제나 바쁜 모습을 잊을 수 없다. 각종 방송출연에 논문기고, 책자 출간, 제자들 논문지도와 수업준비 등으로 참으로 바쁘게 보내시던 모습이 지금도 잊히지 않는다.

마르세이 교수는 1945년 10월 15일 파리에서 북쪽으로 200Km 떨어진 솜므Somme 지방의 아베빌Abbeville에서 태어났다. 아버지는 철도종사원이었고 어머니는 토목건축관련 기관에 근무하고 있었다. 그는 릴Lille 대학 역사학부에서 공부하였고 1967년 석사를 마쳤다. 여러 고등학교에서 역사 교사로서 학생들을 가르치면서 박사학위를 마친 입지전적인 인물이었다. 1969년 프랑스 공산당에 가입하였다. 1984년 소르본대 교수였던 장 부비에 교수(Jean Bouvier, 1920~1987)의 지도하에 1880년부터 1960년대까지의 프랑스 식민경제에 대한 연구로 박사학위를 받았다. 부비에 교수는 마르크스의 영향을 받은 사람으로서 사회변혁의

동인을 경제적인 변화에서 찾았다. 마르세이 교수 또한 그의 영향을 받아 그의 박사학위 논문을 통해 식민지 시대의 역사에서 마르크스의 가정들이 맞아떨어지는 것을 증명해 보이려고 하였다.

그의 박사학위 논문은 1984년 알벵 미셸Albin Michel 출판사에서 『식민제국과 프랑스 자본주의 : 결별의 역사(Empire colonial et capitalisme français)』라는 이름으로 출간되었다. 이 책의 요지는 프랑스가 과거 식민지를 끼고 있을 때 보다 식민지가 떨어져 나감으로써 더욱 경제적으로 발전하게 되었다는 것을 밝힌 것으로 알고 있다. 한마디로 반식민주의적인 그의 사상이 반영된 논문이다. 그에 따르면 1930년 이후의 프랑스 식민지는 국제적인 변혁에 의해 강요되는 구조조정 과정에 최대한 뒤지지 않으려고 노심초사하던 고전적 자본주의의 출구(débouché, 또는 판로)였다.

박사학위 후 파리 8대학 교수로 잠시 있다가 파리 1대학(팡테옹−소르본) 교수로 자리를 옮겼다. 거기서 마크 블로크 교수(Marc Bloch, 1886.7.6~1944.6.16)가 창립한 프랑스 경제사회학회(ADHE)의 회장직을 2009년까지 맡았다. 미크 블로크 교수는 1929년 역사학자 L. 페브르와 공동으로 「사회경제사연보」를 창간하여 아날학파의 기초를 이룩한 분이다. 제2차 세계대전이 일어나자 53세의 나이로 육군대위로 참전하였으며, 패전 뒤에는 레지스탕스 운동에 참가하여 리옹에서 활약하다가, 나치스 비밀경찰에 잡혀 총살되었다. 그의 저서 중 『역사를 위한 변명』은 1979년에, 『봉건사회』는 1986년에 한길사에서 번역 출판되었다. 프랑스 경제사회학회의 계보를 정리하자면 마크 블로크 교수 → 장 부비에 교수 → 쟈크 마르세이 교수로 전해져 내려왔다.

마르세이 교수는 2010년 3월 4일 자택에서 암으로 별세하였으며 3월 10일 셍 쉴피스Saint-Sulpice 성당에서 장례미사후 몽파르나스 묘지에 묻혔다. 몽파르나스 묘지는 파리 시내에 있는데 필자가 여수박람회 업무 관련 파리 출장시 가끔 들렀던 곳이다. 거기에는 실존주의 철학자 사르트르(Jean Paul Sartre)와 그의 정신적 동반자 시몬 드 보부아르Simone de Beauvoir 부인이 묻혀 있는 곳이기도 하다.

마르세이 교수는 한때 공산주의에 심취하였지만 시장경제와 정치 · 경제적 자유주의를 신봉하는 우파로 급선회하였다. 그가 저술한 책자는 『프랑스 식민주의의 황금기(L'Âge d'or de la France coloniale), Albin Michel, 1986』, 『20세기 프랑스 언론(Le Journal de la France au XXe siècle), 1999』, 『새로운 프랑스 역사(Nouvelle histoire de la France), 1999, 재판 2002』 등 약 20권 이상의 저술을 남겼다. 그의 학문적 업적으로 인해 레지옹 도뇌르Légion d'honneur 상을 수상하였다. 마르세이 교수가 돌아가셔서 필자로서는 큰 타격이었다. 앞으로 역사연구 관련 지도를 해 주실 분이 없어졌기 때문이고, 프랑스와의 인연이 점점 사라지고 있다는 사실이 슬프기도 하다. 여동찬 교수도 작고하시고……. 세월이 많이 흘렀음을 실감하게 되는 사건들이다. 시간 속에 사라진 모든 것들은 역사를 통해 부활하게 될 것이다.

Jacques Marseille

Empire colonial
et capitalisme
français

Histoire d'un divorce

Points

Histoire

□ 마르세이 교수의 저서 『식민제국과 프랑스 자본주의 : 결별의 역사』

□ 2003년 4월 25일 박사학위 논문 발표 후 심사위원들과 기념촬영
  – 제일 왼쪽 : 파리 4대학 도미니끄 바르조(Dominique BARJOT) 교수
  – 좌측에서 두 번째 : 파리 1대학 로베르 프랑크(Robert FRANK) 교수
  – 제일중간 : 필자
  – 제일 우측 : 파리 10대학 알렝 플레시스(Alain PLESSIS) 교수
  – 우측에서 두 번째 : 필자의 논문지도 교수이신 쟈크 마르세이(Jacques MARSEILLE)
    교수

▫ 2003년 4월 25일 박사학위 발표 후 나의 논문 교정을 맡아주신 다니엘 쉴트(Danièle Shilte) 부인(왼쪽)과 파리 1대학 친구 이자벨 몽포르(Isabelle MONFORT) (오른쪽)와 함께.

▫ 2004년 4월 한국 방문시 마르세이 교수 모습(경북대학교 강연)

□ 2004년 4월 한국 방문시 해인사 템플 스테이 체험(마르세이 교수와 필자)

□ 2004년 4월 20일(화요일) 주한 프랑스대사 주최 만찬(제일 중간은 François DESCOUEYTE 대사, 제일 오른쪽이 마르세이 교수)

7. 프랑스 : 역사와 문화가 숨 쉬는 나라

프랑스는 뛰어난 과학기술과 세계 4위의 막강한 경제력을 자랑하고 있음에도 불구하고 일반인들이 인식하는 이미지는 미술과 음악의 나라, 그리고 유구한 역사와 문화유적이 많은 나라로만 대부분 인식되고 있다. 지구상에 과거에도 강대국이었고 현재에도 강대국인 나라는 그리 많지 않다. 중국, 영국, 프랑스 등 손에 꼽을 정도일 것이다. 미국이 현재 초강대국이지만 1776년에 건국되었으니 약 240년 정도의 역사밖에 되지 않는다. 우리나라가 5,000년의 역사를 자랑하는 만큼이나 프랑스의 역사도 오래되었다.

프랑스의 남서부에 위치한 도르도뉴 지방의 라스코 동굴벽화는 전세계적으로 유명한데, 기원전 1만 6천년에서 1만 4천년 사이에 그려진 것으로 추정되는 신석기 시대의 벽화이다. 이것을 프랑스의 역사로 포함시키자는 것은 아니다. 우리나라도 구석기, 신석기 시대 유물이 즐비하기 때문에 이런 역사적 기원도 포함하면 우리나라의 역사도 5,000년을 훌쩍 뛰어 넘어 수만 년 이상이 될 것이다.

현재 프랑스인들의 조상은 골(Gaule, 라틴어로 *갈리아*) 족으로서 프랑스와 알프스지역에 살았던 민족이다. 골 족은 갈리아라는 나라를 만들었고 매우 수준 높은 문화를 자랑하였다. 그 후 라틴족의 로마제국이 쳐들어 와서 프랑스에 식민지를 건설하였고 게르만족과 켈트족도 일부 합류하면서 4개 민족의 피가 섞여서 지금의 프랑스인이 되었다. 골 족의 영웅 '아스테릭스'는 영화(Asterix And Obelix Vs. Caesar, 1999)와 만화(1961년 프랑스 만화가 René Goscinny와 Albert Uderzo가 공동으로

창작)로도 나와서 매우 잘 알려진 인물이다. 실제 인물이 아닌 상상속의 인물이지만 프랑스뿐만 아니라 외국인에게도 골 족의 이미지로서 잘 알려져 있다. 카이사르(시저 또는 케사르로도 발음)는 그의 「갈리아전기(Commentarii de Bello Galllico)」에서 '골 족이 게르만 족보다 훨씬 호전적일 때가 있었다'라고 기록한 것으로 보아 매우 용맹한 민족이었던 것 같다.

프랑스 역사를 간략히 말하면 골 족(부족국가) → 로마제국의 식민지 → 프랑크 왕국 → 서프랑크 왕국 → 프랑스 왕국 → 프랑스 공화국으로 발전해 왔다. 최초의 국가가 형성된 것은 서기 987년 프랑크 왕국이 멸망하고 카페 왕조가 창시되면서 부터이다. 프랑크 왕국이 분열되면서 3개의 왕국으로 나뉘어졌다. 서프랑크 왕국은 프랑스로, 동프랑크 왕국은 독일로 각각 발전하였다. 중프랑크 왕국은 부르군트, 프로방스, 이탈리아, 아우스트라시아 지역 등을 포함하는 지역을 통치하였으며, 일명 로타르 왕국(Lotharii Regnum)으로도 불려졌다. 로타르 왕의 사후에 동, 서프랑크에 각각 흡수되었다.

유럽통합이 상대적으로 쉬웠던 이유는 이와 같은 역사적 배경이 있기 때문이 아닌가 생각된다. 현재 유럽연합 27개 회원국이 다양한 인종적, 언어적, 역사적 배경을 가지고 있지만 유럽대륙이라는 큰 틀에서 보면 비슷한 역사적 경험을 공유하고 있다.

우리나라가 삼국시대를 거쳐 918년 태조 왕건이 고려(918~1392)를 건국하면서 같은 민족이라는 개념이 형성되기 시작한 것처럼, 프랑스도 987년 카페Capet 왕조(987~1328)가 들어서면서 프랑스 국민국가의 기초를 닦게 되었다. 고려와 카페왕조는 왕국의 존속기간도 매우 유사하다.

문화적인 측면에서 프랑스를 생각하면 떠오르는 단어는 '문화국가'라는 이미지 일 것이다. 미술, 음악, 연극 등에서 유럽의 선두주자였기 때문일 것이다. 유명한 미술가, 음악가 등의 예술인들을 열거하는 것은 너무나 많기 때문에 일일이 열거하는 것은 의미가 없을 정도이다. 필자가 파리에 살면서 느낀 경험 2가지만 이야기 하는 것만으로도 충분할 것이다.

첫째, 매년 개최되는 '음악축제의 날(Fête de la Musique)'이다. 단 하루 동안 개최되는 데, 시끄러운 소리로 남에게 불쾌감을 주는 것에 몹시도 예민한 프랑스에서 이 날 만큼은 마음껏 떠들고 노래 부르고, 악기를 연주해도 너그러이 봐주는 날이다. 파리에서는 밤 10시 이후에 화장실 물 내리는 것조차 조심해야 할 정도로 타인의 신경을 건드리지 않도록 주의를 기울인다. 그러나 이날만큼은 남녀노소 불문하고 아무나 자기가 잘하는 악기를 들고 아무 장소에서나 신나게 연주하고 노래 부를 수 있다. 미음껏 개인의 음악적 기량을 뽐내고 스트레스도 풀 수 있는 좋은 기회인 것 같다. 축제는 1년 중 해가 제일 긴 날인 6월 21일 또는 22일에 개최된다. 프랑스에는 여름에 일광절약제(소위 섬머타임)가 실시되어 밤 11시가 되어야 날이 어두워진다. 이날만큼은 11시가 넘어서 악기를 연주해도 아무 상관없다.

음악축제는 1982년에 모두가 장소에 구애 받지 않고 음악을 하고, 음악을 듣고, 그리고 음악을 즐길 수 있는 날을 만들자는 취지 아래 당시

문화부 장관인 자끄 랑Jack Lang과 음악가인 모리스 플뢰레Maurice Fleuret
에 의해 시작되었다. 당시 설문조사 결과 프랑스인 가운데 약 500만 명
이 악기를 다룰 줄 안다는 결과가 나왔다. 이에 따라 '악기를 연주할 수
있는 많은 사람 모두가 자유롭게 연주할 수 기회를 제공하자'라는 생각
에서 이 축제가 시작되었다. 이것 말고도 프랑스 지하철에서 동전을 받
기 위해 하는 음악연주(주로 아코디언)들도 파리를 찾는 사람들에게 많
은 위안과 즐거움을 선사하고 있다.

□ 음악축제에 참가하고 있는 아마추어 그룹
(출처 : AFP PHOTO FRANK PERRY)

음악축제는 아마추어 음악인들에게 대중들 앞에서 음악을 연주할 수
있는 좋은 기회를 제공하고 있다. 음악의 대중화, 음악의 민주화, 음악
의 일상생활화를 위해서 우리나라에도 도입할 만한 좋은 제도라고 생
각한다. 우리나라는 음악의 생산자와 수요자가 거의 확연하게 나뉘어

져 있는 것 같다. 음악을 하는 소수의 전문가 그룹들이 있고, 음악을 소비하는 다수의 일반 대중들이 그 대칭점에 있다. 두 그룹들 간의 거리를 좁혀서 음악을 소비하는 일반 대중들이 음악창작에 참여한다면 우리의 문화적 저변도 확대될 수 있을 것이다.

두 번째 사례는 1985년부터 시작된 프랑스 국립영화협회(FNCF: la Fédération nationale des cinémas français)가 주관하는 영화축제(Fête du Cinéma)이다. 일주일간 개최되는 영화축제기간 동안 모든 영화관의 관람료는 1995년 가격으로 10프랑 정도로서 우리나라 돈으로 약 1,600원 정도였던 것으로 기억된다. 별로 돈이 넉넉하지 않은 유학생 시절에는 보고 싶은 프랑스 영화를 일주일간 마음껏 볼 수 있는 좋은 기회였다. 2011년에는 7일간 개최되었고 입장료는 3유로였으나 2012년에는 6월 24일부터 27일까지 4일간만 개최되었으며 영화 한편 당 2.50유로, 즉 우리 돈으로 약 3,500원으로 책정되었다. 그럼에도 평소가격의 1/4 정도의 저렴한 가격이니 부담 없이 영화를 즐길 수 있는 좋은 기회인 것 같다.

영화축제기간 중 영화를 관람한 관객들의 30%는 영화축제 때문에 영화를 보러온 관객들인 것으로 조사되었다. 2012년 제28차 영화축제기간 중 총 관람객수는 270만 명이었고 2011년 대비 43% 증가하였다. 영화축제기간 중 영화를 관람한 사람들의 누적인원은 7천만 명이었다. 프랑스의 영화관 스크린 수는 5,465개로서 중국, 미국, 인도 다음으로 전 세계 4위를 차지하고 있다. 평균 12개의 새로운 영화가 매주 출시되며, 일 년에 620~640개의 새로운 영화가 쏟아져 나온다. 유명한 깐느 영화제에는 전 세계 영화인들이 모두 모이는 거대한 축제의 장이며 우리나라 영화인들도 요즘 많이 초대받고 있다.

□ 2012 음악축제 포스터(출처 : YAHOO 프랑스)

　음악축제와 영화축제만 보아도 프랑스가 문화선진국임을 알 수 있다. 이외에도 프랑스에는 수많은 화가들이 모여서 정부의 전폭적인 지원으로 미술창작활동을 하고 있다. 외국화가라고 차별이 있는 것이 아니다. 피카소도 원래는 스페인 출신이었지만 거의 일생의 대부분을 파리에서 생활하였다. 우리나라도 많은 화가들이 프랑스에서 공부하였거나, 프랑스에 살면서 미술활동을 하고 있다.

　프랑스가 세계적인 과학기술의 나라임은 잘 알려져 있지 않다. 데카르트의 후손들답게 매우 논리적이고 수학에 능하다. 퀴리 부인은 여성으로서 최초로 노벨물리학상을 두 번이나 받았다. 1896년 프랑스 과학자인 앙리 베크렐이 세계 최초로 방사능을 발견하였으며, 퀴리 부인과 남편 피에르 퀴리는 1903년 20세기 원자력 시대를 연 라듐을 발견하였다.

　1890년 세계최초로 비행에 성공한 클레망 아데르Clément ADER를 낳은 프랑스는 우주항공분야에서도 선구자적인 나라이다. 카라벨Caravelle

여객기, 초음속 비행기인 콩코드Concorde, 에퀴레이Ecureuil 헬리콥터, 미라주Mirage 전투기, 아리안Ariane 로켓 등 첨단 항공산업에서도 선두주자이다. 우리나라에 도입된 고속전철도 떼제베(TGV)도 프랑스 것이며, 인공위성, 전기통신, 파스퇴르 연구소를 중심으로 하는 바이오 과학기술, 소프트웨어 개발 등에서도 두각을 나타내고 있다. '예술과 문화의 나라'라는 이미지 때문에 상대적으로 '과학기술 강국'이라는 이미지는 퇴색되어 있는 것이 사실이다. 과거에도 그러했지만 앞으로도 한불 간의 과학기술협력은 강화해 나가야 할 것이다. 이런 관점에서 이번 박근혜 정부에서 새로이 신설된 미래창조과학부는 기초과학과 원천기술 개발에 전력투구해야 할 것이며, 미래의 경제성장을 이끌어나갈 과학기술의 발전과 혁신을 주도하여야 할 것이다.

8. 미래지향적 한불관계

1993년 12월 한불문화협회 주관으로 제1차 한·불포럼(Forum Corée-France)이 서울에서 최초로 개최되었다. 당시 포럼 주제는 '21세기 한·불 협력 발전방향'이었다. 그때 이후 이 포럼은 서울과 파리를 번갈아가면서 거의 매년 개최되고 있으며, 지속적인 한불관계 발전을 위한 여러 가지 정책적인 대안들을 제시하고 있다. 정치, 외교, 문화예술, 과학기술 등 각계각층의 전문가들이 제시한 건설적인 제안들이 양국관계 증진을 위한 정책에 반영되어 우호적인 한불관계 형성에 많은 기여를 해오고 있다.

한불포럼을 통해 논의되는 주요사항은 2005년에 개최된 제6차 회의의 경우 다음과 같았다 : 1) 국제정세와 한반도, 2) 아태지역 안보구조의 미래, 3) 한국과 프랑스의 경제협력, 4) 한국과 프랑스 양자관계 평가, 5) 유럽연합 헌법과 유럽연합의 미래. 대략 이와 같은 큰 범주의 내용들이 다루어지고 있으며, 회의마다 약간의 차이가 있을 수 있겠지만 주로 큰 틀에서는 이와 같은 주제를 벗어나지 않는다.

위의 회의에서 우리 측이 프랑스에 요청한 사항은 1) 우리 정부의 대북정책에 대한 프랑스의 지속적인 지원, 2) 프랑스의 동북아 진출 거점으로 한국 활용, 3) 양국 산업의 공통점 발굴 및 유망분야 협력 확대, 4) 양국 간 산업클러스터 간 협력 강화 및 에너지 분야 협력, 5) 한국내 프랑스의 이미지 개선을 위한 노력 방안으로 친불인사 활용, 6) 한국내 불문학 전공자 감소에 대한 프랑스 정부의 관심과 지원 촉구 등이었다.

이에 대해 프랑스 측이 한국에 제안한 사항은 1) 한반도 긴장 완화와 북한의 개혁, 개방을 위한 방법으로 외부 간섭 없는 남북양자관계의 활성화 필요, 2) 동북아 안보협력체제로 발전하기 위한 6자 회담의 확대(유럽 참여 등), 3) 한불 도시 간의 자매결연을 통한 교류 기회 확대, 4) 세계화 과정에 나타난 계층 간의 양극화 현상, 해외자본 이동, 사회복지 제도에 대한 양국의 공동 논의 및 협력, 5) 양국의 자국 영화 보호 정책과 유네스코의 다양한 문화를 위한 협약에 대한 공조, 6) 양국 기관 및 기업의 접촉 기회와 협력의 장 마련을 위한 정부차원의 지원 등이었다.[3]

---

3) 한불포럼 제6차 회의(2005.6.27~6.28) 보고서, 한국국제교류재단(Korea Foundation), 10쪽.

우리나라는 지정학적 위치와 남북분단이라는 특수상황으로 인해 세계 각국과의 우호협력관계 구축이 긴요하다. 이러한 측면에서 유럽국가중에서는 EU의 중심축을 형성하고 있는 독일 및 프랑스와의 전략적 파트너십 구축이 무엇보다 중요하다.

　프랑스는 문화와 경제, 기술이 조화를 이룬 나라이며, UN 안보리 상임이사국의 일원으로서 국제사회에서 여전히 무시하지 못할 영향력을 행사하고 있다. 앞으로도 유럽통합은 독일과 프랑스 두 국가가 주도적으로 이끌어갈 것이며, 양국은 EU 확대로 노정된 여러 문제들을 해결하는 중심 국가가 될 것이다.

　우리나라는 일제식민지에서 해방된 후 반세기만에 경제발전과 민주화를 이룩하였으며, OECD 회원국 중 원조 받던 나라에서 원조를 주는 나라로 바뀐 유일한 국가이다. 양국 간 문화적, 역사적, 지리적 차이에도 불구하고 국제사회에서 서로 협력할 여지가 많으며, 상호 긴밀히 동반자 관계를 유지할 경우 아시아와 유럽의 새로운 관계증진에도 기여하게 될 것이다.

　프랑스는 그동안 한국에 프랑스의 문화예술과 불어를 전파하기 위해 많은 노력을 기울여 왔다. 한국인들의 프랑스 문화예술에 대한 인지도와 기대치는 매우 높은 것 같다. 한국에서 불어교육을 받는 인구가 1990년대 중반에는 35만 명으로 일본의 25만 명 보다 더 높게 나타났다. 그러나 1992년 중국과 국교를 수립하면서 이러한 추세는 역전되었다. 우리나라에서 불어를 포함한 유럽어의 교육 비중은 점점 떨어지고 있고, 중국어 학습자들의 숫자는 대폭 늘어나고 있다. 국제관계는 G2로 일컬어지는 미국과 중국의 주도하에 이끌어지고 있는 느낌이다.

우리들은 이제 중국과 미국 양국만 바라보는 경향이 있지만 전통적 강국들이 포진하고 있는 EU를 잊어서는 안 될 것이다. 유럽은 구대륙이라 부르며 마치 불 꺼진 화로로 간주하고, 떠오르는 중국은 불이 활활 타고 있는 용광로로 간주하는 것은 너무 단편적인 사고이다. 사실 모든 나라는 언제든지 쇳물이 철철 끓는 용광로가 될 가능성을 안고 있다.

한때 초원에서 발흥하여 아시아지역 대부분과 유럽의 일부지역에까지 영토를 확장한 몽고의 경우가 좋은 예가 될 것이다. 당시의 기동력과 전투력은 몽고가 가장 앞서나갔지만 지금은 누구도 몽고를 강대국이라 말하지 않는다. 국가의 흥망성쇠는 시대가 요구하는 스피드와 에너지, 기술력을 어떤 나라가 먼저 가지느냐에 달려있다.

한불양국이 협력해서 국제무대의 주인공으로 나서려면 양국 간 이해와 협력의 폭을 더욱 확대해야 할 것이다. 이를 위해서 첫째로 양국 오피니언리더 그룹을 적극적으로 육성해야 한다. 한국을 잘 알고 프랑스를 잘 아는 여론 지도층이 형성되어 양국 간 여러 채널을 통해 교류를 많이 하여 상호 이해의 폭을 넓혀야 할 것이다.

둘째, 한 · 아랍소사이어티처럼 한 · 유럽(EU) 소사이어티를 만들어 그 하위 분과로서 한 · 프랑스 소사이어티를 운영하여 양국 간 교류를 정례화, 제도화 하여야 할 필요가 있다. 양국 정부와 민간부문이 참여하는 교류와 네트워킹을 강화하면 상호이해가 촉진될 것이다.

셋째, 한불포럼 6차 회의에서 프랑스 측이 제안한 것과 같이 한불 양국 도시 간 자매결연을 많이 맺는다면 실질적인 교류기회가 확대될 것이다.

넷째, 아리랑 TV나 KBS 국제방송을 확대 개편하여 영어방송 위주로만 송출할 것이 아니라, 프랑스어 · 독어 · 중국어 · 아랍어 등의 제2외국어 방송도 상시 송출하는 것이 우리 국민들의 제2외국어 습득에 대한 관심도 증대시키고, 한국에 살고 있는 외국인들에게 한국을 보다 쉽게 알리는 지름길이 될 것이다. 중국의 경우 24시간 프랑스어, 아랍어 전용방송국이 있어서 중국내 일어나고 있는 주요 뉴스와 정치 · 경제 · 사회 · 문화 관련 프로그램을 지속적으로 방영하고 있다.

프랑스 소장 외규장각 도서반환으로 인해 한불 양국 간 껄끄러운 문제는 거의 모두 해소되었다. 앞으로는 이러한 바탕위에 양국관계가 더욱 신장될 수 있는 방안들을 계속 모색하여야 할 것이다. 한불관계의 바람직한 미래상은 127년이 넘는 기간 동안 구축해온 양국 간 우호 친선관계를 계속 이어나가고, 앞으로도 실질적 협력관계를 지속적으로 확대해 나가는 것일 것이다.

저자 정상천 scjung98@hotmail.com

1963년 3월 5일, 경북 예천군 풍양면 우망리 출생
경북대학교 사범대학 외국어교육과(불어전공, 영어부전공)
프랑스 파리 제1대학(팡테옹-소르본느) 역사학 DEA 및 박사
외교통상부 국립외교원 기획조사과장, 현 산업통상자원부 실물경제지원단 과장

주요논문

o 「1886~1910간 한·불 통상관계가 미약했던 원인에 대한 역사적 고찰 : 프랑스 외무부 사료를 중심으로」, 프랑스사 연구 제10호, 한국프랑스사학회, 2004년 2월.

o 「한국군의 베트남전 참전이 한·베트남 교역관계에 미친 영향」, 베트남 전쟁 연구총서, 국방부 군사편찬연구소, 2003.

o 「일제강점기(1910~1945) 동안의 한국독립운동에 대한 프랑스 정부의 정책」, 한국정치외교사논총 제26집 2호, 한국정치외교사학회, 2005년 2월.

o 「파리주재 북한 민간무역대표부 설립(1968)에 관한 연구」, 한국정치외교사논총 제27집 2호, 한국정치외교사학회, 2006년 2월.

o 「뉴질랜드 정부의 베트남전 참전 재평가 : 참전용사들에 대한 사과와 보상」, 한국보훈논총(2009년 제8권 제2호), 2009년 12월.

o 「프랑스 소재 외규장각 도서반환 협상 과정 및 평가」, 한국정치외교사논총 (33집 1호), 2011년 8월.

o 「EU 통합의 한반도 통일에 대한 시사점」, 유럽연구총서03, 경상대학교 EU 연구소, 2013년 2월. 이외 다수 논문 발표.

저서

o 『아시아적 관점에서 바라본 한불통상관계 (Les relations commerciales franco-coréennes, vues d'Asie)』, La collection Points sur l'Asie, L'Harmattan, 2004.9 Paris에서 출간.

o 『-불교 신자가 쓴 어느 프랑스 신부의 삶-서리 밟는 매화(梅履霜 멜리장)』, 내포교회사연구소, 2009.

나폴레옹도 모르는 한 · 프랑스 이야기

| 초판 1쇄 인쇄일 | | 2013년 10월 30일 |
| 초판 1쇄 발행일 | | 2013년 10월 31일 |

지은이		정상천
펴낸이		정구형
책임편집		이하나
편집/디자인		심소영 신수빈 윤지영 이가람
마케팅		정찬용 권준기
영업관리		김소연 차용원
컨텐츠 사업팀		진병도 김지은
인쇄처		태광
펴낸곳		**국학자료원**

등록일 2006 11 02 제2007-12호
서울시 강동구 성내동 447-11 현영빌딩 2층
Tel 442-4623 Fax 442-4625
www.kookhak.co.kr
kookhak2001@hanmail.net

| ISBN | | 978-89-279-0363-5 *93900 |
| 가격 | | 27,000원 |

* 저자와의 협의하에 인지는 생략합니다.
  잘못된 책은 구입하신 곳에서 교환하여 드립니다.

* 이 도서의 국립중앙도서관 출판시도서목록(CIP)은 서지정보유통지원시스템 홈페이지(http://seoji.nl.go.kr)와
  국가자료공동목록시스템(http://www.nl.go.kr/kolisnet)에서 이용하실 수 있습니다. (CIP제어번호: CIP2013020830)